Einblicke in Chinas „Ein Gürtel, Eine Straße"-Politik

Einblicke in Chinas „Ein Gürtel, Eine Straße"-Politik

Qin Yucai   Zhou Guping   Luo Weidong

CANUT INTERNATIONAL VERLAG

Istanbul - Berlin - London - Santiago

Published with the financial support of the „B&R" Book Program.
Veröffentlicht mit finanzieller Unterstützung vom „B&R" Buchprogramm.
Diese Ausgabe ist eine anerkannte Übersetzung aus der chinesichen Ausgabe, publiziert in Zusammenarbeit mit dem Zhejiang University Press, Hangzhou, VR China.

Einblicke in Chinas „Ein Gürtel, Eine Straße"-Politik
Hauptverfasser: Qin Yucai, Zhou Guping, Luo Weidong
Chinesischer Titel: "一带一路" 读本 (2015), (ISBN: 9787308150323)
© Zhejiang University Press, 2015
Übersetzung: Jia Berthold
Canut International Verlag
Canut Intl. Turkei, Teraziler Cad. No.29. Sancaktepe, Istanbul, Türkei
Canut Intl. Deutschland, Heerstr. 266, D-47053, Duisburg, Deutschland
Canut Intl. England, 12a Guernsay Road, London E11 4BJ, England
© Canut International Publishers, 2017
ISBN: 978-3942575-30-0
Printed in UK
Lightning Source Ltd. UK
Chapterhouse, Pitfield Kiln Farm
MK11 3LW
United Kingdom
www.canutbooks.com

Hauptverfasser

Qin Yucai, Zhou Guping, Luo Weidong

Verfasser in alphabetischer Reihenfolge

Chen Feng, Chen Hangyu, Chen Jian, Chen Yijie,
Cheng Xinyi, Chi Ruonan, Dong Xuebing, Gao Shuqin,
Hu Ming, Huang Xianhai, Han Yue, Lai Puqing,
Liu Jinnao, Ma Qingkai, Wu Zongjie, Yang Haoju,
Yu Pan, Zeng Xuda, Zhaojun, Zhu Xi

Inhaltsverzeichnis

Anhang
Visionen und Aktionen zum gemeinsamen Ausbau
des Wirtschaftsgürtels entlang der Seidenstraße und
der maritimen Seidenstraße des 21. Jahrhunderts

Vorwort

Während seines Besuchs in Zentralasien und Südostasien im September und Oktober 2013 hat Staatspräsident Xi Jinping immer wieder das epochal bedeutende Konzept eines gemeinsamen Ausbaus des „Wirtschaftsgürtels entlang der Seidenstraße" vorgestellt und den Ausbau der „Wirtschaftszone der maritimen Seidenstraße des 21. Jahrhunderts" (in diesem Buch auch abgekürzt als „ein Gürtel, eine Straße" bezeichnet) erläutert. Dieses Konzept hat seither international große Aufmerksamkeit erregt. Die Zentralregierung und der Staatsrat Chinas haben mit dieser strategischen Entscheidung für den Ausbau von „einem Gürtel, einer Straße" der fundamentalen globalen Veränderung Rechnung getragen und in Anbetracht der internationalen Lage wie der Situation im Inland ihre Entscheidung für dies Unternehmen getroffen. Diese Strategie zielt in erster Linie darauf ab, einen weiteren Aufbau eines neuen und offenen Systems zu ermöglichen und ganz neue Voraussetzungen für eine Kooperation der Wirtschaft im Osten und Westen und eine gemeinsame Planung für die künftige Beförderung zu Wasser und zu Lande zu schaffen. Dies ist von besonderer und weitreichender Bedeutung für die Verwirklichung zweier „Ziele des Landes, für die man vielleicht hundert Jahre benötigt", nämlich für die Verwirklichung des Traums einer Wiederherstellung Chinas als eines großartigen Landes und der Chinesen als einer großartigen Nation; und gleichzeitig für die Mobilisierung einer gedeihlichen Entwicklung und für Frieden und Stabilität in der Welt von Belang.

Auf Betreiben der Zentralregierung haben Staatliche Kommission für Entwicklung und Reformen, das Außerministerium, die Handelskammer und einige andere entsprechende Behörden hinsichtlich „ein Gürtel, eine Straße" strategische Forschungen organisiert und die Formulierung entsprechender Dokumentationen veranlasst. Nachdem im März 2015 einschlägige Entwürfe mehrfach überarbeitet und schließlich auch vom

Staatsrat genehmigt worden waren, haben die Staatliche Kommission für Entwicklung und Reformen, das Außenministerium und die Handelskammer gemeinsam „Visionen und Aktionen zum gemeinsamen Ausbau des Wirtschaftsgürtels entlang der Seidenstraße und der maritimen Seidenstraße des 21. Jahrhunderts" herausgegeben (abgekürzt: „Visionen und Aktionen"). In diesem Dokument hat man den zeitlichen Hintergrund, die Prinzipien des gemeinsamen Ausbaus, die Rahmenbedingungen, Schwerpunkte der Zusammenarbeit, Kooperationsstrukturen, den Prozess der Öffnung der verschiedenen Regionen Chinas, Chinas Engagement und die gemeinsame Begründung einer schönen Zukunft analysiert und erläutert. Schon unmittelbar nach der Publikation dieses Konzeptes ist es von allen Ländern entlang der Seidenstraße und von zahlreichen internationalen Organisationen begrüßt worden. Inzwischen macht die praktische Zusammenarbeit in dieser Hinsicht mächtige Fortschritte.

Damit noch mehr Menschen Idee und Grundriss des Konzepts, vor allem seine weitreichenden Konsequenzen und seine wahre Bedeutung verstehen, hat die entsprechende Behörde des Staatsrates das Innovationszentrum der Universität Zhejiang für die Kooperation der Entwicklung des Konzepts „Ein Gürtel, Eine Straße" beauftragt, weitere kommentierende Texte zu verfassen: „die Erläuterungen des Konzepts „Ein Gürtel, Eine Straße", „Antworten auf hundert Fragen darüber" die grundlegende Schrift „Das Konzept Ein Gürtel, Eine Straße". Alle diese Texte haben „Visionen und Aktionen des gemeinsamen Ausbaus des Wirtschaftsgürtels entlang der Seidenstraße und der maritimen Seidenstraße des 21. Jahrhunderts" in umfassender, systematischer und verständlicher Weise unter geschichtlichen und kulturellen Aspekten beleuchtet und fachwissenschaftlich wie weltkundig analysiert und erklärt. In diesen Dokumenten ist auch dargelegt worden, inwiefern dies Konzept eine weitreichende Wirkung auf die zukünftige Entwicklung Chinas und der Welt ausüben wird. Hauptsächlich die Schrift „Antworten auf hundert Fragen über ‚Ein Gürtel, Eine Straße'" bietet hierzu viele Informationen. Alle Fragen betreffen wirklichkeitsnahe, allerseits energisch diskutierte Themen, welche die Bevölkerung brennend interessieren. Mithilfe solcher Schriften wie dieser können sich die Menschen über die ausländischen und chinesischen Organisationen der Kooperation hinsichtlich des Konzepts „Ein Gürtel, Eine Straße" gründlich informieren. Man kann hier viel über entsprechende Branchen und Hintergründe erfahren. Die oben genannten Texte leisten für die Bevölkerung eine wichtige Aufklärungsarbeit, was die Chancen dieses Konzepts und seinen Einfluss auf die gewöhnlichen Anwohner betrifft.

Die Verfasser dieses Informationsmaterials sind sämtlich Experten aller möglichen Bereiche. Sie haben für diese ebenso umfangreichen wie sachhaltigen, aber gut lesbaren Texte viel recherchiert.

Der Ausbau von „Ein Gürtel, Eine Straße" stellt ein langfristiges systematisches und strategisches Unternehmen dar. Dessen Verwirklichung beansprucht wahrscheinlich eine geraume Zeit und wird einen immensen Einfluss auf China und die Welt haben. Mit diesem Konzept will China einen entscheidenden und innovativen Beitrag für die Verwirklichung des chinesischen Traums der Rückgewinnung der großartigen chinesischen Nation leisten, aber gleichzeitig auch für die Gewährung des Frieden und Wohlstands in der Welt!

Ou Xiaoli

August 2015

Einleitung

Das Konzept „Ein Gürtel, Eine Straße" ist von der chinesischen Zentralregierung und vom Staatsrat angesichts der neuen veränderten Situation der Welt entworfen worden, denn gerade heute bestimmen komplexe und tief greifende Veränderungen die Welt. Das Konzept entspricht dem gegenwärtigen Trend einer Multipolarisierung der Welt der wirtschaftlichen Globalisierung, es folgt dem Geist offener regionaler Zusammenarbeit und zielt auf die Wahrung des globalen Freihandelssystems und der offenen Weltwirtschaft ab. Angesichts dieser neuen (veränderten) Situation in der Welt wartet China mit einem neuen strategischen Konzept auf, das eine intendierte umfassende Öffnung Chinas zur Welt verlangt, eine enge Zusammenarbeit zwischen allen Regionen erfordert, die sich sowohl auf die kontinentalen Regionen wie auf die maritimen bezieht. China hofft mit diesem Konzept den alten Traum einer Wiederherstellung der großartigen chinesischen Nation zu verwirklichen. Deshalb kommt diesem Konzept historische Bedeutung zu. Im Folgenden findet man nähere Erklärungen über die „Visionen und Aktionen zum gemeinsamen Vorantreiben des Ausbaus des Wirtschaftsgürtels entlang der Seidenstraße und der maritimen Seidenstraße des 21. Jahrhunderts" (abgekürzt: „Visionen und Aktionen").

Vor mehr als 2000 Jahren hat eine umsichtige eurasische Bevölkerung mehrere Wege für den Handel und Kulturaustausch zwischen den Zivilisationen in Asien, Europa und Afrika erschlossen. Später hat man diese alle „Seidenstraße" genannt. Über Jahrhunderte hin hat der Geist der Seidenstraße – Frieden und Zusammenarbeit, Offenheit und Inklusion, gegenseitiges Lernen und gemeinsamer Gewinn – fortgelebt, ist von Generation zu Generation weiter tradiert worden und hat den Fortschritt der menschlichen Zivilisation gefördert. Als

wichtiges Zeichen fortdauernder Prosperität und Entwicklung der Länder entlang der Route der Seidenstraße gilt dieser Geist als ein Symbol für den Austausch und die Zusammenarbeit zwischen Ost und West und repräsentiert exemplarisch ein gemeinsames historisches und kulturelles Erbe aller Länder der Welt (aus „Visionen und Aktionen", Vorwort, Abs.1).

Das Konzept „Ein Gürtel, Eine Straße" nimmt die symbolische Bezeichnung der alten Seidenstraße bewusst auf und intendiert den Aufbau partnerschaftlicher wirtschaftlicher Beziehungen mit den Ländern und Regionen entlang der Seidenstraße im Blick auf die Prinzipien des Friedens und gemeinsamen Profits. Man plant damit eine Gemeinschaft gemeinsamer Interessen, gemeinsamer Verantwortung und eines gemeinsamen Schicksals auf der Basis des politischen Vertrauens, wirtschaftlicher Integration und kultureller Toleranz zu begründen.

Die legendäre alte Seidenstraße ist eine mehr als zwei tausend Jahre alte, die eurasischen Kontinente durchquerende, große internationale Straße des Handels und des kulturellen Austausches. Sie hat hinsichtlich sozialer und wirtschaftlicher Entwicklungen wie auch für den Kulturaustausch Großartiges geleistet, insbesondere in ihrer Bedeutung für China. Den Begriff „Seidenstraße" hat ursprünglich der deutsche Geologe Ferdinand von Richthofen geprägt. In dessen in den 70er Jahren des 19. Jahrhunderts entstandenen Buch „Ergebnisse der persönlichen Recherche und Reise in China" findet man erstmals die Verwendung des Begriffs „Seidenstraße". Und durch das 1936 veröffentlichte Buch „Seidenstraße" des schwedischen Expeditionsteilnehmers Sven Hedin ist die Seidenstraße dann weltberühmt geworden.

Wahrscheinlich ist es dem Umstand der Expedition der Entsandten Zhang Qian von der Westhan-Dynastie und Banchao von der Osthan-Dynastie in die westlichen Gebiete Chinas zuzuschreiben, dass die einzige internationale kontinentale Wegstrecke zwischen Asien, Europa und Afrika zu einer durchgängigen Straße geworden ist. Dank dieser Straße hat China sogar mit Rom Handelsbeziehungen und Personalkontakte aufbauen können. Damals konnte man von der Stadt Changan (dem heutigen Xian) aus auf zwei Wegen durch das heutige Autonomiegebiet Xinjiang chinesische Seide nach Westen transportieren. Die südliche Route führt über Dunhuang, dann über den Südpass Yangguan, am heutigen Ruoqiang in Xinjiang vorbei, weiter entlang dem Hochgebirge Kunlun bis Zhen (dem heutigen Hetian in Xinjiang), weiter an Shache vorbei, überquert weitere Hochgebirge, bis sie Persien erreicht, führt weiter nach Westen an den Persischen Golf, bis sie schließlich ins Römische Reich mündet. Die nördliche Route geht an Dunhuang vorbei, über den Jadepass, über Wangting (das heutige Turpan) entlang dem Hochgebirge bis Guici, von dort weiter durch Shule bis Dayueshi, Kangju und Yancai. Dank dieser alten Routen ist die chinesische Seide weltberühmt geworden, und deshalb hat man diese beiden Wegstrecken Seidenstraße genannt.

Die maritime Seidenstraße fungierte als Verbindungsweg des Handels und kulturellen Austausches zwischen dem alten China und der Außenwelt, die nur übers Meer erreichbar war. Deren Hauptrouten kreuzten sich im Südchinesischen Meer, weshalb die maritime Seidenstraße auch Südseefahrt-Seidenstraße genannt worden ist. Die Seefahrtseidenstraße konnte erstmals befahren werden zu Zeit der Qin- und Han-Dynastien. In den Shui- und Tang-Dynastien hat sie dann eine Blütezeit erlebt. In den Song- und Yuan-Dynastien hat sie ihren Gipfelpunkt erreicht. Doch in der Mitte und am Ende der Ming- Dynastie verlor die Seefahrtseidenstraße wegen des Verbots von Herointransporten allmählich ihre Bedeutung. Zu den wichtigsten Ausgangshäfen der Seefahrtseidenstraße zählen Quanzhou, Fanyu (heute: Guangzhou), Mingzhou (heute: Ningpo), Yangzhou, Dengzhou (heute: Penglai), Liujiagang u.a.m. Während einer Dynastie hat man meist zwei oder auch mehr Ausgangshäfen der Seefahrtseidenstraße favorisiert. Als größte Häfen galten Guangzhou und Quanzhou. Vor allem Guangzhou war von den Qin- und Han-Dynastien bis hin zu den Tang- und Song- Dynastien der größte Handelshafen Chinas. In den Ming- und Qing- Dynastien war der Seefahrttransport zwar verboten, doch Guangzhou blieb der einzige Hafen mit einem genehmigten Zugang zur Außenwelt. Guangzhou hat in der Tang-Dynastie zu blühen begonnen. In der Song-Dynastie war Guangzhou der größte Hafen im Osten. In der Geschichte der maritimen Seidenstraße gab es zwei Hauptrouten: die Ost- und die Südroute.

Die Seidenstraße ist eine Straße, die Freundschaften, gemeinsamen Ruhm und Austausch ermöglicht hat. Wenn man die Entwicklungsspuren der Seidenstraße und die über Jahrtausende hin geschehenen Veränderungen verfolgt, dann gewinnt man den Blick für enorme Leistungen dieser Straße für China und wie für den Westen. Diese Straße hat wohl ihre Hochs und Tiefs erlebt, aber sie ist nie vollends untergegangen. Vor allem hat die Seidenstraße den Handel zwischen China und Westen stark belebt. Durch solchen Handelsaustausch ist der materielle Wohlstand Chinas und des Westens gesteigert worden. Anderseits hat die Seidenstraße wesentlich zur politischen Stabilität zwischen den Völkern entlang der Seidenstraße beigetragen.

Infolge des regen Handelsaustausches verkehren die Völker häufig miteinander. Dies hat zu einem besseren Verständnis geführt und ist hauptsächlich ein Grund dafür, warum es zwischen den Völkern entlang der Seidenstraße keine nennenswerten gewaltsamen Auseinandersetzungen und keine großen Kriege gegeben hat. Stattdessen hat hier in der Regel eine friedliche Atmosphäre vorgeherrscht. So kann man behaupten, dass die Seidenstraße nicht nur ein Handelsweg, sondern vielmehr auch ein bedeutender Weg kultureller Näherung gewesen ist, auf dem sich alle betroffenen Zivilisationen zusammengefunden und zur kulturellen Vielfalt der Welt konstruktiv beigetragen haben.

> **Im 21. Jahrhundert, einer neuen Ära mit großen Ideen wie Frieden, Entwicklung, Zusammenarbeit und gemeinsamem Profit ist die kontinuierliche Weiterführung und Verbreitung des Geistes der Seidenstraße angesichts der immer noch schwachen Weltwirtschaft sowie einer noch komplexeren internationalen und regionalen Situation von besonderer Bedeutung (aus „Visionen und Aktionen", Vorwort, Abs.2).**

Das Konzept „Ein Gürtel, Eine Straße" verleiht der alten legendären Seidenstraße Ideen und Anforderungen des neuen Zeitalters. Zurzeit sind die einschneidenden Auswirkungen der internationalen Finanzkrise immer noch deutlich spürbar, die Wiederbelebung der Weltwirtschaft verrät noch keine starke positive Tendenz und zeigt starke Schwankungen. Auch China steht vor einer entscheidenden Phase. Gemeinsam mit anderen Ländern versucht es deshalb die Krise zu überwinden. Gerade die Länder entlang der Seidenstraße stehen vor ähnlichen Herausforderungen wirtschaftlicher Weiterentwicklung wie China und streben für ihre Bewohner eine Erhöhung des Lebensstandards an. Doch diese Länder brauchen dringend Investitionen und den Einsatz von Technik aus dem Ausland, um ihre Wirtschafts- und Handelsstruktur zu verbessern. Die meisten Länder in Asien und Europa verfügen über ein enormes Marktpotenzial, was für die chinesische Wirtschaftsstruktur eine ergiebige Komplettierung bedeutet. Die Kooperation zwischen China und diesen Ländern bietet großen Spielraum und hat ein großes Potenzial. Insofern repräsentiert das Konzept des Ausbaus der Seidenstraße ein Unternehmen von großer historischer Relevanz. Mit diesem Schritt kann man die Belagerung brechen, die Nachbarn besänftigen, den Frieden bewahren. Dadurch gewinnt China einen noch größeren Entwicklungsspielraum, die Energieversorgung zu sichern und die Kontinuität der wirtschaften Entwicklung zu gewährleisten. Das Konzept des Ausbaus der Seidenstraße ist insofern eine strategische Entscheidung, als China sich dadurch der Welt noch weiter öffnen, weitgreifende Reformen in allen Bereichen durchführen und sein großes Vorhaben, die ausgebreiteten westlichen Gebiete Chinas wirtschaftlich zu erschließen, noch schneller vorantreiben wird.

Der chinesische Präsident Xi Jinping hat bei der Eröffnung der 6. Tagung der Minister des Chinesischen und Arabischen Forums der Zusammenarbeit betont, „man soll den Geist der Seidenstraße, den Geist friedlicher

Zusammenarbeit, Toleranz und des wechselseitigen Lernens und gemeinsamen Profitmachens fortleben lassen". Mit der friedlichen Zusammenarbeit meint man den gleichberechtigten Austausch in tiefgehenden Gesprächen. Dadurch konstituiert sich eine einheitliche Schicksalsgemeinschaft, bildet sich eine Gemeinschaft wechselseitiger Verantwortungen. In dieser Gemeinschaft können alle Länder ihre Stärke der politischen Beziehungen, ihre jeweiligen Vorteile der günstigen Lage, ihre Vorteile durch gegenseitige wirtschaftliche Komplettierung in praktischer und konkreter Kooperation zur Geltung bringen, wodurch letztlich alle voneinander profitieren können. Die allgemeine Fortentwicklung ist das Hauptthema der Epoche, und die Postulate der friedlichen Zusammenarbeit wie der einer kooperativen Entwicklung markieren den heutigen Trend. China will die Fahne des Geistes der Seidenstraße hoch aufschwingen und den Ausbau der Seidenstraße mit dem Appell verbunden sehen, durch Kommunikationen und konstruktive Debatten die internationalen Konflikte zu lösen. China ist entschieden gegen einen Hegemonismus, votiert gegen wechselseitige Blockaden, gegen Gewaltanwendung oder auch gegen Gewaltandrohungen und setzt sich entschieden für Frieden, Stabilität und Entwicklung der Welt ein.

Toleranz bedeutet, dass man Probleme kritisch-weitsichtig und strategisch langfristig betrachten und beurteilt. Man sollte nicht nur „in die weite Welt schauen", sondern sollte auch in diese weite fremde Welt „hinausgehen" und sich dort integrieren. Man sollte wie das Meer, welches das Wasser aller Flüsse und Bäche in sich aufnimmt, die Divergenzen anderer Regionen, anderer Kulturen und anderer (fremder) Entwicklungswege, welche die anderen Länder auszeichnen und gehen, akzeptieren. Der chinesische Präsident Xi Jinping hat einmal gesagt: „Es gibt verschiedene Schuhe. Hauptsache; sie passen zu den entsprechenden Füssen. Es gibt verschiedene Sozialsysteme; Hauptsache, sie bringen den Bewohnern Vorteile." Ob der Entwicklungsweg eines Landes der rechte für ein Land ist, das kann nur die Bevölkerung dieses Landes sagen. Alle Länder der Welt sollten entsprechend ihren Sozialsystemen, ihren Weltanschauungen, ihrem jeweiligen Entwicklungsniveau, ihrer Geschichte und Tradition, ihren Religionen und den Hintergründen ihrer Kultur das ihnen passende Sozialsystem, den angemessenen Entwicklungsweg und ihre Lebensweise bestimmen dürfen. Beim Austausch und bei der Zusammenarbeit mit den Ländern entlang der Seidenstraße sollte man tolerant sein, die Sozialsysteme und Entwicklungswege, die die andere Länder eingeschlagen haben, respektieren, die Interessen anderer Länder berücksichtigen, objektiv die Entwicklungssituationen und politischen Positionen beurteilen, das Gemeinsame suchen und die problematischen Meinungsverschiedenheiten zu überwinden trachten.

Man sollte voneinander lernen, die Vielfalt der Weltzivilisationen und Entwicklungswege respektieren, das Recht der Bevölkerung anderer Länder auf die Entscheidung für ihr jeweiliges Sozialsystem und den jeweiligen Entwicklungsweg gewährleisten. Voneinander lernen und sich einander ergänzen. Die Seidenstraße, die durch Zentralasien führt, verbindet neben dem Handel zwischen Asien und Europa auch den kulturellen Austausch zwischen den Ländern und fördert ihn. Die Länder entlang dieser Straße haben beim Austausch mit den anderen Ländern deren Kulturen und Religionen respektiert, und das hat den Fortschritt der Zivilisation gefördert. Beim Ausbau der Seidenstraße sollte man Skepsis und Misstrauen gegenüber anderen Ländern überwinden und schlicht von den positiven Erfahrungen zehren und Lehren anderer Länder übernehmen, harmonisch miteinander umgehen, und den Austausch als eine dienliche Brücke der Freundschaft zwischen den Bevölkerungen verstehen. Man sollte darauf achten, dass alle Beteiligten gemeinsam vom Ausbau der Seidenstraße profitieren. Das kann ein großer Vorteil für alle sein. Es sollte schließlich ohnehin ein bilateraler und multilateraler Profit sein. Der chinesische Präsident Xi Jinping hat betont: „Wenn es jemandem gut geht, dann sollte er dafür sorgen, dass es auch den anderen gut geht." Zurzeit nehmen der Handelsumsatz und der Investitionsumfang zwischen den Ländern entlang der Seidenstraße ständig zu. So korrelieren hier die Interessen aller miteinander. Der Wirtschaftsgürtel der Seidenstraße wird nicht nur die Länder der zwei eurasischen Kontinente verbinden, sondern auch die Interessen unterschiedlicher Länder. Deshalb muss man versuchen, sich einander hinsichtlich seiner Vorzüge zu ergänzen, die Chancen gemeinsam zu nutzen, sich gemeinsam zu entwickeln. Dabei sollte man die freundschaftliche Zusammenarbeit vertiefen. Der gemeinsame Profit aller Länder ist hinreichend Motivation fürs Vorantreiben der kontinuierlichen Entwicklung. Beim Ausbau des Konzepts „Ein Gürtel, Eine Straße" muss man die Zusammenarbeit der Branchen und Gebiete ständig erweitern. Man muss sich neue Modi für eine Zusammenarbeit einfallen lassen. Schließlich sollte die Energieversorgung die Hauptsäule der Kooperation sein. Der Ausbau der Infrastruktur und des Handels und die Erleichterung der grenzüberschreitenden Investitionen sollten als zwei Flügel der Zusammenarbeit fungieren. Die drei neuen Branchen der Hochtechnologie wie Kernenergie, Raumfahrt und Satellitenprogrammen sowie neue Energiequellen sollten der Kooperation zu einem neuen Durchbruch verhelfen.

Im September und Oktober 2013 hat der chinesische Staatspräsident Xi Jinping beim Besuch der zentral- und südostasiatischen Staaten das wichtige Konzept für den gemeinsamen Ausbau eines Wirtschaftsgürtels entlang der Seidenstraße und einer maritimen Seidenstraße des 21. Jahrhunderts

(„Ein Gürtel, Eine Straße") vorgestellt, das die internationalen Gemeinschaft gespannt aufhorchen ließ. Auf der China-ASEAN-Expo 2013 hat Chinas Ministerpräsident Li Keqiang nachdrücklich angekündigt, eine den ASEAN-Mitgliedern zugewandte maritime Seidenstraße auszubauen und damit strategische Unterstützungspunkte für die Entwicklung der Binnenländer zu errichten. Der Ausbau von „Ein Gürtel, Eine Straße" wird die wirtschaftliche Prosperität der betroffenen Länder und die regionale Wirtschaftszusammenarbeit fördern, den Austausch und das gegenseitige Lernen zwischen unterschiedlichen Kulturen verstärken, den Frieden und die Entwicklung der Welt vorantreiben und kann daher als eine großartige Sache zum Wohle der ganzen Weltbevölkerung gelten (aus „Visionen und Aktionen", Vorwort, Abs.3).

Der Ausbau von „Ein Gürtel, Eine Straße" wird die wirtschaftlichen Beziehungen zwischen den Ländern entlang der Seidenstraße noch dichter zusammenschließen. Deren Zusammenarbeit wir noch tiefer und hat bestimmt einen noch größeren Spielraum. Durch den gemeinsamen Ausbau des Konzepts „Ein Gürtel, Eine Straße" werden China und die Länder entlang der Seidenstraße in eine Interessengemeinschaft, eine Schicksals- und Verantwortungsgemeinschaft verwandelt und in eine neue Einheit eintreten. Sie werden gemeinsam eine noch bessere Zukunft aufbauen. Wenn das Konzept „Ein Gürtel, Eine Straße" verwirklicht wird, dann wird der längste und mächtigste Wirtschaftskorridor der Welt entstehen. Da die meisten Länder entlang der Seidenstraße noch zu den Entwicklungsländern gehören und ihre Wirtschaftssysteme sich zumeist noch in der Entwicklungsphase befinden, sind ihre Fügungen in der Wirtschaft hinsichtlich der Verbesserung des Lebensstandards der Bevölkerungen, der Kampfmaßnahmen gegen mögliche Finanzkrisen heute so stark voneinander abhängig wie bisher noch nie und unlösbar miteinander verbunden.

China wird seine eigene wirtschaftliche Entwicklung mit der der Länder entlang der Seidenstraße koppeln, damit alle wichtigen Wirtschaftsfaktoren Bewegungsfreiheiten gewinnen, die Ressourcen effektiver verteilt werden und die Zusammenarbeit zwischen den Märkten gefördert wird. Das Konzept „Ein Gürtel, Eine Straße" wird den chinesischen Unternehmern, die sich schon im Ausland etabliert haben, wie den chinesischen Unternehmern, die „ins Ausland hinausgehen wollen", einmalige historische Chancen bieten. In den letzten mehr denn zehn Jahren hat der Handelsumsatz Chinas mit den Ländern entlang der Seidenstraße jährlich im Durchschnitt um 19% zugenommen. Die Investitionen der chinesischen Unternehmer in den Ländern entlang der Seidenstraße sind von 1,8 Milliarden Dollar auf 86 Milliarden gestiegen, d.h. um jährlich um 54% gestiegen. Dies zeigt die enorme Leistungsfähigkeit der gemeinsamen Investitionen und Zusammenarbeit.

China wird mit allen Ländern entlang der Seidenstraße nach den Prinzipien der Offenheit, Toleranz, Gleichberechtigung und des allgemeinen Nutzens verfahren und nach dabei an den neuesten Modellen der internationalen Zusammenarbeit und globalen Regulierung orientieren. Zurzeit entwickeln sich viele neue Industrieländer rapide, exemplarisch dafür ist China, und sie haben sich inzwischen zu treibenden Kräften von Regulierungen und Reformen der internationalen politischen und wirtschaftlichen Struktur aufgeschwungen. Das Konzept des Unternehmens „Ein Gürtel, Eine Straße" wird im Rückblick auf die Geschichte der Seidenstraße erneut den Enthusiasmus der Länder entlang der Seidenstraße für den Handels- und Kulturaustausch erwecken. Dies ist vorteilhaft für die Ausbildung eines neuen Systems freundschaftlicher Beziehungen der Völker der Welt und auch eine positive Voraussetzung und nützlich für die gemeinsame Entwicklung.

China wird gemeinsam mit den Ländern entlang der Seidenstraße die internationalen Gefahren politischer, wirtschaftlicher und militärischer Art abwehren. Diese Vorstellung entspricht den neuen Erwartungen der internationalen Gesellschaft, dass China in internationalen Angelegenheiten die Verantwortung zukommt, eine noch größere Rolle zu spielen. Die chinesische Wirtschaft gewinnt mit den Fortschritten der Öffnung und Reformen eine noch vitalere Energie und Kompetenz. China ist willens, mit allen Ländern entlang der Seidenstraße die Chancen der Entwicklungen anteilmäßig zu nutzen und den Erwartungen der Welt, insbesondere den Erwartungen der Länder entlang der Seidenstraße gerecht zu werden.

China wird mit den Ländern entlang der Seidenstraße eine neue internationale und nationale Struktur der Zusammenarbeit, der Vernetzung und Kooperation zwischen den Regionen innerhalb Chinas und zwischen überregionalen Gebieten und einigen chinesischen Gebieten etablieren und sich für das System einer freien und offenen Wirtschaft einsetzen. Wenn das Konzept verwirklicht wird, dann kann der Export die chinesische Wirtschaft fördern, und die entwickelte Wirtschaft kann wiederum den Export beflügeln. Schließlich ergänzen sich beide gegenseitig. Durch den Ausbau der Seidenstraße können die vorrangigen Projekte der Infrastruktur außerhalb Chinas die Kooperation zwischen den Regionen Chinas fördern. So lassen sich beispielsweise die Projekte der westlichen chinesischen Gebiete mit dem Perlfluss-Delta und die der Gebiete in Südostasien verbinden. So werden die Märkte vergrößert und dadurch entsteht eine neue Struktur der Entwicklung der chinesischen Industrie.

Der Ausbau des Projekts „Ein Gürtel, Eine Straße" ist ein systematisches Unternehmen. Hier muss man den Prinzipien gemeinsamer Beratung, gemeinsamer Entwicklung und des gemeinsamen Profits folgen und beim Verlauf die wechselseitige Kopplung der Entwicklungsstrategien der Länder entlang der Route berücksichtigen. Um das Konzept „Ein Gürtel, Eine Straße" voranzubringen, der alten Seidenstraße eine neue Vitalität zu verleihen, die eurasischen und afrikanischen Länder durch neue Formen enger miteinander zu verbinden und ihre Zusammenarbeit zum gegenseitigen Nutzen auf ein höheres Niveau zu bringen, konzipiert und veröffentlicht die chinesische Regierung die Visionen und Aktionen zum gemeinsamen Aufbau des Wirtschaftsgürtels entlang der Seidenstraße und der maritimen Seidenstraße des 21. Jahrhunderts (aus „Visionen und Aktionen", Vorwort, Abs.4).

Beim Ausbau von („Ein Gürtel, Eine Straße") wird China der Zielsetzungen und Grundsätze der UNO-Charta befolgen. China wird sich an die fünf Prinzipien der friedlichen Koexistenz halten und die gegenseitige Achtung von Souveränität und territorialer Integrität, den gegenseitigen Nichtangriffspakt, die gegenseitige Nichteinmischung in die inneren Angelegenheiten, die Gleichberechtigung und den gegenseitigen Nutzen sowie die friedliche Koexistenz beherzigen. Zuerst appelliert China für „die gemeinsame Planung" und dafür, das Mitspracherecht aller beteiligten Länder bei einem gemeinsamen Projekte diesem optimal zur Geltung zu bringen. Unerheblich ob ein Land groß oder klein, ob es schwach oder stark, arm oder reich ist: Alle Länder sind als gleichberechtigte Teilnehmer am Ausbau der Seidenstraße zu behandeln, und alle sind in gleicher Weise befugt, ihre Anregungen und Ratschläge einzubringen. Das Konzept ist, metaphorisch geredet, „kein chinesisches Solospiel", es sollte ein „Symphonieorchester" bilden. Die chinesische Initiative hat nur die Basis für ein gemeinsames Handeln geschaffen. In Zukunft müssen bilaterale und multilaterale Kommunikationen über Fragen der gegenseitigen Komplettierung wirtschaftlicher Vermögen und über die gemeinsamen Unternehmungen entscheiden. Damit wird garantiert, dass die Früchte des Ausbaus der Seidenstraße wirklich Früchte gemeinsamer Planungen und gemeinsamer Aktionen sind. China ermutigt darüber hinaus die Länder entlang der Seidenstraße, auf der Basis gemeinsamer Planungen und Ausführungen des gemeinsamen Ausbaus der Seidenstraße Investitionen, Fachkräfte und Technologien ins Land zu holen. Für den gemeinsamen Ausbau der Seidenstraße sollte man möglichst viele Länder und viele Regionen gewinnen, beispielsweise auch die erst jüngst neu konstituierten Regierungen und aus Sozialismus und Kapitalismus zusammengesetzten Staatssysteme der Zielländer mit ihren Bewohnern. So lassen sich politische und soziale Risiken bei Investitionen für die geplanten Projekte vermeiden. Es ist ratsam, auch internationale Organisationen oder Drittländer für ein gemeinsames Projekt zu gewinnen, denn dadurch kann man Gefahren durch negative Veränderungen bilateraler Beziehungen erfolgversprechend begegnen. Letztlich sollten alle beteiligten Länder auf der Basis gemeinsamer Planungen und gemeinsamer Durchführungen des Ausbaus auch gemeinsam die Früchte des Unternehmens ernten.

Dong Xuebing, Chi Ruonan
August 2015

Kapitel 1

Strategisches Konzept

1.1. Entstehung der Gedanken

Beim Entwurf des Konzepts für die Realisierung einer Kombination von einem kontinentalen Seidenstraßen-„Wirtschaftsgürtel" und einer maritimen Seidenstraße des 21. Jahrhunderts hat die Zentralregierung die Planungsgruppe aufgefordert, die sachbezogenen Diskussionsbeiträge wichtiger Reden und Gespräche der Regierungsführung gründlich zu analysieren und zu berücksichtigen, damit schließlich auch ein sachgerechtes Konzept für eine derartige Kombination einer „kontinentalen und einer maritimen Seidenstraße des 21. Jahrhunderts" entsteht. Im Folgenden werden die besagten Reden und Gespräche der Zentralregierung hinsichtlich der Grundlagen dieser Überlegung und ihrer Verwirklichung dieser Strategie chronologisch untersucht.

Im September 2013 hat der Staatspräsident Xi Jinping die Republik Kasachstan besucht. Während seines Besuchs hat er an einer dortigen Universität eine bedeutende Rede gehalten mit dem Titel „Lob der Freundschaft der Völker" und für die gemeinsam aufzubauende schöne Zukunft plädiert. In dieser Rede hat Xi Jinping u.a. gesagt: „Damit wir, die Länder in Euroasien, wirtschaftlich noch enger und fruchtbarer zusammenarbeiten können und noch größere Räume und kreative Möglichkeiten für die ökonomische Entwicklung schaffen können, wollen wir neue Modelle der Zusammenarbeit vorsehen und erproben: zum Beispiel den ‚Ausbau eines Wirtschaftsgürtels auf der Seidenstraße'. Dies wird bestimmt ein zukunftsträchtiges und großes Projekt zugunsten der Bewohner aller Länder an dieser Straße". Damit hat der chinesische Staatspräsident zum ersten Mal das strategische Projekt eines künftigen Wirtschaftsgürtels auf der Seidenstraße proklamiert.

Am 3. Oktober 2013 während seines Staatsbesuchs in Indonesien hat der chinesische Präsident Xi Jinping dann im indonesischen Parlament über die chinesischen Bemühungen zur Förderung der Verbindungen mit Indonesien geredet und sich zur Frage der chinesischen Vorstellungen über die weitere Entwicklung der Verhältnisse zwischen China und den Asean-Staaten geäußert. In dieser Rede hat er die nähere Erläuterung der chinesischen Entwicklungskonzepte akzentuiert. Xi Jinping hat hier ausdrücklich darauf hingewiesen, Südostasien sei „schon seit der alten Zeit der wichtige Knotenpunkt der Seidenstraße auf dem Meer" gewesen. Deshalb sei „China ständig willens, mit den Staaten der Asean eine noch engere Zusammenarbeit auf dem Seeweg zu fördern. Die chinesische Regierung hat zu diesem Zweck bereits einen Fonds für die Zusammenarbeit zwischen China und den Asean-Staaten ins Leben gerufen und wird die entsprechenden Mittel bereitstellen, damit eine partnerschaftliche Zusammenarbeit auf den Seefahrtswegen gefördert werden kann; und damit schließlich im 21. Jahrhundert gemeinsam eine Seidenstraße auf dem Meer ausgebaut werden kann."

Am 9. Oktober 2013 hat der Premierminister Li Keqiang an der 16. Gipfelkonferenz (Chinas mit den 10 Asean-Staaten „10+1") teilgenommen. Auf dieser Konferenz hat er das Modell der Zusammenarbeit von „2+7" vorgestellt. Darunter ist zu verstehen: China schlägt auf der Grundlage der beiderseitigen politischen Interessen vor, in sieben Bereichen die Zusammenarbeit zu erweitern. Gemeint sind hier die Pflege der nachbarschaftlichen freundschaftlichen Beziehungen zwischen China und den Asean-Staaten, die Eröffnung der Freihandelszone zwischen China und den Asean-Staaten, der Aufbau einer Infrastruktur mit dem Ziel, alle Straßen und Wege an der Seidenstraße auf Land und Wasser zu verbinden, ferner die finanzielle Zusammenarbeit sowie Investitionen für die geplanten Projekte, den gemeinsamen Ausbau der Wasserwege und nicht zuletzt eine Kooperation in Sicherheitsfragen und in kultureller Hinsicht. Das Niveau der angestrebten Zusammenarbeit in diesen sieben Punkten müsse erhöht werden. Und diese Kooperation sollte in einem umfassenden Sinne allen Menschen und Projektionskomponenten förderlich sein. Besonders hat Li Keqiang hervorgehoben, dass eine stabile Förderung gemeinsamer Leistungen hinsichtlich des Wasserweges „ein immenses Programm erfordert". „Deshalb müssen beide Seiten aktiv daran teilnehmen, und beide Seiten müssen gute partnerschaftliche Beziehungen pflegen, um schlussendlich gemeinsam die maritime Seidenstraße des 21. Jahrhunderts zu projektieren."

Im November 2013 ist in der 3. Plenarsitzung des 18. Parteitags eine „Resolution der kommunistischen Zentralregierung über umfassende und entscheidende Reformen einiger Probleme von großem Belang" verabschiedet worden. In dieser „Resolution" ist daran erinnert worden, dass man den Ausbau der Infrastruktur im Blick auf die Straßen in den Nachbarländern und benachbarten Regionen beschleunigen sowie den Ausbau des Wirtschaftsgürtel auf der Seidenstraße vorantreiben muss, ohne den Ausbau der maritimen Seidenstraße zu vernachlässigen. Der besagten „Resolution" gemäß sollten sich alle Disziplinen uneingeschränkt öffnen, damit prinzipiell eine neue Öffnung zur Welt entsteht. Auf diese Weise ist die ursprüngliche Idee von „Ein Gürtel, Eine Straße" zu einem wichtigen strategischen Element der Öffnung Chinas zur Außenwelt optimiert worden.

Am 26. Dezember 2013 hat der Generalsekretär der Partei Xi Jinping auf einer Besprechung diplomatischer Mitarbeiter Chinas in den angrenzenden Ländern darauf hingewiesen, dass der Ausbau des Wirtschaftsgürtels entlang der Seidenstraße von großer strategischer Bedeutung ist. Man sollte die diesbezüglichen chinesischen Konzepte aller Welt bekannt machen und die Bedeutung dieser Konzepte betonen. Denn damit kann schließlich eine qualitativ neue Situation entstehen. In dieser neuen Situation werden die Straßen und Wege aller Länder auf der Seidenstraße und auf der maritimen Seidenstraße miteinander verbunden, der Handel untereinander kann blühen, für die Währungen dieser Länder gibt es dann keine Hindernisse mehr, und die Herzen der Völker dieser Länder finden dann zueinander – was für eine erfreuliche Aussicht! Schließlich darf man darauf hoffen, dass ein internationaler Wirtschaftsgürtel mit weit offenen Türen zu allen Ländern und zur ganzen Welt entstehen kann!

13

Im Dezember 2013 hat der Generalsekretär der Kommunistischen Partei Xi Jinping auf der Konferenz der wirtschaftlichen Arbeit der Zentralregierung des laufenden Jahres in seiner Rede betont, „dass man den Ausbau des Wirtschaftsgürtels entlang der Seidenstraße fördern und dabei strategisch und langfristig planen muss, dass man die Infrastruktur ausbauen muss. Damit die maritime Seidenstraße des 21. Jahrhunderts möglichst schnell verwirklicht werden kann, soll man den Ausbau der Seefahrtwege beschleunigen, so dass alle Länder in diesen Gebieten von diesen vernetzten Wegen profitieren können." Darüber hinaus hat Xi Jinping akzentuiert, dass die Strategie Ein Gürtel, Eine Straße für uns die Bedeutung zweier ausgebreiteter Flügel eines riesigen Vogels haben würde. „Wenn wir diese Strategie verwirklichen können, dann, können wir, der große Vogel, noch höher und weiter fliegen."

Vom 22. März bis zum 1. April 2014 hat der Präsident Xi Jinping nacheinander die europäischen Länder Niederlande, Deutschland und Belgien sowie die EU-Zentralstelle besucht. Hier hat er mehrfach sein strategisches Konzept hinsichtlich des Ausbaus eines Wirtschaftsgürtels entlang der kontinentalen Seidenstraße vorgestellt. Dabei hat er immer wieder betont, dass man von einem höheren strategischen Standpunkt aus die Beziehungen zwischen Europa und China betrachten sollte. Seiner Ansicht nach sollten sich die beiden mächtigen Energiequellen, die beiden riesigen Märkte und beiden großartigen Kulturen Chinas und Europas vereinen, um gemeinsam partnerschaftliche Beziehungen beim Aufbau des Friedens zwischen China und Europa im Hinblick auf deren weitere Entwicklung, deren Reformen und Kulturen zu pflegen. Während seines Aufenthalts in der Zentralstelle der EU haben China und Europa eine „gemeinsame Erklärung über die Vertiefung der umfassenden strategischen partnerschaftlichen Beziehungen zwischen China und Europa auf der Basis gegenseitiger Nutzung" verabschiedet. Darin war von einer Entscheidung beider Seiten die Rede, eine konzeptionelle Verbindung anzustreben, die sowohl den Ausbau eines Wirtschaftsgürtels auf der kontinentalen Seidenstraße als auch die europäische Politik im Blick behält, um damit eine mögliche Zusammenarbeit beim Ausbau des Wirtschaftsgürtels auf der kontinentalen Seidenstraße zu gewichten.

Im März 2014 hat Premierminister Li Keqiang in seinem „Jahresbericht über die Arbeit der Regierung" als Schwerpunkt der Arbeit des Jahres 2014 hervorgehoben, den Ausbau des Wirtschaftsgürtels entlang der kontinentalen Seidenstraße und den der maritimen Seidenstraße des 21. Jahrhunderts beschleunigen zu müssen, andererseits den Aufbau des wirtschaftlichen Korridors zwischen Bangladesch, China, Indien, Myanmar, und des wirtschaftlichen Korridors zwischen China und Brasilien voranzutreiben. Man sollte übrigens schon zügig mit der Realisierung der genannten wichtigen Projekte beginnen, die der chinesische Staat ja auch finanziell unterstütze. Darüber hinaus sollte man den Ausbau der Infrastruktur des Verkehrsnetzes vorrangig mobilisieren, um der neuen internationalen wirtschaftlichen und technischen Zusammenarbeit größeren Raum zu verschaffen.

Am 19. Mai 2014 ist nach Fertigstellung des ersten Ausbauprojekts des Wirtschaftsgürtels entlang der Seidenstraße der gemeinsame Hafen von China und Kasachstan (= der Hafen Lianyun) feierlich eröffnet worden.

Am 16. Oktober 2014 hat Premierminister Li Keqiang in der ersten Vollversammlung der zehnten asiatischen und europäischen Gipfelkonferenz angekündigt, China habe vor, einen Wirtschaftsgürtel entlang der kontinentalen Seidenstraße und der maritimen Seidenstraße des 21. Jahrhunderts vorzusehen. Dabei sei China bereit, mit anderen Ländern ein Verkehrsnetz auszubauen, das alle Länder und Regionen auf dem asiatischen und europäischen Kontinent verbindet. Darüber hinaus intendiere China, die Zusammenarbeit mit allen Ländern zu beleben und zu beflügeln.

Am 13. November 2014 hat Premierminister Li Keqiang auf der neunten Gipfelkonferenz von Ostasien deklariert, diese Gipfelkonferenz sollte

„den Plan der Durchführung der ‚Deklaration in Phnom Penh über die Entwicklungen' als einen Appell zur Zusammenarbeit in der Zukunft verstehen." Nach dieser Deklaration sollte die Kooperation in sechs Bereichen gefördert werden: Die Investitionen in Ostasien sollten erleichtert, die Infrastruktur erweitert, die Zusammenarbeit im Finanzwesen gefördert, die Armutsbekämpfung unterstützt, die Vernetzung der Seefahrtwege verdichtet und der kulturelle Austausch belebt werden. Man sollte sich bemühen, die Verwirklichung einer einheitlichen wirtschaftlichen Zone in Ostasien zu erreichen, wobei der Ausbau des Verkehrsnetzes in Ostasien eigentlich nur eine Verdichtung der alten schon vorhandenen Vernetzung der Länder auf der kontinentalen Seidenstraße und auf dem Seeweg bedeute. China habe seiner Meinung nach in dieser Hinsicht bereits viel geleistet. Beispielsweise habe das Geldinstitut Asiatische Infrastruktur- Investitionsbank (kurz genannt: „Asien Investitionsbank oder AIIB") sehr schnell den ersten Schritt gemacht und gemeinsam mit der Asienbank, der Weltbank und mit einigen Investitionsbanken angesichts fehlender Finanzmittel viele Probleme des infrastrukturellen Ausbaus gelöst. Inzwischen hat China einen Fonds für den Ausbau von Ein Gürtel, Eine Straße ins Leben gerufen, dank derer vorzugsweise die Infrastruktur der Seidenstraße verbessert werden soll.

Am 13. November 2014 hat Premierminister Li Keqiang auf der 17. Gipfelkonferenz Chinas und der Staaten der Asean („10+1") erklärt, der Ausbau der maritimen Seidenstraße des 21.Jahrhunderts werde die diesbezügliche Zusammenarbeit zwischen China und den Asean-Staaten begünstigen. China schlägt vor, das Jahr 2015 „das Jahr der Zusammenarbeit zwischen China und Staaten der Asean" zu nennen. Beide Seiten könnten in diesem Jahr verschiedene Besprechungen und Konferenzen auch mit den entsprechend zuständigen Ministern, die Kooperation hinsichtlich des Seeweges thematisierend, veranstalten, womit der Dialog der Rechtsorgane beider Seiten intensiviert würde. Und man könnte gegebenenfalls ein Zentrum für die Zusammenarbeit in Fragen des Seeweges ins Leben rufen.

Im November 2014 hat der Präsident Xi Jinping die 8. Sitzung der Finanz- und Wirtschaftsgruppe der Zentralregierung eröffnet. Auf dieser Sitzung sind über den Ausbau des Wirtschaftsgürtels auf der Seidenstraße und den Ausbau der maritimen Seidenstraße des 21. Jahrhunderts genauere Pläne entstanden und für deren Verwirklichung die Asiatische Infrastruktur-Investitionsbank und ein Fonds für den Ausbau von Ein Gürtel, Eine Straße begründet worden. Xi Jinping hat mehrfach in seiner Rede betont, dass das Konzept eines einheitlichen Wirtschaftsgürtels entlang der kontinentalen Seidenstraße und der maritimen Seidenstraße des 21. Jahrhunderts den Entwicklungsvorstellungen aller betroffenen Länder wie auch den Anforderungen der modernen Zeit entspreche. Denn dadurch würden alle die von dieser Straße durchzogenen Länder größere räumliche

Entfaltungsmöglichkeiten gewinnen. Diese Konzeption bringe eine historische Kontinuität zur Geltung, sei deshalb von großer historischer Bedeutung und basiere auf kulturgeschichtlichen Eckpfeilern. Auf diese Weise könne man die rasante wirtschaftliche Entwicklung Chinas mit den Interessen der die Seidenstraße tangierenden Länder verbinden.

Die zuständigen Behörden und Institutionen sollten sich nach Kräften engagieren und dies großartige Unternehmen zielbewusst verfolgen. Alle sollten dabei immer nach diplomatischen Prinzipien vorgehen: stets entgegenkommend, ehrlich, zuvorkommend, geduldig und überlegt. Man sollte mit allen nahen wie fernen Nachbarn entlang der Seidenstraße freundschaftliche Beziehungen pflegen, ihnen ein verwandtschaftliches Vertrauen entgegenbringen, ihre Anerkennung zu gewinnen trachten und ihnen jegliche Hilfe zukommen lassen.

Am 16. Dezember 2014 hat der Premierminister Le Keqiang bei seinem dritten Treffen Chinas mit den Ländern aus Mittel- und Osteuropa vorgeschlagen, bei der partnerschaftlichen Zusammenarbeit sollte man mit dem Ausbau der Infrastruktur beginnen und dann erst weiterführend zur Kooperation in der Produktion übergehen, wobei die finanzielle Gewährleistung als wesentlicher Faktor fungieren sollte. Dabei sollte man im Sinne einer zielgerichteten Zusammenarbeit bei der praktischen Umsetzung alle Interessen und Erfordernisse berücksichtigen. Als der Premierminister Li Keqiang das chinesische Konzept des Ausbaus eines neuen Korridors zwischen Mittel- und Osteuropa zur Sprache brachte, hieß er ausdrücklich alle Staaten dieser Region willkommen und ermunterte sie zur aktiven Beteiligung an der Realisierung des von China programmierten Ausbaus eines Wirtschaftsgürtels entlang der kontinentalen Seidenstraße und der maritimen Seidenstraße des 21. Jahrhunderts.

Am 21. Januar 2015 hat der Premierminister Li Keqiang auf der Jahresversammlung des Internationalen Wirtschaftsforums erklärt, dass man bei der Durchsetzung des Konzepts Ein Gürtel, Eine Straße auch die Interessen der betroffenen Länder angemessen zu berücksichtigen habe.

Am 25. März 2015 hat Staatspräsident Xi Jinping in der Volkskongresshalle den Präsidenten von Armenien Serzh Sargsyan empfangen, wobei Xi Jinping wissen ließ, dass die chinesische Seite bereit sei, im Rahmen des Ausbaus von Ein Gürtel, Eine Straße in der Zusammenarbeit ihre besondere Stärke in der Technik und bei Installationen einzusetzen und in dieser Hinsicht mit den Partnern zu einer sachgerechten harmonischen Kooperation zu finden bereit sei.

China hofft, dass Armenien beim Vorantreiben der wirtschaftlichen Zusammenarbeit zwischen China und Europa aktiv mitwirkt und auf der Seite Chinas steht. Serzh Sargsyan versicherte, für Armenien sei China der wichtigste diplomatische Partner und werde von Armenien bei jeglicher Zusammenarbeit als Partner bevorzugt behandelt. Serzh Sargsyan stellte überdies in Aussicht, einige weitere bedeutende armenische Infrastrukturprojekte wie die Erweiterung neuer Eisenbahnlinien mit dem chinesischen Konzept Ein Gürtel, Eine Straße zu verbinden. Übrigens beabsichtigt Serzh Sargsyan die chinesische Sprache in das mittlere Bildungssystem seines Landes einzuführen und ein Konfuzius-Institut zu eröffnen, um den kulturellen Austausch beider Länder zu fördern.

Am 26. März 2015 hat der Präsident Xi Jinping in der Volkskongresshalle den Präsidenten von Sri Lanka Sirisena empfangen. Beide Seiten haben ihre Entschlossenheit erklärt, gemeinsam und energisch die maritime Seidenstraße des 21. Jahrhunderts auszubauen und mit den Mitteln des Fonds für Ein Gürtel, Eine Straße und mit zusätzlicher Unterstützung der Asiatischen Infrastruktur-Investitionsbank gemeinsam große Projekte zu bewerkstelligen. Übrigens wollen beide Seiten die schon lange währenden Verhandlungen über freien Handel zwischen beiden Ländern endlich zu Ende bringen. Dies hat Sirisena dann noch ausdrücklich betont. Die Seidenstraße ist das historische Erbe beider Länder und er hoffe, im Rahmen der Konzepte des Ausbaus der maritimen Seidenstraße des 21. Jahrhunderts auf eine noch engere Kooperation.

Am 27. März 2015 hat der Präsident Xi Jinping in der Volkskongresshalle den Premierminister von Kasachstan Karim Mässimow empfangen. Bei den Gesprächen hat Xi Jinping betont, das Memorandum betreffend die Verständigung beider Länder hinsichtlich des Konzepts Ein Gürtel, Eine Straße in die Tat umsetzen zu können, um so die großen gemeinsamen Projekte und die wirtschaftliche Zusammenarbeit zu dynamisieren. China werde das Konzept Ein Gürtel, Eine Straße mit der neuen Wirtschaftspolitik Kasachstans, genannt „der glänzende Weg", verbinden, um beide Konzepte beider Länder voranzutreiben. Mässimow hat der Meinung von Xi Jinping vollständig zugestimmt. Und er hat noch hinzugefügt, dass das Konzept von Ein Gürtel, Eine Straße des Präsidenten Xi in vielen Punkten der neuen Wirtschaftspolitik des „glänzenden Wegs" von Kasachstan entspreche, dessen Initiator Kasachstans Präsident Nasarbajew gewesen ist. Mässimow fügte ergänzend hinzu, diese Konzepte beider Länder hätten der Zusammenarbeit beider Länder entscheidend neue Impulse gegeben. Deshalb hoffe er, dass Kasachstan mit Hilfe der Asiatischen Infrastruktur-Investitionsbank und dank der Mittel für asiatische und europäische Zusammenarbeit wie auch der Stiftung für den Ausbau von Ein Gürtel, Eine Straße künftig noch enger mit China zusammenarbeiten werde.

Am 27. März 2015 hat der Präsident Xi Jinping in der Volkskongresshalle den österreichischen Präsidenten Fischer empfangen. In ihren Gesprächen hat Xi Jinping akzentuiert, China sei bereit, im Rahmen von Ein Gürtel,

Eine Straße enger mit den Staaten entlang der Seidenstraße zusammenarbeiten zu wollen. Da das Ende der Seidenstraße europäisch sei, sollten China und Österreich nach den konkreten Projekten von beidseitigem Interesse Ausschau halten. Fischer erklärte, das chinesische Konzept Ein Gürtel, Eine Straße sei für Österreich durchaus attraktiv. Österreich sympathisiere damit. Darüber hinaus zeigt Österreich insbesondere ein Interesse an der Asiatischen Infrastruktur-Investitionsbank und verspricht sich davon eine Unterstützung der europäischen und asiatischen Zusammenarbeit.

Am 27. März hat der Präsident Xi Jinping in der staatlichen Empfangshalle der Provinz Hainan den malaysischen Premierminister Najib empfangen. In den Gesprächen hat Xi Jinping darauf hingewiesen, dass Malaysia turnusmäßig die Leitung der Asean übernommen habe, was China sehr gut passe. Denn China und die Asean seien gerade dabei, den 3. Plan der „Durchsetzung der gemeinsamen Deklaration zwischen China und der Asean-Staaten über partnerschaftliche Beziehungen" zu revidieren und „das Jahr der Zusammenarbeit hinsichtlich des Wasserwegs zwischen China und der Asean-Staaten" vorzubereiten. Um den Ausbau der maritimen Seidenstraße des 21. Jahrhunderts zu bewerkstelligen, erwartet China von Malaysia, dass es seine Vorsitzrolle der Asean produktiv nutze, um die Beziehungen zwischen China und Asean zu dynamisieren. Najib hat denn auch erklärt, China sei ein wichtiger Partner für sein Land, und Malaysia unterstütze das chinesische Konzept des Ausbaus der maritimen Seidenstraße des 21. Jahrhunderts. Malaysia will, während es den Vorsitz der Asean innehat, die Kooperation zwischen China und Asean-Staaten in allen möglichen Sachbereichen fördern und dafür sorgen, dass sich alle Asean-Staaten aktiv an dem Ausbau der maritimen Seidenstraße des 21. Jahrhunderts beteiligen.

Am 28. März 2015 hat der Präsident Xi Jinping auf der Jahresversammlung des Asiatischen Forums eine Rede gehalten mit dem Thema „In das gemeinsame Schicksal schreiten und eine neue Zukunft für Asien schaffen". In dieser Rede hat er noch einmal das strategische Konzept Ein Gürtel, Eine Straße erläutert. Er versicherte, „die Asiatische Infrastruktur-Investitionsbank hält alle Türen offen. Wir öffnen unsere Arme nicht nur allen asiatischen Ländern und den Ländern an der Seidenstraße, auch den Freunden aller Kontinente."

Am 21. April 2015 hat der Präsident Xi Jinping auf einer Konferenz in Pakistan eine Rede über das Thema „Gemeinsam eine neue Zukunft schaffen" gehalten, in der er erklärt hat: „Südasien befindet sich in der Kreuzung der maritimen Seidenstraße, deshalb sind alle Länder in diesem Gebiet wichtige Partner für China. Der wirtschaftliche Korridor zwischen China und Pakistan und der wirtschaftliche Korridor zwischen China und Indien, Bangladesch und Myanmar sind mit dem Ausbau der maritimen

Seidenstraße eng verbunden. Wenn dieser Ausbau reibungslos verläuft, dann können die beiden wirtschaftlichen Korridore davon kräftig profitieren."

Am 13. April 2015 hat der Premierminister beim 54. Jahrestreffen der Asiatischen und Afrikanischen Justizgesellschaft in seiner Rede mit dem Titel „Die asiatische und afrikanische solidarische Zusammenarbeit vertiefen, den Frieden und die Gerechtigkeit der Welt fördern" hervorgehoben, dass das Konzept „Ein Gürtel, Eine Straße" China mit den Planungen und Bedürfnissen der entsprechenden Länder verbinden und damit neue Impulse für die Zusammenarbeit der asiatischen und afrikanischen Regionen schaffen wird.

Am 14. Mai 2015 hat der Präsident Xi Jinping in Xian den indischen Premierminister Modi empfangen und in Gesprächen die Gelegenheit genutzt, vier Vorschläge zugunsten der strategischen Notwendigkeit beider Seiten zu unterbreiten, damit beide Seiten sich historischer Tendenzen entsprechend fortentwickeln und ihre Wünsche einer Wiederherstellung ihrer großartigen Nationen verwirklichen können. Erstens, so hat Xi Jinping betont, könnten beide Seiten das chinesische Konzept Ein Gürtel, Eine Straße dank der kräftigen Unterstützung durch die Asiatische Infrastruktur-Investitionsbank mit der von Modi vorgestellten indischen Politik der „Aktion nach Osten" gut verbinden. Darüber hinaus sollten beide Seiten die Gemeinsamkeit ihrer wechselseitigen Interessen markieren, um bestimmte Projekte effektiver realisieren zu können. Übrigens sollten beide Seiten sachgerechte Modelle der Zusammenarbeit anstreben, um wechselseitige Vorteile optimal nutzen zu können. Modi glaubte, Indien schenke dem chinesischen Konzept Ein Gürtel, Eine Straße nicht zuletzt deshalb große Aufmerksamkeit, weil auch Indien an einem reibungslosen Verkehrsnetz in Südasien großes Interesse habe, denn dies bringe für das wirtschaftliche Gedeihen dieser Gegend nur Vorteile. Deshalb sei Indien selbstverständlich gern bereit, in dieser Hinsicht mit China zu kooperieren.

Am 23. und 24. Juni 2015 haben der Präsident Xi Jinping und Premierminister Li Keqiang nacheinander den belgischen König Philippe interviewt. Im Dialog hat Xi Jinping Belgien dafür gelobt, dass dies Land großes Interesse und die Bereitschaft zur Beteiligung an Gründung der Asiatischen Infrastruktur-Investitionsbank zeige. Er begrüße Belgiens engagierte Beteiligung an der Verwirklichung des chinesischen Konzepts Ein Gürtel, Eine Straße. Und er richtete einen deutlichen Appell an die Asiatischen Infrastruktur-Investitionsbank hinsichtlich des Ausbaus der Infrastruktur, Belgien bevorzugt zu behandeln, sofern das Land an bestimmten Projekten mitzuwirken bereit sei. König Philippe vertrat die Ansicht, Belgien werde als ein treuer Partner Chinas in Europa seine geographischen Vorzüge nutzen, um als Brücke für Chinas Einzug in den europäischen Markt zu fungieren. Belgien werde sich weiterhin für eine wechselseitig enge Zusammenarbeit im Handel, in der Medizin, in der Bildung, in der biologischen Technik und in der Sozialversicherung einsetzen. Darüber hinaus werde Belgien seine bedeutsame Rolle in der EU ins Spiel bringen, um den Einklang der europäischen Investitionsplanungen mit dem chinesischen Konzept Ein Gürtel, Eine Straße zu ermöglichen.

Am 29. Juni 2015 hat Präsident Xi Jinping ausländische Delegationen empfangen, die aus Anlass der Unterzeichnung der Unterlagen der „Abkommen der Asiatischen Infrastruktur-Investitionsbank (AIIB)" nach China gekommen waren. Er gewichtete die Zielvorstellung der Gründung dieser Bank: die Fortentwicklung der Infrastruktur in Asien. So könnten alle Länder und Regionen durch das ausgebaute Verkehrsnetz besser kooperieren, voneinander profitieren und schlussendlich eine gemeinsame Mobilität erreichen. Am gleichen Tag hat Premierminister Li Keqiang auf der asiatischen und europäischen Gipfelkonferenz für Industrie und Handel darauf hingewiesen, China werde zuverlässige chinesische Unternehmen mobilisieren, an Projekten wie dem Ausbau des europäischen Verkehrsnetzes, am Bau kontinentaler wie auch der Seefahrt-Routen in Mitteleuropa und am Bau der neuen überkontinentalen Brücken in Asien und Europa mitzuarbeiten. China heiße gleichzeitig auch alle europäische Unternehmen willkommen, die sich bereitfinden, an der Verwirklichung des chinesischen Konzepts Ein Gürtel, Eine Straße mitzuwirken.

Am 3. Juli 2015 hat Präsident Xi Jinping in der Volkskongresshalle den Präsidenten von Singapur Tan Keng Yam empfangen. Während ihrer Gespräche hat er verlauten lassen, dass China die laufenden staatlichen Projekte beider Seiten in den westlichen Gebieten Chinas aufmerksam verfolge und nachhaltig unterstütze. Er hoffe, dass diese durch beide Länder beförderten Projekte in den westlichen Gebieten Chinas und in der „Wirtschaftszone am Fluss Yangzi" einen symbolischen Zeichencharakter gewinnen und als Musterbeispiele für das chinesische Konzept Ein Gürtel, Eine Straße gelten können. Übrigens hoffe er, dass China gemeinsam mit Singapur die Vorbereitungsarbeit für die Gründung der Asiatischen Infrastruktur-Investitionsbank dynamisieren könne. Tan Keng Yam versicherte Singapurs Bereitschaft, mit China im Flugverkehr, beim Gütertransport, im Finanzwesen und in der modernen Technik sowie in der Bildung, Kultur, Sicherheit und in weiteren anderen Gebieten zu kooperieren. Singapur freue sich, Gründungsmitglied der Asiatischen Infrastruktur-Investitionsbank (AIIB) zu sein und intendiere zuversichtlich unter solchen Rahmenbedingungen weiterhin mit China aktiv in allen Bereichen zusammenzuarbeiten.

Am 6. Juli 2015 hat Premierminister Li Keqiang in Beijing bei der ersten Konferenz für Industrie und Handel der internationalen Überseechinesen deren repräsentative Vertreter empfangen. Zu den anwesenden

Überseechinesen sagte er, er setze große Hoffnung auf sie. Er hoffe, dass viele Überseechinesen mit ihren fachlichen Qualifikationen und viele im Ausland lebende chinesische Geschäftsleute mit ihren landeskundigen Kenntnissen hinsichtlich Betriebskultur und gesetzlicher Regeln zur Verwirklichung von Ein Gürtel, Eine Straße erhebliche Beiträge leisten können. Vor allem könnten sie Brücken bauen und als Vermittler fungieren, damit immer mehr chinesische Unternehmen mit ihrer Hilfe im Ausland Fuß fassen könnten.

Am 8. Juli 2015 hat Präsident Xi Jinping den russischen Präsidenten Putin in der russischen Stadt Ufa getroffen. Xi Jinping hat hier erklärt, er hoffe auf eine noch engere Zusammenarbeit in größeren Dimensionen. Vor allem sollten beide Länder ihre Kooperation auf dem Gebiet der Sicherheit noch verstärken. Putin versprach, Russland werde aktiv an der Gründung der Asiatischen Infrastruktur-Investitionsbank (AIIB) teilnehmen, und beide Länder sollten ihre Zusammenarbeit auf Gebieten wie Infrastruktur, Energie, Flugverkehr und moderner Technik erweitern.

Am 9. Juli 2015 hat Premierminister Le Keqiang auf einer Tagung der Funktionäre einiger Provinzen über die Wirtschaftslage eine erhellende Rede gehalten. Nach seiner Ansicht sollten alle die Chance einer internationalen Zusammenarbeit des Projekts Ein Gürtel, Eine Straße nutzen, um dadurch endlich ihre Produkte „in die Welt hinaus" zu schicken. Unter der Prämisse der neuen Situation einer größeren Öffnung zur Welt sollten die Unternehmen ihre Produkte aufrüsten, um noch konkurrenzfähiger auf dem Weltmarkt zu werden.

Am 10. Juli hat Premierminister Le Keqiang einige Experten und Repräsentanten der Unternehmen zu einem Gespräch über die Wirtschaftslage eingeladen, um die Einschätzungen und Vorschläge von Fachleuten und Unternehmern aus allen Branchen zu hören. In diesem Dialog hat Li Keqiang betont, die Unternehmen sollten sich dem internationalen Markt zuwenden, die Marktlücken des internationalen Bedarfs erkennen und für ein gutes Image für eigene Produkte werben. Am 15. Juli, 2015 hat Präsident Xi Jinping den Vizekanzler Deutschlands und Vorsitzenden der SPD Gabriel empfangen und in Gesprächen der Hoffnung Ausdruck gegeben, dass Deutschland die engere Zusammenarbeit Chinas mit Europa in allen Bereichen vorantreiben könne. Vor allem erwarte China, dass Deutschland bei manchen europäischen Investitionsplanungen eine Abstimmung mit dem chinesischen Projekt Ein Gürtel, Eine Straße im Blick behalte. China erwarte von Deutschland außerdem, dass es künftig weiterhin seine führende Rolle spielen werde. Gabriel äußerte seine Zuversicht hinsichtlich der neuen wirtschaftlichen Situation Chinas und versicherte, er selber freue sich auf eine intensivere Kooperation beider Länder in Fragen des Handels, der Technik, Kultur und verschiedener anderer Bereiche.

Am 29. Juli 2015 hat Präsident Xi Jinping in der Volkskongresshalle den türkischen Präsidenten Erdogan empfangen. Xi Jinping sprach die Hoffnung aus, das Konzept Ein Gürtel, Eine Straße ließe sich mit der türkischen Entwicklungsstrategie durchaus verbinden. Beide Seiten seien offenbar bereit, ihre Zusammenarbeit im Handel, in der Investition, im Finanzwesen, im Ausbau der Infrastruktur, in Fragen der Reiseunternehmungen und der Kultur zu dynamisieren. Erdogan blickte mit Freuden auf das baldige 45-jährige Jubiläum diplomatischer Beziehungen zwischen der Türkei und China voraus. Und er erklärte, die Türkei wolle mit China gemeinsam im Handel, in Fragen der Investition, der Technik, der Produktion und der Infrastruktur künftig noch enger zusammenarbeiten. Am selben Tag noch hat Premierminister Li Keqiang den türkischen Präsidenten Erdogan erneut getroffen und ihm versichert, dass China sein Konzept Ein Gürtel, Eine Straße auf die türkische Planung des Aufbaus eines „Mittleren Korridors" abstimmen könne und werde. Auf diese Weise könnten beide Länder beim Bau von Eisenbahnlinien, dem Ausbau der Infrastruktur, der Erschließung neuer Energien, der Dynamisierung der Leichtindustrie und Funktechnologie einander helfen und voneinander profitieren. Außerdem sollte die Kooperation beider Länder auf den Flugverkehr, die Weltraumfahrt, das Finanzwesen und einige neu entstandene Branchen erweitert werden. China hoffe, die Türkei könne den chinesischen Unternehmern, die in der Türkei investieren und dort Betriebe etablieren, bestimmte Vorzüge einräumen und sie auf diese Weise unterstützen. Erdogan hieß alle chinesischen Unternehmer willkommen, die ihre Investitionen in der Infrastruktur, in Energie, in Funktechnologie, im Finanzwesen und im Luftverkehr erweitern wollen.

Am 30. Juli 2015 hat Präsident Xi Jinping in einer Rede im chinesischen und türkischen Wirtschafts- und Handelsforum betont, beide Länder sollten unter der Parole „eine gemeinsame Führung, zwei Schwerpunkte der Zusammenarbeit, drei neu entstandene Branchen" ihre partnerschaftlichen Beziehungen vorantreiben. Erdogan interpretierte die Zusammenarbeit zwischen beiden Ländern in der Wirtschaft und im Handel als die entscheidende treibende Kraft für die strategische Zusammenarbeit beider Länder. Die Türkei unterstütze das chinesische Konzept Ein Gürtel, Eine Straße und die Begründung eines Fonds für dies Programm.

Summarisch geredet: seit der Genese des Konzepts Ein Gürtel, Eine Straße ist dies Programm von allen führenden Staatsoberhäuptern begrüßt und positiv aufgenommen worden. Das ist das Ergebnis unermüdlicher Arbeit der chinesischen Zentralregierung. Der Präsident Xi Jinping und der Premierminister Li Keqiang haben bei zahlreichen Treffen mit verschiedenen Staatsoberhäuptern und führenden Politikern immer wieder dies chinesische Konzept Ein Gürtel, Eine Straße vorgestellt und deren besondere Bedeutung erläutert. Es sieht ganz so aus, dass die Zusammenarbeit mit allen diesen Ländern bald auf eine höhere Stufe steigt und damit eine neue Etappe wirtschaftspolitischer Geschichte beginnt.

1.2. Der Planungs- und Ausarbeitungsprozess

Am 28. März 2015 haben die staatliche Kommission für Entwicklung und Reformen, das Außenministerium und das Handelsministerium gemeinsam das Konzept mit dem Titel „Visionen und Aktionen für das gemeinsamen Ausbau des Wirtschaftsgürtels der Seidenstraße und der maritimen Seidenstraße des 21. Jahrhunderts" verabschiedet. Dieses Dokument basiert auf einer ausführlichen Recherche der Arbeitsgruppe der „Ein Gürtel, Eine Straße". Die Mitarbeiter dieser Arbeitsgruppe haben alle Reden und Gespräche der Zentralregierung in der letzten Zeit analysiert und auf dieser Basis ihr Konzept verfasst.

Die Formulierungsarbeit des oben genannten Dokuments ist direkt von der Zentralregierung überwacht und unter ihrer Leitung und Anweisung entstanden. Die Arbeit ist im September 2013 begonnen und im März 2015 beendet worden. Sie hat mithin insgesamt anderthalb Jahre gedauert.

Seit Beginn der Niederschrift des „Konzepts" durch die Verfassergruppe dieses Dokuments haben alle beteiligten Experten dieser Gruppe umfangreiche Recherchen angestellt, Probeentwürfe immer wieder überarbeitet und korrigiert, von allen Seiten dazu Diskussionsbeiträge berücksichtigt, schließlich der Zentralregierung ihre Arbeit zur Kritik vorgelegt. Nachdem die Probeentwürfe fünfmal von allen entsprechenden Behörden und Institutionen kritisch gesichtet worden sind, hat die erste vorläufige Version im März 2014 das Licht der Welt erblickt. Sie ist dann in allen zuständigen Behörden und Institutionen herumgereicht worden, um schließlich das Spektrum der Meinungen und Kritik sammeln und prüfen zu können.

Die Arbeit an diesem Dokument hat drei Etappen hinter sich:

1) Recherchearbeit. Dadurch haben alle Mitarbeiter der Gruppe die enorme Bedeutung des Ausbaus von „Ein Gürtel, Eine Straße" begriffen. Dann waren sie fähig, die Hauptziele zu definieren und die Schwerpunkte des Unternehmens genau festzuschreiben. In einer späteren Phase haben sie die potentiellen inhaltlichen Bestimmungen für eine Zusammenarbeit der möglichen Zusammenarbeit mit anderen Ländern und die wichtigen Regionen einbezogen. Dann haben sie Meinungen von allen Seiten, von Behörden, bis Forschungsinstituten eingeholt. Schließlich ist das Ergebnis in Form eines Berichtes mit 19 Fachthemen entstanden. Die einzelnen Themen betreffen die Untersuchungen über einzelne Länder, einzelne Ausbaugebiete und Branchen. 2) Veranstaltung von sehr vielen Diskussionsrunden, um von allen Seiten Meinungen und Kritiken zu sammeln. Hintereinander fanden 18 solche Runden statt, zu denen auch die ausländischen Diplomaten

und ausländische Unternehmer eingeladen wurden. 3) Im Auftrag der Verfassergruppe haben zahlreiche Forschungsinstitutionen wie das Forschungsbüro der Politik der Zentralregierung, das Forschungszentrum des Staatsrats für Entwicklung, die Wissenschaftsakademie und verschiedene Beratungsbüros Forschungsaufgaben in Bezug auf das Konzept Ein Gürtel, Eine Straße erhalten. Die Verfassergruppe hat alle diese Forschungsergebnisse genau studiert und entsprechende Schlussfolgerungen beim Entwurf des Dokuments berücksichtigt.

Am 4. November 2014 hat der Generalsekretär der Kommunistischen Partei Xi Jinping die 8. Sitzung der Führungsgruppe für Finanzen und Wirtschaft der Zentralregierung anberaumt, auf der genauere Planungen hinsichtlich des Konzepts des Ausbaus des Wirtschaftsgürtels entlang der kontinentalen Seidenstraße und der maritimen Seidenstraße des 21. Jahrhunderts entwickelt werden sollten. Erst am 28. März haben die staatliche Kommission der Entwicklung und Reformen, das Außenministerium und das Handelsministerium das über eine lange Zeit bearbeitete und wieder überarbeitete Konzept mit dem Titel „Visionen und Aktionen" für das Vorantreiben des Wirtschaftsgürtels entlang der Seidenstraße und der maritimen Seidenstraße des 21. Jahrhunderts" offiziell der Öffentlichkeit vorgelegt.

Kapitel 2

Historische Rückblicke

2.1. Der Begriff „Seidenstraße"

Unter „Seidenstraße" versteht man in der Regel den Weg, der von der alten chinesischen Chang An (heute Xian) beginnt und über den Hexi-Korridor in Gansu und die heutigen Gebiete Xinjiang weiter westlich führt und die Verkehrs- und Handelswege zwischen Asien, Europa und Afrika verbindet. Auf diese Weise waren schon seit der sehr frühen Zeit die alten Kulturen von China, Asien, Europa und Afrika miteinander in Berührung gekommen. Dieser Handels- und Verkehrsweg existierte mithin eigentlich schon seit eh und je, er hatte nur noch keinen Namen. 1877 hat der deutsche Geograph von Richthofen im ersten Band seines berühmten persönlichen Reiseberichtes mit dem Titel „Das Ergebnis der persönlichen Expeditionserlebnisse und Recherche" erstmals den Begriff der „Seidenstraße" verwendet. Seiner Definition nach war damit der westliche Weg gemeint, der „vom Jahr 114 vor unserer Zeitrechnung bis ungefähr 127 nach unserer Zeitrechnung die Karawanenstraße, die China mit den Gebieten zwischen den Flüssen, (d.h. den Gebieten zwischen den Flüssen Amu Darja und Syr-Darja in Mitteasien) durchzieht, mit China und Indien verbindet. Auf diesem Weg wurde hauptsächlich mit Seide gehandelt." Im Jahr 1910 hat der deutsche Forscher Albert Herrmann in seinem Buch „Die alte Seidenstraße zwischen China und Syrien" noch weitere Informationen über die Seidenstraße nach seiner Recherche alter Dokumente übermittelt und erklärt: „Wir sollten diese Straße neu definieren und sie bis zu weitentfernten Wegen bis nach Syrien erweitern." Der Begriff der „Seidenstraße" von Richthofen wurde in kurzer Zeit von allen Gelehrten aus dem Osten und Westen beifällig aufgenommen. Albert Herrmann verlegte das westliche Ende der Seidenstraße nach Syrien, denn kurz nachdem die erste Gesandtschaft unter der Führung des Beamten namens Zhang Qian (im 2. Jahrhundert v.u.Z.) in die westlichen Regionen geschickt worden war, hat die chinesische Seiden über die Seidenstraße das römische Reich erreicht. 65 v.u.Z. hatte die römische Armee die großflächigen Gebiete am Mittelmeer erobert. Daraufhin hat man dann Syrien in Landkarte des Römischen Reichs aufgenommen. Aufgrund dieser historischen Tatsache glaubt Herrmann, dass der Handels- und Kulturaustausch auf dem Weg der Seidenstraße sich nicht nur auf den Bereich China, Zentralasien und Indien eingeschränkt, sondern sich bis nach Rom verlagert habe. Heute gilt die Bezeichnung Seidenstraße als Begriff für die ganze Verkehrsroute zwischen dem alten China, Zentralasien und Westasien sowie die Strecke, die das Mittelmeer mit Europa und Nordafrika verbindet. Die von Richthofen als „Seidenstraße" bezeichnete Route ist nur die verkleinerte Form dieser Wegstrecke, die fast nur durch Wüstenland führt. Deshalb nennt man diese ehemalige Karawanenstraße auch Wüstenstraße.

Mit der Entwicklung des Informationsaustausches und dank unermüdlicher Forschungsarbeit und Recherchen weiß man jetzt immer mehr über die „Seidenstraße". Unter diesem Begriff „Seidenstraße" versteht man inzwischen eine doppelspurige Straße (Ein Gürtel, Eine Straße), die kontinentale Seidenstraße (Karawanenstraße) und die Seefahrtseidenstraße, wenn man die Verkehrsmittel in Betracht zieht. Wenn man diese Straße im Blick auf die Handelsgüter definiert, dann gab es sogar eine Pluralität von Straßen, eine „Jadestraße", „Bronzestraße", „Teestraße", „Porzellanstraße", „Stoffstraße" usw. Was die Wegstrecken betrifft, so hat es neben der „Wüstenstraße" auch eine „Steppenstraße" gegeben, die alte Straße von der Dynastie Tang bis nach Mittelasien, die „Straße zwischen China, Indien, Myanmar" usw. Doch alle diesen verschiedenen Straßen werden allgemein „Seidenstraße" genannt.

2.2. Die kontinentale Seidenstraße

2.2.1. Die Han-Dynastie

Der Gesandte Zhang Qian ist in die westlichen Gebiete entsandt worden.

Dieses sogenannte westliche Gebiet war ein geographischer Begriff, der für eine bestimmte Zeit in der chinesischen Geschichte verwendet wurde. Im weitesten und allgemeinen Sinn umfasste dieser „Westen" damals die heutigen Gebiete von Xinjiang und alle Gebiete westlich davon, also Zentralasien, Südasien, Westasien, die indische Halbinsel, selbst noch Osteuropa und Nordafrika. Im engeren Sinn aber war damit nur die Gegend des heutigen Xinjiang gemeint. Da dieses westliche Gebiet ein Knotenpunkt der Seidenstraße zwischen China und Europa war, ist dieses Gebiet schon seit langer Zeit ein zentraler Begriff gewesen. Jeder, der chinesische Verkehrsgeschichte, die Geschichte der Verbindung zwischen China und dem Ausland, die Geschichte der „Seidenstraße" studiert und erforscht, ob früher oder in der heutigen Zeit, muss diesen Begriff verwenden.

Wie jeder heute weiß, hat schon lange ein wirtschaftlicher und kultureller Austausch zwischen China und dem Westen bestanden, und natürlich hat es auch schon die Seidenstraße gegeben, bevor der Beamte Zhang Qian in diese Gegend entsandt worden war. Diese Entsendung von Zhang Qian in das westliche Gebiet ist später als ein symbolisches Ereignis auf der Seidenstraße gedeutet worden. Und dies Ereignis ist von allen Forschern und Historikern als erstes Zeichen für eine durchgängige Seidenstraße begriffen worden. Darauf bezieht sich Si Maqians bildliche Redeweise in seinem geschichtlichen Werk „Shiji", wenn er auf die Erkundungen Zhang Qians in Zentralasien zu sprechen kommt: „Zhang Qian hat mit der Axt ein Loch in den Himmel" geschlagen.

Dem Erzählband „Geschichten im westlichen Gebiet" aus der Han-Dynastie zufolge hat das westliche Gebiet eigentlich aus 36 Staaten bestanden und ist später durch Aufspaltung in mehr als 50 Staaten eingeteilt worden. Unter diesen sogenannten Staaten hat man damals lokale Mächte verstanden, die nach ihrer geographischen Lage, nach Dialekten und ethnischen Gruppen eine Einheit gebildet haben. Von diesen „Staaten" zählte der größte mehr als zehntausend Einwohner (wie der Staat Guizi, d.h. der heutige Kreis Xinhe). Manche kleinere Staaten hatten nur einige hundert Einwohner; so z.B. der Staat Danheng, der nur 27 Familien und 194 Personen hatte. Zu Beginn der Westhan-Dynastie eroberten Hunnen das westliche Gebiet und bauten es zu seinem militärischen Stützpunkt aus, von dem sie immer wieder das Territorium der Han-Dynastie angriffen und die Menschen in der Mitte des Landes beraubten.

Mit einem anderen Nomadenvolk in Xiqiang (der heutigen Provinz Qinghai) haben Hunnen immer wieder versucht, die Verbindung zwischen Osten und Westen zu blockieren. Im Jahr 140 v.u.Z. ist der Han Kaiser Wu auf den Thron gestiegen. Die Han-Dynastie hat zu dieser Zeit eine Blütezeit erlebt, war politisch und wirtschaftlich auf einem Höhepunkt. Der ehrgeizige Kaiser Wu beschloss deshalb in das westliche Gebiet einzumarschieren, einerseits um sein Territorium zu erweitern, andererseits wollte er damit die Bedrohung durch die Hunnen für die Han-Dynastie prinzipiell beseitigen. Die Strategie des Kaisers Wu lief darauf hinaus, zuerst möglichst viele Staaten im westlichen Gebiet als Verbündeten zu gewinnen, um dadurch die Hunnen zu isolieren. Vor allem den Kontakt der Hunnen mit seinem einzigen Verbündeten Xiqiang sollte verhindert werden. Die bekannte historische Strategie bedeutete „den Hunnen den rechten Arm zu brechen". Kaiser

Wus Ziel der Entsendung Zhang Qians in das westliche Gebiet bestand darin, die Hindernisse auf dem Handelsweg von der Han-Dynastie nach Westen zu beseitigen, denn damals war die Wirtschaft hoch entwickelt und es herrschte ein reges Geschäftsleben, weshalb man auch sehr interessiert nach neuen Handelsmöglichkeiten gesucht hat. Unter solchen historischen Voraussetzungen war es natürlich plausibel, wenn der Kaiser Wu für die Durchlässigkeit der Seidenstraße Vorsorge treffen wollte und für einen reibungslosen Weg nach dem Westen entsprechende Maßnahmen ergriff.

Dass die Hunnen sehr mächtig waren, war dem Kaiser Wu durchaus bewusst. Als er erfuhr, dass das Nomadenvolk der Yuezhi (im heutigen Tadschikistan) mit den Hunnen verfeindet war, schickte er eine Gesandtschaft unter Führung des Beamten Zhang Qian als Boten in den Staat Yuezhi mit dem Auftrag, ein Bündnis mit den Yuezhi zu erwirken. Im Jahr 138 v.u.Z. brach Zhang Qian mit einer Gefolgschaft von mehr als hundert in Richtung Westen auf. Doch unterwegs ist er von den Hunnen in Gefangenschaft gesetzt worden. Erst zehn Jahre später war ihm die Flucht gelungen. Aber Zhang Qian hatte noch immer seine kaiserliche Mission fest im Sinne und erreichte zehn Tage nach seiner Flucht schließlich den Staat Dayuan (das heutige Ferghana in Usbekistan). Dayuan schwärmte schon seit langem von dem Wohlstand und der fortgeschrittenen Zivilisation der Han-Dynastie und erkannte die Chance, dem Kaiser Wu der Han-Dynastie schmeicheln. Er schickte seine Leute, die Zhang Qian schützen sollten und ihn zuerst nach Kangju (ins heutige Sogdiana in Samarkand) und schließlich an dessen eigentliches Ziel, in die Yuezhi-Länder, begleitet haben. Doch mit zehn Jahren war eine lange Zeit verstrichen und Zhang Qian fand die dortigen Einwohner, die ehemaligen Nomaden am Fluss Amur in Yuezhi als zu friedlich eingesessene Bewohner, die kaum mehr an einen Krieg mit den Hunnen dachten. Er verbrachte ungefähr ein Jahr bei den Yuezhi und dokumentierte ihre Gebräuche, ihre Lebensart und ihre Wirtschaft, bevor er im Jahr 126 v.u.Z. in die Heimat zurückgekehrt ist.

Zwar hatte Zhang Qian bei seiner ersten Reise nach Westen seine ursprüngliche Mission, ein Bündnis zu schließen, nicht erreicht, aber er hat dafür viel über die Politik, Wirtschaft, Sitten und Gebräuche und das Leben im westlichen Gebiet lebenden Menschen erfahren. Und diese Fülle neuer Informationen konnten den Kaiser der Han – Dynastie nur noch neugieriger machen und ihn dazu bewegen, das Tor zum Westen weiter zu öffnen.

Im Jahr 119 v.u.Z. hat der Kaiser Wu Zhang Qian auf eine weitere, diesmal besser vorbereitete Mission (mit 300 hundert Leuten) nach Westen gesandt, um Handelsbeziehungen mit den Wusun aufzunehmen. Zhang Qian hatte ein Gefolge von mehr als dreihundert Gesandten und war mit viel Goldbarren und anderen Schätzen versehen. Diese Gesandtschaft hat schließlich Wusun (das heutige Kirgisistan) erreicht. Während des

Aufenthalts dort hat Zhang Qian viele Vizeentsandte in die Nachbarländer bis in die Gegend des heutigen Afghanistan geschickt, um mit ihnen Freundschaft zu schließen. Diese Mission war ein voller Erfolg und hat zu Handelsbeziehungen zwischen China und vielen Staaten im westlichen Gebiet geführt.

Wie schon erwähnt gab es zwischen China und dem westlichen Gebiet schon längst einen wirtschaftlichen und kulturellen Austausch. Doch für die Verkehrswege und Orte an der Verbindungsstraße zwischen Osten und Westen gab es noch kaum schriftliche und verbindliche Fixierungen, und wenn, dann nur ungenaue. Durch Zhang Qians zwei Missionen und Reisen nach Westen hatte er entdeckt, welche Teilstrecken auf der Seidenstraße von den Hunnen blockiert und unterbrochen worden waren, und so hatte er viele wertvolle Informationen über die Orte und Wegverbindungen der Seidenstraße vermitteln können. Durch seine Berichte sind manche Gerüchte und vorliegende vage Informationen über diese Straße entweder bestätigt oder doch hilfreich korrigiert worden. Zhang Qian hatte kräftig dazu beigetragen, dass man durch seine lebendigen Berichte über die Seidenstraße und die Menschen und Orte dort neue und präzisere Erfahrungen erhalten hat.

Das großartige Geschichtsbuch „Shiji" und die „Geschichten des Westens der Han-Dynastie" basierten auf Berichten von Zhang Qian, in denen er über die damaligen Routen, wichtige Städte und Orte an dieser Straße Auskunft gibt. So hat man durch ihn als Quelle erfahren, dass die Seidenstraße von der Hauptstadt der Westhan-Dynastie Changan ihren Ausgang genommen und durch den Hexi-Korridor über den Verkehrsknotenpunkt Dunhuang weiterführte. Danach jedoch hätten sich zwei Süd-Nord-Routen gebildet, von denen die eine schließlich Europa erreicht, die andere aber Indien. Überhaupt hat es auf dieser Verbindungsstraße zwischen China und dem Westen seither viele Veränderungen gegeben, aber im Großen und Ganzen sind die Hauptrouten in der Weise geblieben wie sie Zhang Qian beschrieben hatte. Vor der Entwicklung der Seefahrt in der Song-Dynastie war diese kontinentale Seidenstraße die wichtigste Verbindung zwischen Osten und Westen.

2.2.2. Schutz der Seidenstraße in der Han-Dynastie

Obwohl in der Zeit des Kaisers Wu die Hunnen besiegt worden waren, obwohl dank Zhang Qians Mission die Seidenstraße durchgängiger geworden war, war letztlich doch das westliche Gebiet nicht immer ganz frei von der Kontrolle durch die Hunnen geblieben, die ständig die Kardanen beraubt haben. Um diese wichtige Verbindungsstraße zu schützen, hat der Kaiser Wu mehrmals seine Armee nach Westen geschickt mit dem Ziel, die Sicherheit auf der Seidenstraße zu garantieren. Und dank aller dieser

Aktionen konnten auch alle Karawanen sicher ihre Ziele erreichen. Im Jahr 101 v.u.Z. sind auf Veranlassung des Kaisers Wu Verwaltungsbeamte in einige wichtige Knotenpunkte geschickt worden, die dort vor Ort für Sicherheit und andere Angelegenheiten zu sorgen hatten.

Am Ende der Westhan- und am Anfang der Osthan-Dynastie ist der Verlauf der Seidenstraße immer wieder durch die Hunnen unterbrochen worden. Deswegen wurden auch immer wieder Gesandte mit einer militärischen Gefolgschaft nach Westen geschickt, um die Seidenstraße zu sichern. Manche Gesandte der Han- Dynastie haben das römische Reich und Persien erreicht.

Mit Entwicklung der Seefahrt ist die Seefahrtroute vom Roten Meer bis zum Indischen Meer entdeckt worden. 166 n.u.Z. meldete sich eine Delegation in der Hauptstadt der Osthan-Dynastie, in Luoyang, und erwies sich Gesandtschaft des Römischen Papstes (des Papst Anicetus). Dies historische Datum ist der früheste Beleg für eine freundschaftliche Beziehung zwischen dem Osten und Westen.

2.2.3. Der Tiefpunkt der Seidenstraße

Die Zeit der Osthan-Dynastie ist bestimmt durch die Auseinandersetzungen dreier verschiedener Parteien. Zur gleichen Zeit hat es auch im römischen Reich und im persischen Reich Dynastienwechsel gegeben. Auch haben damals viele Nomadenvölker an der Seidenstraße um ihre Macht gekämpft. Im Vergleich mit der Zeit der Han – Dynastie und später der Tang-Dynastie hat die Seidenstraße damals einen Tiefpunkt erlebt.

Im Jahr 220 n.u.Z. haben die Dynastien Wie und Jin die Herrschaft über die Gebiete, die durch die Donghan-Dynastie regiert worden sind, übernommen. Die Wie- und die Jin-Dynastien haben in Liangzhou (heute: Wuwei) Generäle mit militärischen Truppen eingesetzt. Diese sollten sämtliche Regionen des westlichen Flussgebietes und Teile des westlichen Gebietes bewachen und die Verwaltungen in diesen Gebieten perfektionieren. Zu deren Aufgaben gehörte es auch, langfristig an allen wichtigen an der Seidenstraße gelegenen Orten mittels Stationierungen Herrschaft auszuüben, die Seidenstraße zu schützen, die von allen Seiten durchziehenden Gesandtschaften und Boten vor Ort zu empfangen und ihnen für den weiteren Weg begleitendes Personal zur Verfügung zu stellen.

Mithilfe einiger Ausgrabungsdokumente können wir Näheres über einige Situationen auf der Seidenstraße zur damaligen Zeit erfahren. Beispielsweise hat der Entsandte auf dem Stützpunkt Dunhuang (227-233 n.u.Z.) allen Geschäftsleuten aus dem westlichen Gebiet eine Erlaubnis für die Durchreise erteilt und ihnen Schutzpersonalien anvertraut. Auf diese Weise ist Dunhuang zu einem Treffpunkt zwischen Chinesen und Hunnen geworden. 1907 wurden in einer Ausgrabung in Dunhuang „alte Briefe" gefunden. Darunter gab es den Brief eines Geschäftsmannes an seine Heimat, in dem ausführlich über die rege Geschäftssituation auf der Seidenstraße berichtet wurde. Beispielsweise wie die Händler aus Zentralasien von Dunhuang aus nach Jincheng (heute Lanzhou) große Menge von Textilien aus Leinen und Teppiche aus Wolle verkauft haben. Daran lässt sich erkennen, welche Rolle die „Seidenstraße" in der Jin- Dynastie gespielt hat.

Aus allen durch die Seidenstraße Reisenden sticht in der Periode der Dynastie Wei und Ji die Expedition von Faxian hervor. 399 n.u.Z. nämlich hat Faxian mit seiner Gefolgschaft nach mehrfachen Hindernissen, wo es um Leben und Tod ging, die Taklamakan-Wüste, das Pamir Hochgebirge, das heutige Pakistan und Afghanistan durchquert und ist schließlich nach Indien gekommen. Von seinen anfänglich elf Leuten waren es nur noch zwei, die die Reise überstanden hatten. Faxian hat in Indien Jahre lang heilige Schriften gesammelt und ist 412 auf dem Seeweg zurückgekehrt. Faxian selber hat nicht nur zahlreiche heilige Schriften übersetzt und nach China transportiert, was für die Verbreitung des Buddhismus in China von großer Bedeutung war. Auch seine Berichte über seine persönliche Erlebnisse auf seiner Reise, die er in einem Buch „Geschichte des Landes des Buddhismus" festgehalten hatte, geben ausführlich über die Geschichte der Orte, über Sitten und Gebräuche im alten Zentralasien, Indien, Pakistan und Sri Lanka Auskunft. Faxian war der erste Mensch, der auf kontinentalem Weg Indien erreicht hat und dann auf dem Seefahrweg zurückgekommen ist. Alle seine Reiseberichte sind zu wertvollen Dokumenten auf der Seidenstraße geworden.

In die Periode der nördlichen und südlichen Dynastien fällt die wichtige historische Phase, in der der Buddhismus nach Osten verbreitet worden ist. Im Zuge der Ausbreitung des Buddhismus ist auch die Kunst der Skulpturen nach Osten vorgedrungen. Zu dieser Zeit ist eine Vielzahl kunstvoll gestalteter Steinhöhlen mit buddhistischen Motiven entstanden. Darunter sind die Kezier-Höhle in Xinjiang, die Dunhuang-Höhle in Gansu und die Binglingsi-Höhle. Alle die in dieser Zeit gebauten Höhlen sind stark geprägt vom Gandhara-Stil. Die Verbreitung des Gandhara-Stils hat die Architektur des Höhlenbaus stark beeinflusst. Mit dem Gandhara-Stil ist eine Kunstrichtung aufgerufen, die in Nordindien, Nordostafghanistan und Nordpakistan verbreitet war. Den Schriften des Mönchs Xuanzhuang zufolge gehört der heutige Peshawar zum Zentrum dieser Kunstrichtung. Dieser Ort gehört seit dem 6. Jahrhundert zu Persien. Nachdem 327 vor unserer Zeitrechnung Alexander mit seinen Truppen dieses Gebiet erobert hatte, sind viele Griechen in diese Region gewandert. Während der Zeit des Asoka-Königs der indischen Maurya Dynastie (272-232 v.u.Z.) sind die Gandharaer zum Buddhismus konvertiert. Diese Dynastie wurde während der Herrschaft von Kushan Empire Hauptsitz der Dynastie. Deshalb haben sich hier griechische, römische, persische und indische Kunststile und andere Kunstrichtungen ausgebreitet, die später als der eigenartige Gandhara-Stil bekannt geworden sind. Dieser Gandhara-Kunststil behandelt buddhistische Motive und Themen und adaptiert Stilmittel der Griechen, Perser und Inder. Gerade in Gandhara hatte man Formen des Respektes der Menschen gegenüber dem Buddha in symbolischen Gegenständen wie Pagoden oder Pappelfeigen-Bäumen zum Ausdruck gebracht, neuerdings aber in Buddha-Statuen. Mit der Verbreitung des Buddhismus nach Osten kam der Gandhara Stil nach China, was den Bau der Höhlen dort stark beeinflusst hat.

Obwohl es zwischen den nördlichen und den südlichen Dynastien ständig Konflikte und Auseinandersetzungen gab, hat dieser Umstand doch die Entwicklung auf und an der Seidenstraße nicht beeinträchtigt. Im Jahr 455 hat das Persische Reich mit der nördlichen Wei-Dynastie, die damals gerade die Gebiete am Huanghe Fluss vereinigt hatte, direkten Kontakt aufgenommen und die für einige Zeit unterbrochene Beziehung wiederhergestellt. Von dieser Zeit an bis zum Jahr 522 haben zehn persische Delegationen die nördliche Wei-Dynastie besucht. Die ersten fünf Delegationen haben die damalige Hauptstadt (das heutige Datong) der nördlichen Wei-Dynastie erreicht und viele Kunstgegenstände aus Glas als Geschenke mitgebracht. Die anderen späteren fünf Delegationen haben die im Jahr 493 nach Luoyang umgezogene Hauptstadt erreicht. Die Boten dieser Delegationen sind auch die Seidenstraße entlang gezogen und haben die Hauptstadt der südlichen Dynastie Jiankang besucht.

2.2.4. Der Aufschwung der Seidenstraße in den Sui- und Tang-Dynastien.

Der Kaiser Yang der Sui-Dynastie war ein sehr ehrgeiziger Kaiser. Gleich nach seiner Thronbesteigung hat er versucht, durch militärische Übergriffe in den Grenzgebieten sein Territorium zu erweitern, andererseits durch Gesandtschaften nach Westen die Beziehung zu weiteren Staaten aufzubauen. Es ist zu einem regen Austausch zwischen China und dem Westen in dieser Periode gekommen. Aus dem Westen haben seine Entsandten Becher aus Achat und zahlreiche andere exotische Sachen und Pflanzen mitgebracht. Um die Seidenstraße noch besser zu schützen und sich noch intensiver über die westlichen Gebiete zu informieren und den Handel zu beleben, hat der Kaiser Yang den Beamten Peiju nach Zhangye geschickt, an einen strategisch wichtigen Ort an der Seidenstraße, mit dem Auftrag, die Seidenstraße zu schützen und die Informationsmaterial vor Ort in Bildern und Schrift festzuhalten. Peiju wollte niemanden enttäuschen und hat seine Erlebnisse in einem Buch mit dem Titel „Bilder und Geschichte der westlichen Gebiete" ediert, in dem nicht nur Berichte über Landschaften,

Getreidesorten, Sitten und Gebräuche der einzelnen Orte und Staaten zu lesen waren.

Am wertvollsten waren seine Aufzeichnungen über die drei wichtigsten Routen der Seidenstraße Richtung Westen, die Nordroute, die mittlere und Südroute. An diesen drei Routen kann man ablesen, wie gut die Sui-Dynastie die Länder in den westlichen Regionen bereits gekannt hat. Von diesen drei Wegstrecken zählen die mittlere und die südliche Route zu den alten, die schon in der Westhan-Dynastie erschlossen worden sind. Die erst später erschlossene Nordroute ist dann auch zu einem wichtigen Verkehrsweg geworden.

Eine andere besondere Leistung von Peiju war die Sicherung der Seidenstraße. Nach seiner jahrelangen harten Arbeit ist die Seidenstraße eine insgesamt noch geschütztere Route geworden und gut versorgt mit allem, was für die Reisenden vonnöten war. So haben fortan immer mehr Händler aus den westlichen Gebieten diese Straße zu benutzen gewagt, um ins Innere Chinas zu gelangen. Es begann eine wahre Blütezeit für den Handel und Austausch in allen Bereichen.

Da das Territorium der Tang-Dynastie wesentlich zum Westen hin erweitert und die verschoben worden waren, hat der erste Kaiser der Tang-Dynastie viele Gesandte in die erweiterten westlichen Gebiete an der Seidenstraße geschickt, damit diese die wichtigen Orte verwalten und die Seidenstraße sichern. Der Kaiser Taizong der Tang Dynastie setzte nach seiner Eroberung Gaochangs (heute Tulufan) hohe Beamte mit militärischer Unterstützung als Verwalter ein. Diese sollten die ganzen westlichen Gebiete überwachen. Bis zur Zeit der Herrschaft der Kaiserin Wu Zetian hat man die Verwaltungsgebiete bis Zentralasien hin und bis zu den Grenzen der arabischen Länder erweitert. Durch solche ausgeweitete Sicherung fungierte die Seidenstraße wie eine Brücke, und der Austausch zwischen den Staaten und unter den Völkern konnte einen Höhenpunkt erreichen.

Nach dem Untergang des Persischen Reiches verwickelte sich die Tang Dynastie mit den arabischen Ländern in militärisch komplexe Kämpfe. Im Jahr 751 hat der in der westlichen Region der Tang-Dynastie stationierte General Gao Xianzhi einen militärischen Angriff auf Staat Shi (heute Tashkent in Usbekistan) unternommen. Daraufhin hat der Staat Shi die Araber um Hilfe gebeten. Schließlich haben die Truppen der Tang Dynastie bei der Schlacht in Talas (heute Kasachstan) eine Niederlage erlitten, was zum Rückzug und zur Aufgabe der militärischen Herrschaft der Tang Dynastie in Zentralasien geführt hat. Der in dieser Schlacht gefangen genommene Duhuan hat nach seiner Freilassung aus der Gefangenschaft seine Erlebnisse schriftlich dokumentiert.

Die Verbindung zwischen China und dem Westen ist in der Tang-Dynastie außerordentlich rege und eng gewesen. Zahlreiche Mönche sind durch die Seidenstraße nach Westen gereist, um buddhistische heilige Schriften zu holen. Viele von ihnen haben nach ihrer Rückkehr ihre Erlebnisse auf der Reise in Schriften festgehalten, wodurch man über die Veränderungen und Entwicklung auf dieser Straße viel erfahren kann. Dies waren die ersten persönlichen Dokumente und sie liefern bis heute noch über die Seidenstraße dankbares Material für einschlägige Forschungsarbeiten. Zudem präsentieren sie Beweise für einen regen wirtschaftlichen und kulturellen Austausch auf einem hohen Niveau seit der frühen Zeit zwischen dem Osten und Westen. Bei der Ausgrabung in Dunhuang und Tulufan wurden zahlreiche alte Bücher gefunden. In den ausgegrabenen Dokumenten in Tulufan wurde unter andrem auch Verträge von Verkauf von Sklaven zwischen dem Staat Shi und dem Staat Cao der Tang Dynastie in Gaochang entdeckt. Diesen Berichten kann man ablesen, dass der internationale Handel ausgesprochen hochgradig verlaufen ist. Unter den Händlern, die damals in Dunhuang unterwegs waren, gab es neben Menschen aus Sugda, auch Händler aus Zentralasien, Persien, Indien, Mittelchina. Die hier beschriebenen Karawanen sind mit allen möglichen Produkten aus Zentralasien, Persien, Indien und Mittelchina gekommen. Unter den reichlichen Produkten gab es etliche aus sehr weiter Entfernung; aus dem Westen waren dies Erzeugnisse aus Ostrom, aus dem Süden aus Produkte aus Indien und aus dem Osten solche aus Korea.

2.2.5. Die Entwicklung der Verkehrsverbindung zwischen dem Osten und Westen in der Song-Dynastie

Während der Zeit der fünf Dynastien haben sich bei den nordwestlichen ethnischen Völkern viele Veränderungen ergeben, und auch die politische Lage in Zentralasien hatte sich maßgeblich verändert. Dies hat dazu geführt, dass die kontinentale Seidenstraße ihren Untergang erleben musste, und dies hat bis zur Song-Dynastie gedauert. Eine Situation wie in der Tang-Dynastie, in der die „Glocken der Kamel-Karawanen unterbrochen erklungen sind und Seidenrollen auf deren Rücken geglänzt haben" war längt die Geschichte. Doch ganz verschwunden war die kontinentale Verbindung zwischen dem Osten und Westen nie, nur stagnierte sie doch im Vergleich mit ihrer Blütezeit. Die Orte einiger ethnischer Völker, die früher durch die Beamten der Tang-Dynastie verwaltet worden waren, hatten sich unabhängig gemacht und blockierten jetzt manche Strecken der Seidenstraße. Dies hat dazu geführt, dass der geographisch ausgedehnte Handel etwa mit den bis in die dem Zentralchina weitentfernten westlichen Gebiete auf einmal nachließ, während dagegen der Zwischenhandel boomte. Es entstand eine Art Staffellauf, von Karawane zu Karawane und von Station zur Station: ein großes Handelsnetz mit zahlreichen Zwischenhändlern hatte sich herausgebildet. Zu dieser Zeit ist das Teetrinken modisch geworden, und Teeblätter wurden allmählich zum Haupthandelsgut.

In der Yuan-Dynastie aber hat dann die vernachlässigte Seidenstraße ihre Renaissance erlebt. Bevor die Mongolen die Yuan-Dynastie gründeten, wussten sie bereits die Bedeutung der Seidenstraße zu schätzen, denn bei ihren Eroberungszügen nach Europa konnte Dschingis Khan mithilfe der Karawanen die Versorgung für seine Armee sichern. Bei ihren drei Eroberungszügen nach Westen haben die Mongolen nacheinander Krimi, Syrien, Polen und Ungarn erobert. 1258 haben sie Bagdad erobert und dann das Abbasiden-Reich vernichtet. Durch diese drei Eroberungszüge hatten die Mongolen ihr Reich wesentlich erweitert. Die Mongolen haben viele Gesandte auf die wichtigen Posten der Seidenstraße geschickt und das Verkehrsnetz zwischen Asien und Europa wiederhergestellt. Daraufhin sind viele Bewohner aus den asiatischen und europäischen Ländern durch die westlichen Gebiete ins Innere Chinas geströmt. Da inzwischen die alten Routen der Seidenstraße mit ihren Kapazitäten längst nicht mehr ausreichten, waren nun viele neue Wege entstanden. Es gab damals die geläufige Sentenz: „Alle Wege führen nach Dadu" (d.h. ins heutige Beijing). Die für einige Zeit vernachlässigte Seidenstraße hatte ihren früheren Glanz wieder zurück.

In der Yuan-Dynastie herrschte ein richtig reger Austausch zwischen China und Europa. Viele Europäer, darunter Giovanni, Ruburk, Marignolli, Marco Polo, Odoric reisten nach China und haben wertvolle Reiseberichte hinterlassen.

Nach dem Untergang der Yuan-Dynastie und im Zuge der Entwicklung der Seefahrt verlor die kontinentale Seidenstraße allmählich ihre Bedeutung. 1372 ließ der Kaiser Hongwu der Ming-Dynastie an dem westlichen Ende der Großen Mauer die Festung Jiayu erbauen, um sich gegen die Invasion der Mongolen zu schützen. Der Bau der Festung war zwar hilfreich für den Grenzschutz, aber er hatte die Konsequenz, dass die Verkehrsverbindung auf der Seidenstraße dadurch eingeschränkt worden ist. Später sind neun wichtige Orte an der Seidenstraße zu militärischen Stützpunkten der Ming-Dynastie im Kampf gegen den Rest der mongolischen Streitkräfte umfunktioniert worden. Damit fiel der glanzvolle Vorhang der Seidenstraße, die in den vergangenen drei Dynastien des chinesischen Kaiserreichs für die Verbindung zwischen Osten und Westen eine so wichtige Rolle gespielt hatte.

2.3. Die maritime Seidenstraße

Östlich des asiatischen Kontinents befindet sich der grenzenlose Pazifik, südlich der heiße und regnerische Indische Ozean, nördlich das Nordpolarmeer mit seinen Gletschern. Aufgrund der weiten Entfernung des Nordpolarmeeres zu den chinesischen Häfen und weil dies Meer zudem noch fast das ganze Jahr zugefroren ist, kommt es für eine Seefahrt nicht in Frage. So blieben dafür nur der Pazifik und der Indische Ozean als mögliche Hauptseewege für China und das alte Asien.

In der Nähe des Kontinents von Ostasien befinden sich zahlreiche Inseln, japanische Inselgruppen, philippinische Inselgruppen und indonesischen Inselgruppen usw. Diese Inseln dienten früher als die natürlichen Anlegestellen für die Menschen bei Seefahrten im westlichen Pazifik und in dem nördlichen Indischen Ozean. Später sind sie wichtige Orientierungs- und Versorgungsknotenpunkte für alle Seefahrer geworden. Bevor man den Kompass bei der Seefahrt benutzte, dienten die Inseln den chinesischen Seefahrern als Orientierung für ihre Steuerung und als geographische Merkmale.

Es gab zwei wichtige chinesische Routen auf dem Seeweg: eine östliche, von Penglai in der Halbinsel Shandong aus über das Bohai-Meer und das Huanghai-Meer oder über das heutige Huaian in Jiangsu, die das Gelbe Meer durchquert; oder von Ningpo aus ins Meer führt und das Ostmeerbis nach Korea und nach Japan durchquert. Da einige nördliche Mächte wie Liao und Jin mit der Song Dynastie verfeindet waren, galt diese Route in der Song-Dynastie als die Hauptverbindung mit den Zielländern Japan und Korea. Die andere Route war der südliche Seeweg.Von den Häfen Guangzhou oder Quanzhou und von Mingzhou ausgehend überquerte man das Südchinesische Meer. Der Weg führtedann durch Südostasien und weiter durch den Indischen Ozean und das Arabische Meer, erreicht schließlich den Persischen Golf, fährt übers Rote Meer bis ins heutige Syrien, dann folgt die Überquerung des Mittelmeers bis nach Europa.

China grenzt im Osten und Süden ans Meer und verfügt über eine sehr lange Küste. Ausgrabungsdokumenten zufolge hat es schon in der Qin Dynastie zwischen Ostchina und Südasien ein reges Handelstreiben über den Seeweg gegeben. Zhaotuo hat sich machte in der späten Qin Dynastie in Lingnan selbständig gemacht das Yue Reich gegründet. Von den ausgegrabenen Gegenständen des Königs des Reichs Yue in Guangzhou verrieten viele Grabbeigaben wie Silberbehälter eine starke Ausprägung des typisch griechischen Stils. Auch hat man in den Ruinen der Paläste des Königs des Yue-Reiches typisch griechische Säulen entdecken können. Das dürfte ein Beweis dafür sein, dass die griechische Kultur damals schon durch den Seeweg nach China gebracht und verbreitet worden ist.

Der Hanwu Kaiser der Westhan-Dynastie hat zu gleiche Zeit, als er Zhangqian nach Westen entsandt, auch versucht, eine maritimen Seeweg nach Süden zu erschließen. Doch nachdem die Fahrt vom Gesandt Ganying zum Römischen Reich misslungen war, versuchte die Qin Dynastie eine andere Route zu finden. Im Jahr 166 n.u.Z. ist beim Kaiser der Jin-Dynastie eine Delegation aufgetaucht, die sich als Botschafter des Römischen Reichs ausgegeben hat. Sie war von Vietnam nach China gekommen, nämlich auf dem Seeweg. Auch der Mönch Faxian aus der Dongji-Dynastie ist ja auf dem Seeweg von seiner Pilgerfahrt aus Indien zurückgekehrt. In seinem Buch „Geschichten des Buddhistischen Landes" hatte er seine Erlebnisse auf dem Meer folgendermaßen beschrieben: „ein grenzenloses Meer, dass man den Sinn für alle Himmelsrichtungen ganz verlor. Man sah nur noch Sonne, Mond und Sterne. Wenn es regnete, dann wurde das Boot vom Wind herumgetrieben." Daraus kann man ersehen, dass die Seefahrttechnik damals noch sehr primitiv war.

Bei der wechselseitigen Beziehung zwischen China und Südasien in der Sui-Dynastie war der Entsandte Changjun die bekannteste Persönlichkeit. Ungefähr in den Jahren zwischen 607 n.u.Z. ist Changjun als Botschafter der Sui-Dynastie nach Südasien geschickt worden, um mit den Staaten in dieser Region Beziehungen aufzubauen.

Changjun ist in Guangzhou aufgebrochen, die Küste von Vietnam entlang gefahren und hat schließlich die malaysische Halbinsel erreicht. Kurz danach haben viele Staaten in Südasien ihre Botschafter nach China geschickt.

Im 7. Jahrhundert waren auf dem chinesischen Südmeer unzählige Handelsschiffe aus Indien und Persien zu sehen. An vielen Häfen der Ostküste Chinas herrschte ein reges Geschäftsleben.

Mit der Entwicklung der Seefahrt ist die kontinentale Seidenstraße immer unattraktiver geworden, denn mit Pferden und Kamelen als Haupttransportmitteln blieb die Kapazität der zu transportierenden Güter eingeschränkter. Abgesehen von dem notwendigen hohen Aufwand dieser Beförderung waren harte Naturbedingungen der Seidenstraße und fehlende Sicherheit in den westlichen Gebieten zu berücksichtigen. Deswegen war es naheliegend, dass die Seefahrtwege allmählich die kontinentale ersetzten. Auch spielte eine Rolle die Tatsache, dass die politische und wirtschaftliche Stärke Chinas immer weiter nach Süden gerückt ist. Mit der Erfindung des Kompasses und der Entwicklung der Seefahrttechnik und des Schiffbaus haben die Seefahrtwege eine immer größere Rolle beim Austausch und Handel zwischen China und den westlichen Gebieten gespielt. Seit der Song-Dynastie ist die Seefahrtseidenstraße mit ihren zahlreichen Häfen an der Küste die Hauptverbindung zur Welt geworden. Um die

Häfen effektiver zu verwalten und um auch entsprechend Steuern einzuziehen, hat man in allen Hafenstädten ein Zollamt eingerichtet. In dem Buch „Geschichten über verschiedene Länder" von Zhao Rushi aus der Songli-Zeit hat der Verfasser mehr als fünfzig Länder genannt, die an chinesischen Häfen angelegt hatten. In diesem Buch findet man nicht nur die hier apostrophierten Länder, im Osten bis Japan, im Westen bis Somalia und Marokko und überdies andere Länder am Mittelmeer beschrieben, sondern auch deren Produkte, Sitten und Gebräuche. Vor allem bietet das Buch zudem viele wertvolle Informationen über die Seefahrtrouten, die Fahrzeiten sowie die Ankunftszeiten der einzelnen Schiffe der verschiedenen Länder. In der Yuan-Dynastie hat die Seefahrtseidenstraße eine wahre Blütezeit erlebt. In der Song-Dynastie war noch von 50 Ländern die Rede, während nun in der Yuan-Dynastie die Zahl der Länder, die auf dem Seefahrtweg nach China gekommen sind, auf 140 angestiegen war. Eine große Zahl von Arabern und Europäern strömte jetzt gen Osten, darunter waren Reisende, Geschäftsleute, Missionare und Botschafter einzelner Länder. Marco Polo war unter diesen vielleicht der bekannteste. Mit den Berichten über seine Reise hat der Westen von einem reichen Land im Osten erfahren, und viele sind dadurch ermutigt worden, diese Reise für den Handel mit Seide und Porzellan zu wagen.

Mit der Ming-Dynastie hat die Epoche der vorwiegenden Nutzung der Seefahrtstraße begonnen, womit man fast die ganze Welt erreichen könnte. Das beste Beispiel war der allen bekannte Admiral Zheng He, der mit riesigen Flotten zwischen 1405 und 1433 sieben große Expeditionen in den Pazifik und den Indischen Ozean unternahm und mehr als 30 Länder und Regionen in Asien und Afrika erreicht hat. Dabei bekämpfte er nicht nur erfolgreich die Piraterie, sondern erforschte auch die Meere bis nach Arabien und Ostafrika. Seine Dschunken legten dabei mehr als 50.000 km zurück. Damit hatte er eine grundlegende Voraussetzung für die spätere Entdeckung des südlichen Seewegs nach Indien durch den portugiesischen Da Gama und für die Weltumsegelung durch Ferdinand Magellan geschaffen.

Doch fanden solche teuren Expeditionen schnell ein Ende. Seit Mitte der Ming-Dynastie bis zur Qing-Dynastie ist eine strenge Politik der Seefahrtverbote durchgeführt worden, so dass die Entwicklung der Seefahrseidenstraße stagnierte und beinahe zu einem Stillstand gekommen ist. Einzig Guangzhou ist als Handelshafen zum Ausland geblieben. Doch zum Glück ist dieser Hafen zum Zentrum des Handels avanciert bis zum Opiumkrieg, denn trotz vieler Einschränkungen hat die Seefahrtseidenstraße immer noch ihre Funktion als internationales Verbindungsnetz erfüllen können.

2.4. Der kulturelle Austausch auf der Seidenstraße

Mit der Gesandtschaft unter der Führung von Zhang Qian hatte die Han–Dynastie durch die Seidenstraße nicht nur Seide und Seidenprodukte, Lackwaren, Spiegel und Behälter aus Ton nach Zentralasien eingeführt, sondern über solche Waren hinaus auch technische Verfahrensweisen wie die der Produktion von Eisen und Stahl oder wie die des Brunnengrabens. Diese Produkte und Techniken sind dann auf anderen Strecken der Seidenstraße weiter nach Fernost und auch nach Europa gebracht worden. Auch die Papierherstellung, Herstellung von Feuerwerk und Drucktechnik, die drei von den vier wichtigen chinesischen Entdeckungen sind über die Seidenstraße nach Europa gebracht worden. Auch haben viele chinesische Handwerker, die als Soldaten in den westlichen Gebieten im Krieg in Gefangenschaft geraten sind, ihre Herstellungsweise von Papier und anderen Produktionstechniken nach Zentralasien und später bis nach Europa gebracht.

Unter allen gehandelten Produkten zählte Seide als die vom Westen begehrteste Ware. Von allen Europäern gehörten die Römer zu den größten Seidenliebhabern. Ihr Hunger nach Seide war kaum zu stillen. Damals befand sich das römische Reich auf seinem Höhepunkt, die Gesellschaft ließ Tendenzen der Dekadenz erkennen, es herrschte eine Verschwendungssucht und entsprechende Stimmung, man strebte nach neuer Mode und Extravaganz, und deshalb war Seide besonders begehrt.

Im Jahr 395 ist das Römische Reich ins östliche und westliche Reich geteilt worden. Nach dieser Spaltung herrschte für geraume Jahre ununterbrochen Krieg, und die Wirtschaftsverhältnisse waren desolat. Im Jahr 476 ist das Römische Reich zugrunde gegangen. Nach der Spaltung hat das östliche römische Reich mit Konstantinopel seine Hauptstadt gegründet. Die Gier nach Seide hat sich jetzt noch entschiedener als in der damaligen römischen Zeit ausgeprägt. Und seit der Katholizismus Staatsreligion geworden war, wuchs der Bedarf nach Seide noch rasanter, denn viele Kirchen und Kathedralen nutzten Seidenvorhänge; und auch die Mönche hatten eine besondere Vorliebe für eine Seidentracht. Reiche ließen sich sogar Leichentücher aus Seide machen. Kurz gesagt, der Konsum von Seide erstreckte sich auf alle gesellschaftlichen Lebensbereiche und hat sogar auf die Staatspolitik Auswirkungen.

Durch die Seefahrtseidenstraße sind neben Seide auch chinesisches Porzellan, Tee und andere Produkte aus Fernost bis nach Europa exportiert und weltbekannt geworden. Schon in der Song-Dynastie hatte sich die Technik der Porzellanherstellung stark entwickelt. Diese Produkte sind dann immer weiter verfeinert und die Produktionskraft ist derart gesteigert worden, dass man große Mengen exportieren konnte. In der Song Dynastie zählten die Produkte aus Porzellan zu den wichtigsten Exportprodukten. Damals waren unter anderen die Firmen der Porzellanherstellung wie etwa die Yue-Porzellanbrennung und Longquan am bekanntesten. Darüber hinaus waren auch die feinen Porzellanwaren aus Jingdezhen in Jiangxi sowie weiße und blaue Porzellanprodukte von Minao besonders beliebte Exportwaren. Bei archäologischen Ausgrabungen unter Wasser hat man in den letzten Jahren auch zahlreiche gekenterte Schiffe der Song Dynastie im südchinesischen Meer entdeckt, in denen überwiegend Porzellan transportiert worden ist. Deshalb ist es nicht verwunderlich, wenn wegen der überwiegenden Anzahl von Porzellan unter den Handelsprodukten, welche durch die Seefahrtseidenstraße exportiert wurden, dieser Transportweg den Namen „Porzellanstraße" erhielt.

Was China aus anderen Ländern importiert hat, waren überwiegend Gewürze und Rizinusöl. Seit der Tang-Dynastie ist der Gebrauch vom Rizinusöl bei Wohlhabenden in Mode gekommen. In manchen Büchern aus der Song-Dynastie hat man etliche verschiedene Variationen des Rizinusöl-Aromas aufgelistet. Die Skala reicht vom Frucht- und Pflanzenduft bis hin zum Duft verschiedener Baumarten. So war die Redensart in aller Munde: „Wenn Zhang Qian seine Reise nach Westen nicht gelungen wäre, woher hätte man solchen Duft aus dem Westen?".

Auch verschiedene Arten von exotischen Getreide-, Gemüse- und Obstsorten sind über die Seidenstraße nach China eingeführt worden. Zu dem bekannteste zählen wohl Trauben, Fenchel, Walnüsse, Gurken, Granatenapfel u.a.m. Inzwischen zählen diese Gemüse- und Obstsorten zu den Speisen, die man in China nicht mehr missen möchte.

Neben dem Handelsaustausch solcher Waren und Techniken zwischen China und dem Westen fungierte die Seidenstraße auch als eine Art Brücke der ideologischen und künstlerischen Kommunikation. Man denke hier nur an den Buddhismus oder auch einige andere religiöse Richtungen. Dies betraf auch die Musikästhetik und viele Musikinstrumente, die Architektur und die Bildhauerei, die, aus Zentralasien kommend, sich inzwischen in China etabliert hatten. Alle diese Kulturgüter haben durch die Seidenstraße China erreicht und das geistige und kulturelle Leben der chinesischen Völker bereichert, haben inzwischen die chinesische Kultur bereichert. Und dies alles ist nicht zuletzt der Seidenstraße zu verdanken.

Kapitel 3

Auseinandersetzungen zwischen den verschiedenen Mächten

Gegenwärtig führen einige mächtige Staaten in den „Ein Gürtel, Eine Straße" betreffenden Gebieten verschiedene Strategien durch. Darunter verfolgen die USA einen Plan der „neuen Seidenstraße", Russland handelt nach seinem Konzept der „Eurasische Wirtschaftsgemeinschaft", die EU betreibt „Partnerschaftliche Beziehungen in Zentralasien", Japan betreibt eine „Diplomatie der Seidenstraße", die Türkei setzt auf seine Strategie „Europa verlassen und sich Asien nähern", Indien stützt sich auf seine Politik „Strategie der Verlegung des Schwerpunktes nach Westen", die UNDP (The United Nations Development Programme) geben „Anregungen zur Seidenstraße". In diesem Kapitel werden die Hintergründe und die einzelnen Strategien der oben erwähnten Länder und Organisationen erläutert.

3.1. Der US-amerikanische Plan der „Neuen Seidenstraße"

Der amerikanische Plan der „Neuen Seidenstraße" wurde im Juli 2011 von der damaligen Außenministerin Hillary Clinton vorgestellt, und zwar zum ersten Mal klar und verständlich, während sie in Indien an dem 2. Dialog zwischen USA und Indien teilnahm. Im Oktober 2011 hat das amerikanische Außenministerium an alle amerikanischen Botschaften im Ausland ein Fax gesandt, in dem von einem neuen außenpolitischen Plan Amerikas gegenüber Zentralasien und Südasien die Rede war. Dieser Plan wurde mit dem Namen „Plan der neuen Seidenstraße" versehen. Auch an alle internationalen Partner Amerikas ist diese Benachrichtigung gesendet worden. So ist dieser Plan zur neuen offiziellen Politik der USA geworden.

3.1.1. Die Hintergründe des US-amerikanischen Plans der „neuen Seidenstraße"

Das Konzept der „neuen Seidenstraße" ist anfänglich von dem amerikanischen Professor und Leiter des Forschungsinstituts für den mittelasiatischen Kaukasus an der Universität Johns Hopkins Frederick Starr entworfen worden. An diesem Konzept ist auch das amerikanische Forschungsinstitut für amerikanische Strategien und internationale Forschung (CSIS) beteiligt gewesen. Nach Berichten von CSIS soll der Plan der „neuen Seidenstraße" ein Plan sein, der das ganze Handelsnetz in Europa und Asien umfasst. Mit diesem Plan wollen die USA ihre wirtschaftliche Präsenz in Europa und Asien demonstrieren, ihren Erfolg gegen Terrorismus in Afghanistan unterstreichen und ihre umfangreichen strategischen Ziele zu erreichen suchen. Am Anfang hielt das amerikanische Außenministerium diesen Plan nicht für realistisch und für unmöglich, ihn durchzuführen. Doch im Jahr 2010 gewann die Strategie der „neuen Seidenstraße" große Zustimmung bei der amerikanischen Zentralregierung.

Die Durchsetzung des Plans der „neuen Seidenstraße" galt ein Zeichen für die strategische Wende Amerikas gegenüber Afghanistan. Dies zeigte, dass der Schwerpunkt der USA gegenüber Afghanistan sich von militärischer Seite zuvörderst, dann von der ökonomischen Dimension hauptsächlich auf die soziale und wirtschaftliche Entwicklung des Landes verlegt hat. Die Aufstellung dieses neuen Plans der „neuen Seidenstraße" ist einerseits unter dem Druck des amerikanischen Inlands erfolgt. Andererseits musste sich die amerikanische Politik den objektiven Forderungen der veränderten internationalen Situation anpassen. Aus der Perspektive der amerikanischen Innenpolitik bringt die trostlose amerikanische Wirtschaft für die eigene Bevölkerung große Probleme mit sich. Die Unzufriedenheit der Bevölkerung hat zugenommen. Viele waren des Antiterrorkrieges überdrüssig und setzten die Regierung Obamas unter großen Druck. Aus der internationalen Perspektive beurteilt haben die USA nach dem „9.11" im Jahre 2001 ihren Schwerpunkt auf den Krieg gegen den Irak und auf den Antiterrorkrieg in Afghanistan verlegt. In mancher Hinsicht haben die USA die pazifischen Gebiete vernachlässigt. Doch in den zehn Jahren nach „9.11" sind die pazifischen Gebiete zu einer rasant entwickelten Gegend geworden, die durch ihre Vitalität auf die internationale Lage Einfluss nehmen. Erst jetzt begannen die USA ihren strategischen Schwerpunkt vom Irak und von Afghanistan auf die pazifischen Regionen mit ihrem vitalen wirtschaftlichen Aufschwung und virulenten Fähigkeiten zu verlegen.

3.1.2. Der Hauptinhalt des US-amerikanischen Plans der „neuen Seidenstraße"

Oberflächlich gesehen besteht das amerikanische Konzept der „neuen Seidenstraße" aus zwei sachlichen Hauptteilen:

Erstens wollen sie den freien Handel in diesen Regionen vorantreiben, damit die vielen Hindernisse des zollfreien Handels reduziert werden können. Außerdem wollen sie das Kontrollsystem reformieren, eine transparente Zollkontrolle zwischen den Grenzen einführen und die Handelspolitik der einzelnen Länder regulieren. So haben etwa Indien und Pakistan unter ständigem Druck der USA den ersten Handelsvertrag unterschrieben. Die USA arbeiten beispielsweise darauf hin, dass Pakistan und Afghanistan einen freien Handelsvertrag unterzeichnen. Übrigens versuchen die USA, die Justizorgane und Zollbehörden in Afghanistan zu unterstützen. Darüber hinaus bauen die USA ihre partnerschaftliche Beziehung zu Indien aus.

Zweitens wollen die USA durch den Bau von Energie-Pipelines und den Ausbau der Infrastruktur (Straßen, Brücken, Leitungen für Transport der Elektrizität, Eisenbahnen usw.) Zentralasien und Südasien enger miteinander verbinden. handelt es sich Bei dem Projekt (TAPI) handelt es sich beispielsweise um die 1.680.000 Meter langen Pipelines zum Erdgastransport von Afghanistan-Turkmenistan-Pakistan-Indien. Bei einem anderen Projekt (CAREC) werden sechs Transportkorridore durch Zentralasien gebaut. Bei dem Projekt (CASA-1000) werden Transportleitungen der Hochspannungselektrizität zwischen Afghanistan-Pakistan-Indien gebaut. Auch an dem Projekt einer 80.000 Meter langen Eisenbahnlinie zwischen Masar-e Scharif in Afghanistan und Termiz in Usbekistan wird gearbeitet.

3.1.3. Der neue Fortschritt des US-amerikanischen Konzepts der „Neuen Seidenstraße"

Gegenwärtig ist ein Teil der Projekte des amerikanischen Konzepts der „Neuen Seidenstraße" schon realisiert worden. So wurde zum Beispiel die Eisenbahnlinie zwischen Usbekistan und Afghanistan schon eröffnet. Das gerade fertiggebaute Wasserkraftwerk in Tadschikistan liefert bereits Strom nach Afghanistan. Das Projekt der Hochspannungsleitung (CASA-1000) und das der Erdgas-Pipelines (TAPI) gehören zu den zwei Kernprojekten der amerikanischen Konzepte der „Neuen Seidenstraße", die sich inzwischen schon in einer fortgeschrittenen Phase des Baus befinden. Die vier Staaten, die an dem Projekt von CASA-1000 beteiligt sind, haben jeweils von der Weltbank und der Asiatischen Infrastruktur-Investitionsbank (AIIB) Kredite erhalten. Dem Plan nach sollte dieses Projekt im Jahr 2018 abgeschlossen sein. Auch alle die Länder, die an dem Projekt TAPI beteiligt sind, sind von der Weltbank und der Asiatischen Infrastruktur- Investitionsbank

(AIIB) kräftig unterstützt worden. Das andere Land Zentralasiens mit reichlichen Erdgasressourcen, Usbekistan, ist im Begriff sich an diesem Projekt zu beteiligen.

3.2. Das russische Konzept der „Europäischen und Asiatischen Wirtschaftsgemeinschaft"

„Die Eurasische Wirtschaftsgemeinschaft" besteht aus Russland, Weißrussland, Kasachstan, Armenien, Turkmenistan, Tadschikistan und Kirgisistan. Diese sechs Länder der ehemaligen Sowjetunion wollen ihre Zusammenarbeit in der Wirtschaft und Politik dadurch vertiefen. Die Idee dieser Gemeinschaft geht ursprünglich auf den Präsidenten Kasachstans Nasarbajew zurück, der im Jahr 1994 an der Moskauer Universität eine bemerkenswerte Rede hielt. Im Oktober 2011 hat der damalige russische Premierminister Putin die Gründung der oben genannten Wirtschaftsgemeinschaft offiziell vorgeschlagen.

3.2.1. Der Hintergrund der auf Initiative Russlands etablierten „Europäischen und Asiatischen Wirtschaftsgemeinschaft"

Seit 2008 ist die ganze Welt von schwerwiegenden wirtschaftlichen und finanziellen Krisen heimgesucht worden. Amerika, Europa und einige weitere wichtige und hoch entwickelte Länder leiden noch immer an den Folgen dieser Krisen. Stattdessen ist es mit der russischen Wirtschaft in den letzten zehn Jahren im Großen und Ganzen aufwärts gegangen. Russland hatte ein Interesse daran, in der Politik, im Militär, in der Wirtschaft, Energie und Kultur mit den Ländern und Regionen der ehemaligen Sowjetunion Regeln und Vorschriften vereinheitlichen. Vor allem erklärte Russland sein Interesse, mit diesen Ländern in Fragen der Sicherheit und militärisch besser kooperieren zu können. Inzwischen haben Russland, Weißrussland und Kasachstan die Zollunion als zentrale Institution wirtschaftlicher Einheit eingeführt. Im Hinblick auf diese Konzeption hat der damalige russische Premierminister Putin im Oktober 2011 offiziell das Vorhaben der oben genannten Gemeinschaft vorgestellt. Putins Artikel wurde in der russischen Tageszeitung veröffentlicht unter dem Titel „Das Konzept der Europäischen und Asiatischen neuen Einheit: die Zukunft entsteht heute". Darin ist von der Gründung einer „Europäischen und Asiatischen Wirtschaftsgemeinschaft" in den Regionen der ehemaligen Sowjetunion die Rede. In seinem Artikel argumentierte Putin dafür, dass man Europa mit den vitalen und chancenreichen pazifischen asiatischen Regionen verbinden sollte. Am 29. Mai 2015 wurde in der Hauptstadt Kasachstan Astana die Gipfelkonferenz von Russland, Weißrussland und Kasachstan veranstaltet, in der die drei Länder über die einheitlichen wirtschaftlichen Entwicklungen beraten haben. Am

Ende dieser Konferenz haben der russische Präsident Putin, der Präsident von Weißrussland Lukaschenko und der Präsident von Kasachstan Nasarbajew gemeinsam das Abkommen „Die Europäische und Asiatische Wirtschaftsgemeinschaft" unterzeichnet. Nach dem Abkommen hat man ab dem 1. Januar 2015 angefangen, die Verwirklichung aller Vereinbarungen zu realisieren. Man erhofft sich bis zum Jahr 2025 eine freie Dynamik für alle Waren, Dienstleistungen, das Kapital und die Arbeitskräfte innerhalb dieser „Wirtschaftsgemeinschaft" mit dem anvisierten Ziel, schließlich eine ähnliche Union wie die EU zu gewinnen und einen einheitlichen Markt für 1.7 Milliarden Menschen.

3.2.2. Der Hauptinhalt der russischen „Euroasiatische Wirtschaftsgemeinschaft"

Der Hauptinhalt der russischen „Euroasiatische Wirtschaftsgemeinschaft" besteht aus folgenden Punkten:

Erstens: Die Grundprinzipien dieser Gemeinschaft basieren auf gemeinsamen Interessen und gegenseitigem Gewinn. Man verfolgte dabei nicht die Absicht, die ehemalige Sowjetunion wiederherzustellen. Vielmehr hat man im Blick eine enge Gemeinschaft mit einheitlichen Regeln und Formen in der Wirtschaft und Politik, fundiert in einer neuen Weltanschauung und einer neuen politischen und wirtschaftlichen Ausgangslage. Nach Putin sollte die „Gemeinschaft" etappenweise vorangehen und sich etablieren: Gründung der „Gemeinschaft" (im Jahr 2000), der Zollunion (2010), der einheitlichen Wirtschaftsentwicklung (2012), der „Euroasiatische Wirtschaftsgemeinschaft" (2015).

Zweitens: Die „„Euroasiatische Wirtschaftsgemeinschaft" ist eine offene Organisation mit dem Grundprinzip der Freiwilligkeit. Die „Gemeinschaft" begrüßt den Eintritt aller Partnerstaaten. Russland ist bereit, mit allen Partnerstaaten auf allen Gebieten wie dem Verkehr, der Energie, der modernen Technik, der Kultur, der Wanderarbeitskräfte sozial enger zusammenzuarbeiten und sich auszutauschen.

Die „Gemeinschaft" wird nach den Prinzipien der Gleichheit handeln, die Souveränität anderer Länder respektieren, sich nicht in die Angelegenheiten der Mitgliedstaaten einmischen, nicht in die Grenzen anderer Mitgliedstaaten eingreifen und die Interessen der einzelnen Mitgliedstaaten berücksichtigen.

Drittens: Die „Gemeinschaft" ist eine überstaatliche Union, und sie wird eine Brücke zwischen Europa und den asiatischen und pazifischen Regionen darstellen. Die „Gemeinschaft" wird mit allen anderen wichtigen Ländern und internationalen Organisationen, wie mit China, USA und APEC gemeinsam eine stabile Entwicklung der ganzen Welt fördern.

Man müsse aus den Erfahrungen der EU lernen, denn die EU habe mehr als 40 Jahre gebraucht, um schließlich als eine Gemeinschaft fungieren zu können. Die „Euroasiatische Wirtschaftsgemeinschaft" findet Lösungen für die Gründung einer Zollunion und einheitliche Wirtschaftssysteme, weil sie viel von der EU übernommen hat. Wenn alle Mitgliedsstaaten kooperieren, dann kann die „Euroasiatische Wirtschaftsgemeinschaft" eines Tages in Zukunft die Führungsrolle in der globalen wirtschaftlichen Entwicklung und bei den Fortschritten der Zivilisation spielen. Das Hauptziel der „Wirtschaftsgemeinschaft" besteht darin, dass alle gemeinsam gedeihen und den Wohlstand erreichen.

3.2.3. Der Entstehungsvorgang der auf die russische Initiative rekurrierenden „Euroasiatische Wirtschaftsgemeinschaft"

Am ersten Januar 2015 hat die „Euroasiatische Wirtschaftsgemeinschaft" offiziell ihre Arbeit aufgenommen. Die drei zuversichtlichen, ehrgeizigen Länder Russland, Weißrussland und Kasachstan waren die Gründungsmitglieder dieser „Gemeinschaft". Die Motive für ihre Gründung dieser Gemeinschaft lagen darin, mit den Ländern der ehemaligen Sowjetunion eine der EU ähnliche internationale politische und wirtschaftliche Organisation ins Leben zu rufen, um damit eine Gemeinschaft mit einem ganz neuen internationalen wirtschaftlichen Modell zu etablieren.

Diese „Wirtschaftsgemeinschaft" basiert eigentlich auf der Zollunion der drei Gründungsstaaten. Die gemeinschaftsunabhängigen Staaten Armenien und Kirgisistan werden in absehbarer Zukunft auch in diese „Wirtschaftsgemeinschaft" eintreten. Tadschikistan wird nach genauerer Prüfung aller gesetzlichen Vorschriften und Regeln der „Wirtschaftsgemeinschaft" erwägen, ob es in die Gemeinschaft eintritt. Die „Euroasiatische Wirtschaftsgemeinschaft" ist offen für eine Zusammenarbeit mit allen russischen Nachbarländern und russischen Partnern im Osten wie im Westen.

Das russische Konzept „Euroasiatische Wirtschaftsgemeinschaft" kann sehr gut mit dem chinesischen Konzept „Ein Gürtel, Eine Straße" verbunden werden. In den letzten Jahren haben sich die russischen und chinesischen strategischen Beziehungen auf Energie, Erdgas, Erdöl, Verteidigungsindustrie, die Finanzen und die Hochtechnik erweitert. Auch Russland hofft, mithilfe des chinesischen Konzepts Ein Gürtel, Eine Straße seinen Handel mit dem fernen Osten und den pazifischen Regionen auszubauen. Vor allem verspricht sich Russland davon, seinen Einfluss in diesen Regionen zu verstärken. Alle diese Überlegungen sind positive Voraussetzungen für eine russische und chinesische strategische Kooperation. Und beide Seiten werden bestimmt in dieser Hinsicht Erfolge haben.

3.3. Die partnerschaftlichen Beziehungen zwischen EU und Zentralasien

Nach dem Kalten Krieg hat die EU angefangen, wechselseitige Beziehungen mit Mittelasien angesichts der großen internationalen Bedeutung in Betracht zu ziehen. Aus der Perspektive der EU gesehen hätte solche Verbindung mit den mittelasiatischen Ländern die Relevanz einer geographischen Erweiterung. Sicherheitsperspektivisch betrachtet würde man mit Mittelasien einen neuen Nachbarn gewinnen, wirtschaftlich gesehen würde Mittelasien eine Schatzkammer neuer Energiequellen bedeuten. Wie auch immer die EU ihre „partnerschaftliche Beziehung mit Zentralasien" beurteilt, sie wäre für die EU von erheblicher Bedeutung. Im Jahr 2007 hat die EU das erste Dokument hinsichtlich ihrer strategischen Verfahrensweise in Zentralasien verabschiedet mit dem Titel: „Die EU und Zentralasien: Strategien der partnerschaftlichen Beziehungen". Dies signalisiert den Beginn einer neuen Phase der Beziehungen zwischen der EU und Zentralasien.

3.3.1. Der Hintergrund für den Versuch der EU, eine „partnerschaftliche Beziehung mit Zentralasien" zu etablieren

Schon in den 80er Jahren des 20. Jahrhunderts hat die EU schon großes Interesse an einigen russischen Gemeinschaftsstaaten in Zentralasien gezeigt. Denn die Länder von Zentralasien liegen in einer strategisch wichtigen geographischen Lage. Die Länder in dieser Gegend verfügen über Wissenschaft und Technik sowie Industrie, und vor allem über reichliche Bodenschätze, Erdgas und Öl. Ihre politischen Systeme und Kulturen können weder ganz Europa, noch ganz Asien zugeordnet werden. In vielerlei Hinsicht ist die EU mit diesen Ländern engverbunden. Geographisch gesehen sind die Länder in Mittelasien die „Nachbarsnachbarn". Im Hinblick auf den Faktor der Energiequellen geurteilt würde Zentralasien eine wichtige neue Quelle für den rasant steigenden Energiebedarf der EU bedeuten. Was die Frage der Sicherheit betrifft, so wird mit der Vergrößerung der EU die Entfernung der EU von Zentralasien nur geringer und leichter zu überbrücken. Insofern wird das Interesse der EU direkt oder indirekt durch Zentralasien tangiert. Mithin muss die EU diesen Ländern bei ihren politischen, rechtlichen und wirtschaftlichen Reformen und bei der Entwicklung der Menschenrechte behilflich sein, damit die Länder in dieser Region zuverlässige Partner für die EU werden.

3.3.2. Der Hauptinhalt der „partnerschaftlichen Beziehung der EU zu Zentralasien"

Die EU und Zentralasien haben bei der wirtschaftlichen Entwicklung gleiche Interessen. Einerseits ist die wirtschaftliche Entwicklung die Voraussetzung für die Bekämpfung der Armut, andererseits sind der Frieden, die Stabilität und das wirtschaftliche Gedeihen in Zentralasien auch für die EU von großer Bedeutung. In politischer Hinsicht muss Kasachstan zu dem engsten Partner der EU zählen. Denn die EU hat Kasachstan in seinen Reformen staatlicher Verwaltung, beim Aufbau eines Rechtsstaates tüchtig geholfen. Mithilfe der EU hat Kasachstan seine politische Unabhängigkeit und die Effektivität der Staatsverwaltung verstärkt. Vor allem ist mithilfe der EU in der Justiz eine Reihe von Reformen durchgeführt worden und die Rechtsverfahren sind dort zum Beispiel inzwischen viel transparenter. Auch hat man mit Unterstützung der EU in der Gesetzgebung viele Reformen durchgeführt. Nach und nach hat die EU Kasachstan mit 65 Millionen Euro Hilfe geleistet. Auch ist die EU dabei, Kasachstan bei seinen Reformen der Verwaltung öffentlicher Mittel zu helfen, um die Korruptionen zu vermeiden. Darüber hinaus unterstützt die EU die Länder in Mittelasien bei ihrem Eintreten in die WTO. Hinsichtlich des Bereichs der Energiequellen verbindet die EU das Projekt „Europa-Kaukasus-Asien-Transportkorridor"
(TRACECA) mit dem staatlichen Projekt „Lieferung von Erdgas und Öl nach Europa" (INOGATE), in der Absicht, durch das Transportnetz den Handel mit Mittelasien zu erweitern. In der Bildung unterstützt die EU die Reformen im Bildungssystem Mittelasiens. Vor allem hilft die EU den mittelasiatischen Ländern bei der Berufsausbildung, damit besser qualifizierte Fachkräfte zur Verfügung stehen.

3.4. Die japanische „Seidenstraße-Diplomatie"

Am 24. Juli 1997 hat der damalige japanische Premierminister Murayama auf einer Wirtschaftskonferenz für die erweiterte Diplomatie in den Kontinenten Europa und Asien appelliert. Seiner Auffassung nach sollte man die acht Länder in Mittelasien und im Kaukasus die „Region der Seidenstraße" nennen. Japan sollte mit den Ländern in dieser Region den Dialog intensivieren, um eine Zusammenarbeit in der Energieförderung zu ermöglichen. Fortan sind Japans diplomatische Aktionen in Mittelasien allmählich als die „Diplomatie der Seidenstraße" bezeichnet worden. Am 16. Januar 1998 hat die japanische Regierung beschlossen, in der „Region der Seidenstraße" den politischen und wirtschaftlichen Austausch zu intensivieren. Seit Beginn des 21. Jahrhunderts hat Japan in dieser Region zahlreiche vom Staat unterstützte Projekte betrieben. Hauptsächlich in die Infrastruktur hat Japan in dieser Gegend viel investiert, etwa in den Bau von Eisenbahn und Straßen oder auch in die Stromerzeugung. Seit 2004 hat man ein regelmäßiges Treffen der Außenminister Japans und der Länder Mittelasiens vorgesehen, um damit den regelmäßigen Kontakt Japans mit dieser Region zu affirmieren.

3.4.1. Der Hintergrund der japanischen „Seidenstraße-Diplomatie"

Japan ist ein Land mit nur geringen Naturressourcen. Vor allem was die Energie angeht, so ist Japan ganz vom Ausland abhängig. 87% seines Energiebedarfs wird aus dem mittleren Osten importiert. Mittelasien dagegen verfügt über reichliche Ressourcen von Erdöl und Erdgas. Man schätzt die Ölreserven im Kaspischem Meer bis auf 2000 Milliarden Tonnen, mithin zweitrangig in der Welt überhaupt. Und was die Erdgasreserven angeht, so schätzt man, dass Zentralasien die dritte Stelle der Welt zugemessen werden muss. Deshalb ist es verständlich, wenn Zentralasien auf Japan eine besondere Anziehungskraft ausübt. Abgesehen davon strebt Japan danach, eine Weltmacht zu werden. Doch dafür braucht Japan einen noch größeren politischen Einfluss auf der Weltbühne. Deshalb kann Japan auch nicht länger warten, Mittelasien als seinen zuverlässigen Partner zu gewinnen. Die Intensivierung japanischer Diplomatie in dieser Region zeigt auch bereits Erfolge. Denn alle Länder Mittelasiens haben inzwischen dafür gestimmt, dass Japan als ständiges Mitglied in den Sicherheitsrat der UN kommt. Und Japan hat diese Geste außerordentlich begrüßt.

3.4.2. Der Hauptinhalt der japanischen „Seidenstraße-Diplomatie"   49

Die japanische „Seidenstraße-Diplomatie" umfasst drei Punkte: Erstens: durch permanente Dialoge das Vertrauen und Verständigung verstärken. Zweitens: durch die Zusammenarbeit in der Wirtschaft und Energie das wirtschaftliche Gedeihen dieser Region zu fördern. Drittens: die Entwicklung zur Demokratie, zur politischen Stabilität und zum Frieden in dieser Region zu beschleunigen.

Im Jahr 1997 hat der damalige Außenminister Hashimoto II mit einer aus 60 hochrangigen Personen aus Politik und Wirtschaft bestehenden Delegation die Türkei, Kasachstan und Usbekistan besucht. Im September des nämlichen Jahres sind weitere wichtige japanische Delegationen der Wirtschaft zu verschiedenen Zusammenkünften nach Mittelasien gereist. Von 1998 bis 2000 haben unzählige hochrangige japanische Politiker, vom Außenminister bis hin zu Ministern verschiedener Sektionen mehrfach die Länder in Mittelasien besucht. Zur gleichen Zeit haben wiederum die Staatsoberhäupter der Länder Mittelasiens, Präsidenten, Premierminister und diverse Minister Japan besucht. Auch gab es darüber hinaus viele Austauschaktivitäten zwischen den Völkern. Seit Jahren hat Japan seine Fördermittel in Mittelasien immer wieder aufgestockt. Inzwischen hat Japan schließlich erreicht, dass es der wichtigste Partner für die fünf Länder Mittelasiens geworden ist.

3.5. Die indische „Look-West-Strategie"

Nach dem Kalten Krieg hat die indische Regierung die „Look-West-Strategie" aufgestellt, um auf der veränderten internationalen Bühne einen wichtigen Platz einzunehmen. Mit dem oben genannten Plan thematisiert die indische Regierung den Aufbau der Beziehung zwischen Indien, Pakistan, Zentralasien und Westasien, vor allem aber die Beziehung zwischen Indien und Pakistan.

Den historischen Durchbruch bei dieser „Strategie" erzielte Indien am 25. Januar 2003. An diesem Tag hat die militärische Auseinandersetzung an der Kaschmirgrenze zwischen Indien und Pakistan definitiv ihr Ende gefunden.

Auf diese Weise haben Indien und Pakistan nach drei Kriegen in der Region Kaschmir den historischen Schritt zum Frieden gemacht. Gleich danach hat das Gipfeltreffen in Islamabad stattgefunden, an dem die Staatsoberhäupter Indiens und Pakistans teilnahmen. Mit diesem Treffen hat man die Entspannung der Beziehungen zwischen den beiden Ländern besiegelt. Am ersten Januar 2004 wurde die mehr als zwei Jahre unterbrochene Luftverbindung beider Länder wieder hergestellt.

In den letzten Jahren hat Indien mit der „Look-West-Strategie" sein Verhalten gegenüber Pakistan deutlich geändert und ist von der bisherigen Bedrohungshaltung zur heutigen aktiven Wiederherstellung der Beziehungen zu Israel, zur Türkei und zum Iran übergegangen. Außerdem ist Indiens Anstreben einer entschiedenen Verbesserung der Beziehung zu Pakistan zu betonen. Indiens Bedarf an Energiequellen hat zu der strategischen Überlegung genötigt, mit dem Iran eine gute Beziehung aufzubauen. Inzwischen haben die beiden Länder in Fragen der Infrastruktur, im Bau von Straßen und Eisenbahn wie auch von Seehäfen zusammengearbeitet. Mit dem „Look-West-Strategie" hat sich für Indien die Beziehung zu Pakistan wesentlich entspannt und man geht friedlicher miteinander um. Aber weil die Konflikte in Kaschmir wesentliche Interessen beider Länder berühren, bedarf es für die Lösung dieser Konflikte doch viel Geduld und Zeit.

3.6. Die türkische Strategie „Europa verlassen und sich Asien nähern"

Im Jahr 1963 haben die Türkei und die damalige EU offiziell eine Deklaration unterzeichnet. In den mehr als zehn Jahren danach hat die Türkei energisch versucht, sich den westlichen Ländern zu nähern, verbunden mit der Hoffnung, möglichst schnell ein Mitglied der EU zu werden. Im Jahr 1987 hat die Türkei offiziell einen Antrag gestellt, von der EU aufgenommen zu werden. Doch wegen ihrer Probleme mit Zypern und mit Griechenland, und auch wegen der zögerlichen politischen und wirtschaftlichen Entwicklung konnte die Türkei hinsichtlich ihres Wunsches, in die EU einzutreten, de facto keinen großen Fortschritt machen.

Trotz aller Bemühungen bleibt die Tür der EU für die Türkei vorerst geschlossen. Die Wirtschaftskrisen in Europa führen dazu, dass das Interesse der Türkei an einem Betritt zur EU wieder abnimmt. Schließlich wendet sich die Türkei Asien zu. Dies geschah im Jahr 2008, als die globale wirtschaftliche Krise nicht nur für Europa und Amerika, sondern auch für die Türkei schlimme Folgen hatte. In dieser Krisensituation hat die Türkei einen allmählichen Niedergang Europas und Amerikas gesehen und eine Verlagerung des wirtschaftlichen Zentrums nach Osten erkannt. Länder wie China und Brasilien sowie einige weitere Länder mit großen Goldreserven hatten einen deutlichen Aufschwung demonstriert. Viele asiatische Länder, paradigmatisch hier China und Indien, schienen die Krisen besser überwunden und gut überstanden und die Welt aus der wirtschaftlichen Krise geführt zu haben.

Ab 2013 gab es bei der türkischen Diplomatie erste Anzeichen einer Wende. Im Januar 2013 äußerte sich der damalige Premierminister Erdogan dahingehend, wenn die Shanghaier Kooperationsorganisation die Türkei aufzunehmen bereit sei, dann werde die Türkei auf einen Antrag auf den Beitritt in die EU verzichten.

Von da an hat die Türkei die Strategie „Europa verlassen und sich Asien nähern" verfolgt.

Seit einiger Zeit nimmt die Türkei aktiv an allen asiatischen Angelegenheiten teil und versucht, ihren Beitrag für Stabilität und Frieden in Asien zu leisten. Beispielsweise hat sich die Türkei aktiv für die Versöhnung zwischen Israel und Palästina eingesetzt und auch für die Lösung der Probleme mit dem Irak in Sachen der Atomwaffen einzutreten, zudem für einige weitere wichtige asiatische Angelegenheiten in Afghanistan, Georgien und dem Irak. Bei der Abstimmung der Sanktion gegen den Iran im Sicherheitsrat hat die Türkei ihre Gegenstimme abzugeben gewagt ohne Bedenken, damit einige europäische und amerikanische Großmächte zu verärgern. Die Türkei erhofft sich, durch eine Annäherung an Asien der eigenen Wirtschaft zu einem Aufschwung zu verhelfen. Im September 2013 hat die Türkei angekündigt, sie wolle von dem chinesischen Unternehmen Fernluftabwehrraketen „Rote Fahne-9" der Serie FD-2000 erwerben. Trotz gescheiterter Verhandlung und dem Umstand, dass es zu keinem Kaufvertrag gekommen war, hat die Türkei offensichtlich ihr großes Interesse bekundet, mit China zusammen zu arbeiten. Auch auf das chinesische Konzept „Ein Gürtel, Eine Straße" hat die Türkei durchaus positiv reagiert. Am 10. April 2015 ist die Türkei offiziell Gründungsmitglied der Asiatische Infrastruktur-Investitionsbank (AIIB) geworden.

3.7. UNs „Seidenstraße-Initiative"

Im Jahr 2003 hat die UN für eine engere Zusammenarbeit der Länder und Regionen an der Seidenstraße beim Handel, bei Investitionen, Reisen und der Kultur sowie auch in anderen Bereichen plädiert. An diesem Projekt der UN haben China, Kasachstan, Kirgisistan, Tadschikistan, Usbekistan und einige andere Länder teilgenommen.

Zwischen 2000 und 2005 hat das Komitee für die Erschließung und Planung der UN die ersten beiden Kooperationsprojekte betreffend die Seidenstraße entworfen und bekannt gegeben. Am 1. Juni 2006 hat dies Komitee angekündigt, in China das Investitionsforum der Seidenstraße zu gründen und hat dazu Xian als Ort am Ende der Seidenstraße als den Ort von dessen erster Konferenz festgelegt.

Der Vertreter des Komitees der UN in China Khalid Malik hat die Hoffnung ausgesprochen, dass dieses Forum wie ein Katalysator die Kooperation zwischen China und anderen Ländern im Zentralasien fördern könnte. Das Thema der ersten Konferenz des Forums betraf vor allem Handel und Tourismus, und die hier in Betracht kommenden Länder waren China, Kasachstan, Kirgisistan, Tadschikistan, Usbekistan und noch einige andere Länder. Während China von den Naturressourcen, Märkten und Arbeitskräften in Zentralasien unmittelbar profitieren wird, können die anderen Länder von Zentralasien immerhin von der rasanten Entwicklung Chinas profitieren. Das Forum – so der Plan – solle einmal im Jahr stattfinden. Daran können alle Regierungsvertreter, Vertreter der Industrie und Wirtschaft der Länder an der Seidenstraße in Zentralasien teilnehmen. Die Hauptthemen sind die Kooperationsmöglichkeiten an der Seidenstraße. Außerdem ist Förderung des Tourismus ein Bestandteil des Appells der Seidenstraße. Deshalb hat das Komitee für Erschließung und Planung der UN in Zusammenarbeit mit der internationalen Tourismusorganisation einen „Preis für die Städte der Seidenstraße der UN" gegründet.

Dieser Preis wird alle zwei Jahre einmal verleihen. Die preisgekrönte Stadt muss ihre historischen Beziehungen zur Seidenstraße und den Einfluss der Seidenstraße auf die traditionelle Kultur und moderne Entwicklung der Stadt nachweisen können. Darüber hinaus muss die voraussichtlich preisgekrönte Stadt bestimmte Kriterien zur Beurteilung erfüllen einschließlich ihrer Bemühungen zur Erhaltung des Kulturerbes, der Stadtbauwerke und des Umweltschutzes. Schließlich wird auch das Ergebnis der Umfragen eine Rolle spielen.

Die „Seidenstraße-Initiative" schlägt vor, dass China durch die Verlegung seiner Produktion nach Zentralasien die erfahrenen Arbeitskräfte von Zentralasien nach Westchina wie auch nach Urumqi usw. locken solle und in den westlichen Gebieten Chinas wie in Xinjiang Industrie aufbauen kann. Denn bis jetzt lebt Xinjiang hauptsächlich von der Agrarlandwirtschaft und Energieherstellung.

Kapitel 4

Die historischen Hintergründe der Seidenstraße

Das Konzept des gemeinsamen Ausbaus von „Ein Gürtel, Eine Straße" entspricht dem Trend der Multipolarisierung der Welt, der wirtschaftlichen Globalisierung, der kulturellen Vielfalt und der Informatisierung der Gesellschaft. Es folgt dem Geist der offenen regionalen Zusammenarbeit und zielt auf die Wahrung des globalen Freihandelssystems und der offenen Weltwirtschaft ab. (aus „Visionen und Aktionen", die historischen Hintergründe, Abs.1).

Heutzutage hat die globale Wirtschaft einen großen Wandel durchgemacht. Doch die internationale Zusammenarbeit kommt nur in sehr langsamen Schritten voran. Stattdessen wachsen die Organisationen regionaler wirtschaftlicher Gemeinschaften. Denken wir beispielsweise an die WTO; diese internationale Organisation mit zahlreichen Mitgliedstaaten gerät nach jahrelang andauernden Verhandlungen ohne klare Ergebnisse schließlich ins Stocken. Daraus leiten viele Länder die Erfahrung ab, dass eine Zusammenarbeit mit zu vielen Akteuren nicht effektiv ist. Deshalb beteiligen sich viele WTO-Mitgliedstaaten an Bewegungen regionaler wirtschaftlicher Gemeinschaften. Bisher sind von den 159 Mitgliedstaaten 158 in einer oder in mehreren regionalen wirtschaftlichen Gemeinschaften aktiv. Das chinesische Konzept des Ausbaus von „Ein Gürtel, Eine Straße" entspricht gerade dieser internationalen Tendenz.

4.1. Wirtschaftliche Struktur

Nach der Finanzkrise erlebt die internationale Wirtschaft einen Strukturwandel. Sie ist in eine Epoche neuer Regulierung, der Veränderung und Umkehr gekommen. Mit dem internationalen wirtschaftlichen Strukturwandel hat sich auch die wirtschaftliche Situation in China gründlich verändert.

4.1.1. Die neue internationale Wirtschaftsstruktur

Das Konzept „Ein Gürtel, Eine Straße" entspricht dem wesentlichen Interesse der internationalen Gesellschaft, ist das gemeinsame Ideal und Streben danach der menschlichen Gesellschaft. Es ist ein aktiver Versuch nach internationaler Zusammenarbeit und nach einem neuen Modell der globalen Verwaltung. Dies wird dem friedlichen Entwicklung der Welt positives beitragen (aus „Visionen und Aktionen", I. Zeitlicher Hintergrund, Abs.2).

Schon seit langem sind die entwickelten Länder die Haupttriebkraft der globalen wirtschaftlichen Entwicklungen. Doch dieser Zustand ist durch die globale Finanzkrise stark beeinträchtigt worden. Das Wachstum der Wirtschaft dieser Länder ist deutlich gesunken, während viele frühere Entwicklungsländer jetzt zu Lokomotiven der globalen wirtschaftlichen Entwicklung geworden sind. Die sogenannten „vier Goldbarrenländer" und „die elf neuen Diamantenländer" mit ihrer ziemlich jungen wirtschaftlichen Entwicklungsgeschichte sind zu Säulen der globalen wirtschaftlichen Wiederauferstehung aus der Krise avanciert.

Nach der Umrechnung entsprechend dem Wechselkurs des Internationalen Währungsfonds (IMF) betrug das Bruttoinlandsprodukt (GDP) 2014 von den „vier Goldbarrenländern" China, Brasilien, Russland und Indien 21.5% des gesamten GDP der Welt, wobei China an zweiter Stelle, Brasilien an siebter, Russland an neunter und Indien an zehnter Stelle rangiert. Was das Mitspracherecht der jungen aufstrebenden Industriestaaten auf der internationalen Bühne betrifft, so sind inzwischen in dieser Hinsicht Fortschritte erzielt worden. Beispielsweise haben immer mehr junge aufstrebende Nationen in der Internationalen Handelsorganisation, in der Weltbank und im Internationalen Währungsfond mittlerweile mehr Wahlstimmen. Die Gipfelkonferenz der 20 Staaten (G20) wird in absehbarer Zukunft die Gipfelkonferenz der 8 Staaten (G8) auf der Plattform des Austausches auf höherer Ebene zwischen den Staaten ersetzen.

Doch im Grunde herrscht jetzt der Missstand, dass die jungen Industrieländer in Bezug auf ihr großes Potenzial verhältnismäßig wenig Mitspracherecht im Vergleich mit den alten und etablierten Industrieländern auf der internationalen Bühne haben. Hauptgrund dafür ist, dass viele wirtschaftliche Vorschriften und Regeln nach dem Zweiten Weltkrieg proklamiert worden sind und hauptsächlich von den USA und den europäischen Ländern entworfen, wobei hier besonders die USA die Rolle eines Hauptakteurs gespielt hat. Und diese Vorschriften und Regeln berücksichtigen logischerweise die Interessen und Bedürfnisse der europäischen Länder und der USA. Diese Vorschriften aber behindern oft die Entwicklungen der jungen Industriestaaten. Unter solchen Umständen müssen die jungen Industrieländer mithilfe ihrer Potenziale für ihre Rechte kämpfen. Die Zeit, in der man eifrig diese internationalen Vorschriften studiert und sich bemüht hat, an ihnen festzuhalten, ist vorbei. Jetzt ist es an der Zeit, über die Korrektur solcher Vorschriften zu diskutieren und selbstbewusst eigene Rechte einzufordern. Man muss auf die neuen Entwürfe der internationalen wirtschaftlichen Regeln und Vorschriften tatkräftig Einfluss nehmen, Reformen in dieser Hinsicht durchführen und das Mitspracherecht auf der internationalen Bühne einfordern. Nur und erst dadurch wird die Entwicklung der internationalen Ordnung ins faire und rechte Licht gerückt.

Auf der anderen Seite wird die Einführung der regionalen einheitlichen Wirtschaftszonen in Betracht der veränderten neuen Situation der internationalen Wirtschaft zur Hauptströmung.

Angesichts der globalen Wirtschaftskrise versuchen viele Länder durch regionale wirtschaftliche Zusammenarbeit einen Ausweg aus dieser Krise zu finden. So sind beispielsweise gemeinsame Organisationen zwischen den wirtschaftlich stärkeren Ländern oder auch zwischen wirtschaftlich stärkeren mit schwächeren Ländern entstanden. Man versucht auf diese Weise durch wechselseitige Hilfe eine positive Position in der veränderten globalen Wirtschaftslage zu gewinnen. Viele Länder haben nach der globalen Finanzkrise unterschiedliche regionale Freihandelszonen, gemeinsame Märkte und gemeinsame wirtschaftliche Organisationen begründet. Hierzu gehören Organisationen wie das Trans-Pacific Partnership Agreement (TPP) und die Transatlantic Trade and Investment Partnership (TTIP). Darüber hinaus haben neu ins Leben gerufene Organisationen wirtschaftlicher Gemeinschaften in den lateinamerikanischen, ostasiatischen und afrikanischen Entwicklungsländern geradezu Hochkonjunktur. Zum Beispiel haben Indien, Brasilien und Südafrika eine Drei-Staaten-Gemeinschaft begründet. Durch zahlreiche ähnliche wirtschaftliche Organisationen werden die wirtschaftlichen Beziehungen zwischen Asien und Afrika, zwischen Asien und Lateinamerika und zwischen dem mittleren Osten und Lateinamerika immer enger. Die zwei großen wirtschaftlichen Organisationen in Lateinamerika, der „Südliche Gemeinschaftsmarkt" und die „Andengemeinschaft" haben angekündigt, ihre Verhandlung über die Gründung einer wirtschaftlichen Freihandelszone zu beschleunigen. In

Asien repräsentieren die wirtschaftliche Organisation der Asean-Staaten („10+3") und die Shanghaier Organisation der Zusammenarbeit zwei Säulen der wirtschaftlichen Organisationsgemeinschaften. Daran kann man hinsichtlich der internationalen Verhältnisse in der Wirtschaft für die Zukunft eine neue Tendenz ablesen: Statt der früheren Rivalität und Konkurrenz einzelner Länder dürfte es jetzt ein Wettrennen zwischen den regionalen wirtschaftlichen Organisationen geben, überdies auch in den Auseinandersetzungen und Regulierungen der Frage der globalen Handelspolitik und des Finanzsystems.

4.1.2. Die neue Lage der chinesischen Wirtschaft

China wird an seinem Grundprinzip der Öffnung zur Welt kontinuierlich festhalten, ja wird sich in jeder Hinsicht noch weiter öffnen, um entschieden auf eine Integration des internationalen Wirtschaftssystems hinzuarbeiten (aus „Visionen und Aktionen", I. Zeitlicher Hintergrund, Abs.3).

Zurzeit befinden sich die chinesischen Reformen und der Öffnungsprozess in einem deutlich fortgeschrittenen Stadium. Doch kann sich China noch nicht zufrieden geben, denn grundsätzlich gibt es noch eine unterschiedliche Mobilität zwischen der Öffnung der Wirtschaft nach außen und nach innen. Diese Ungleichheiten der Öffnung bestehen auch in der Einführung des ausländischen Kapitals und den chinesischen Investitionen im Ausland. Außerdem herrscht im Inlandsmarkt das Phänomen der Überproduktion. Doch nicht nur bei der Eisen- und Stahlproduktion, bei Zement, Kohle und bei der Produktion ähnlicher traditioneller Branchen herrscht die Überproduktion, auch bei vielen neuen Branchen wie der Erzeugung von Windenergie ist mehr oder weniger dies Phänomen vorherrschend. Ende 2012 konnte man bei der Herstellung von Eisen, Stahl, Zement, Kupferdrähten, Glasscheiben und beim Schiffbau, also in diesen fünf großen Branchen jeweils nur 72%, 73.7%, 71.9%, 73.1% und 75% der Erzeugnisse verwenden. Gleichzeitig sind die Produktionskosten wegen hoher Betriebssteuer und etlicher verschiedener bürokratischer Hürden zu kostspielig, sodass die Betriebe nur mit einem geringen Gewinn kalkulieren können. Dies schadet einer langfristigen Entwicklung der Betriebe. Außerdem müssen viele wichtige Metallbetriebe große Schwierigkeiten überwinden, wenn ihre Produkte Zugang zum lukrativen Markt gewinnen sollen. Durch viele umständliche bürokratische Hürden wird eine optimal ausgebreitete Energieversorgung verhindert. Darüber hinaus mangelt es an ausreichenden Mitteln, um ein gut funktionierendes Sozialsystem aufzubauen. Auch ist die nötige Finanzmarktreform ist noch ziemlich rückständig.

Angesichts all dieser Probleme hat man auf dem 18. Parteitag beschlossen, sich durch noch progressivere Reformen im Wirtschaftssystem noch weiter zu öffnen und dieses System zu perfektionieren. Auf der 3. Tagung des 18. Parteitags ist beschlossen worden, die „Öffnung nach außen und nach innen voranzutreiben, die Einführung ausländischer Investitionen nach China mit der Entsendung chinesischer Unternehmer in angemessener Weise auf einander abzustimmen, den freien Handel mit wichtigen Metallen im Ausland und im Inland fördern, die Energie effizient zu verteilen und ein neues offenes Marktwirtschaftssystem aufzubauen". Darüber hinaus hat man beschlossen, die Hürden für Investitionen der ausländischen Betriebe zu verringern und den Aufbau von Freihandelszonen zu beschleunigen. Das Inland sollte sich noch mehr nach außen öffnen, die peripheren Gebiete sollten noch größere Schritte hinsichtlich der Öffnung machen, das Handelsverwaltungssystem sollte nach dem Muster des offenen neuen Wirtschaftssystems reformiert werden und aktiv an der Aufstellung der internationalen Spielregeln und der Standardmaßstäbe mitzuwirken. Die Betriebe sollten nach mustergültigen ausländischen Betriebsverwaltungsmethoden ihre Reformen durchführen. Den chinesischen Unternehmern im Ausland rät man, sie sollten von der ausländischen Betriebskultur lernen.

Das Konzept „Ein Gürtel, Eine Straße" entspricht unverkennbar dem Verlangen der Öffnung Chinas nach außen. Auch bei der Durchführung dieses Konzeptes wird China auf diesem Prinzip der Öffnung beharren, um sich vollends in das internationale Wirtschaftssystem zu integrieren.

4.2. Die Lage des Handels und der Investition

Beim Ausbau vom Konzept „Ein Gürtel, Eine Straße" strebt China eine ordnungsgemäße freie Bewegung aller wirtschaftlichen Elemente an und achtet auf eine optimale Verteilung der Ressourcen und eine sinnvolle Abstimmung auf den Bedarf des Marktes. China wird die Regulierung der Wirtschaftspolitik zwischen den einzelnen Ländern entlang der Seidenstraße ankurbeln, damit die regionale Zusammenarbeit in einem noch größeren Umfang und auf einem höheren Niveau auf weiteren Ebenen stattfinden kann. Schließlich sollte ein offenes, tolerantes, gleichberechtigtes, regionales und kooperatives Wirtschaftsmodell entstehen, in dem alle voneinander profitieren können (aus „Visionen und Aktionen", I. Zeitlicher Hintergrund, Abs. 1).

Wenn man die Situation des internationalen Handels und der internationalen Investition betrachtet, dann kommt eine schwache, von der Finanzkrise sich langsam erholende globale Wirtschaft zum Vorschein. Die Situation der internationalen Investition und des Handels hat sich grundlegend verändert. Hier sind einige Hauptmerkmale dieser neu entstandenen Situation zu nennen.

4.2.1. Die Konflikte des internationalen Handels verschärfen sich

Zurzeit erholt sich die internationale Wirtschaft nur ganz langsam, aber die Strukturen der internationalen Wirtschaft und Produktion haben sich grundlegend verändert. Die entwickelten Länder befinden sich in einem Zustand deutlicher Zurückhaltung mit ihren staatlichen Finanzausgaben. Die Finanzlage der USA steht vor einem Abgrund. Europa versucht, sich aus der Schuldenkrise zu befreien. Die internationale Wirtschaft erholt sich nur schleppend und droht jederzeit wieder zu sinken. Doch gerade die globale Finanzkrise zwingt zur Herstellung neuer Technik und zu einer Produktionsrevolution. Zurzeit herrschen in der ganzen Welt harte Konkurrenzkämpfe; jedes Land ist bemüht, den strategischen höchsten Punkt zu erobern, wobei vorwiegend eigene Interessen beim internationalen Handel und bei der internationalen Investition wieder ins Spiel kommen. Die Gründung neuer regionaler Freihandelsorganisationen wird üblich und führt zu einer dominanten Tendenz. Einige Länder haben für den Import verschiedene Handelshindernisse geschaffen, um ihre nationalen Produkte zu schützen und die Arbeitsplätze zu sichern, wodurch immer mehr Konflikte im internationalen Handel entstehen. Insbesondere gibt es beim Handel mit China immer größere Barrikaden wie Verkäufe zu Schleuderpreisen. Auch die Formen der Barrikaden des internationalen Handels haben sich verändert und sich vom früheren Zoll abgekehrt und sind zu zollfreien Hindernissen geworden wie der Antisubvention, den Dumpingverbotsgesetzen, technischen Barrikaden usw. Nach der Einschätzung von WTO haben seit der Finanzkrise 2008 viele Länder und Regionen etliche verschiedene Maßnahmen ergriffen und Bestimmungen eingeführt, um die Einfuhr einzudämmen. Darunter sind beispielsweise 98 von Antisubventionen, 1170 von Dumpingverbotsgesetzen (Antidumping), 9606 technische Barrikaden (Technical Barriers), 6338 sanitäre und pflanzenschutzrechtliche Maßnahmen (Sanitary and Phytosanitary), 135 Schutzmaßnahmen (Safeguard), 174 spezielle Schutzmaßnahmen (Special Safeguards) und 936 Bestimmungen für eine Begrenzung der Einfuhrmenge (Quantitative Restrictions). Dabei scheinen diese Maßnahmen und Einschränkungen offensichtlich hauptsächlich gegen China gerichtet zu sein. Nach dem 2009 vorgelegten Bericht „Recherchen über internationale Streitigkeiten im Handel" steht China schon im Jahr 2009 seit 14 Jahren an der internationalen Spitze des Welthandels. Nach dem Bericht der chinesischen Handelskammer über die chinesische Situation im Handel mit dem Ausland zeigt sich eine wachsende egoistische Tendenz, was das Handelsinteresse angeht, in vielen Ländern und Regionen der Welt.

4.2.2. Die neue Tendenz der Regel
bei den internationalen Investitionen

Die Regeln für internationale Investitionen befinden sich zurzeit im Wandel. Die USA und europäischen Länder versuchen immer noch bei Entwürfen internationaler Regeln für Investitionen die Hauptrollen zu spielen. Doch in diesem Bereich ist eine neue Entwicklungstendenz zu bemerken. Einerseits gibt es Veränderungen in den Regeln gleicher Behandlung für die potentiellen Investoren wie die Bürger des eigenen Landes, was den Vorgang der Investition betrifft und die Prozedur danach. Gemeint ist folgendes: Bevor ein potentieller Investor seine Investition in einem Land realisiert hat, sollte er schon wie alle anderen Investoren des Landes in einer ähnlichen Situation die gleiche Behandlung erfahren. Die Regierung des Ziellandes der Investitionen sollte bei Subventionen und Steuervergünstigungen die ausländischen Investoren wie die eigenen Unternehmer behandeln, nach Regeln der Marktwirtschaft vorgehen und bei einer wirtschaftlichen Konkurrenz neutral bleiben. Andererseits haben sich die Kontrollmodelle geändert. Anders als früher haben die Zielländer für ausländische Investitionen die Verwaltungsvorschriften aufgelistet, die Aufforderungen für Leistungen und Fragen des Managements für die ausländischen Investoren vorsehen und die den Voraussetzungen einer Begünstigung und einer bevorzugten Behandlung im Zielland nicht entsprechen. Zurzeit haben mehr als 70 Länder der Welt dieses Modell übernommen. Dies begünstigt die ausländischen Investitionen, denn man erwartet demzufolge keine zu lange Wartezeit für die Prüfung und Genehmigung eines Investitionsprojektes, sondern die staatliche Kontrolle findet während des Projektvollzugs oder unmittelbar danach statt. Die Regierung sollte dem Bedarf der Marktwirtschaft entsprechend ein günstiges wirtschaftliches Umfeld schaffen und die Regeln für die Konkurrenten auf dem Markt standardisieren. Dieses Modell ist offensichtlich viel effektiver und vereinfacht die Formalitäten. Dafür müssen die Informationen aller entsprechenden Behörden und Institutionen noch transparenter werden. So garantiert die Regierung eine höhere Qualität und effektivere Dienstleistungen.

4.2.3. Die schwierigen Handelsverhandlungen
innerhalb der WTO in Katar

Zurzeit werden das Mitspracherecht und Wahlrecht der jungen und werdenden Industrieländer und Entwicklungsländer in der Weltbank und im Internationalen Währungsfond stärker gewichtet. Das verrät die Veränderung der wirtschaftlichen Bedeutung der neuen wirtschaftlichen Gemeinschaften und Entwicklungsländer. Natürlich wollen diese Länder auch innerhalb der WTO ein entsprechendes Mitspracherecht beanspruchen, das ihrer erreichten wirtschaftlichen Potenz zukäme. Dabei ist in der WTO eine neue Front der jungen Industrieländer mit ihrer immer bedeutenden Wirtschaft entstanden, die der alten Front der entwickelten Länder entgegensteht. Doch die entwickelten Länder beharren darauf, dass nur sie die internationalen Handelsregeln festlegen dürfen und haben nicht das geringste Interesse, dieses Recht vorrangiger Entwürfe der Regeln beim internationalen Handel mit den später hinzugekommenen Mitgliedern zu teilen. Dies erschwert eine Verständigung beim freien Handel. Die harten und schwierigen Verhandlungen in der Hauptstadt Katars Doha spiegeln gerade diese Situation wider. 2001 hat die WTO in Doha die erste Runde der Verhandlungen über internationalen Handel veranstaltet, eigentlich mit dem Ziel, die von den Mitgliedstaaten errichteten Handelsbarrikaden zu reduzieren, ein gerechtes Umfeld für den Handel zu schaffen, damit die Wirtschaft aller Länder, vor allem die der wirtschaftlich schwächeren Länder, gefördert wird.

Aufgrund des unterschiedlichen Entwicklungsniveaus, unterschiedlicher Interessen, unterschiedlichen Bedarfs und entsprechend differenter Nachfrage kommt es bei den Industriestaaten und den Entwicklungsländern beim internationalen Handel von Agrarprodukten wie auch nichtlandwirtschaftlichen Produkten zu ernstlichen Auseinandersetzungen. Die USA und viele europäische Länder wollen durch Verhandlungen einen noch größeren Zugang zu den Märkten der Entwicklungsländer erreichen, um ihre Agrarprodukte, Industrieprodukte und andere Dienstleistungsprodukte in diese Länder exportieren zu können. Dagegen hoffen die Mitgliedsstaaten der Entwicklungsländer, vertreten durch China, Indien und Brasilien, dass die USA und die EU ihre Subventionen für die Agrarlandwirtschaft senken und ihre Märkte noch mehr für die Landwirtschaft der Entwicklungsländer öffnen. Doch wegen auseinanderdriftenden Auffassungen zwischen den entwickelten Ländern und Entwicklungsländern konnten die Verhandlungen der WTO in Doha nur schleppend vorangehen. Zurzeit befinden sich noch viele weitere Verhandlungen der WTO über dringend zu lösende Probleme auf einem Stillstand.

4.2.4. Die USA und die EU versuchen Freihandelszonen zwischen ihren Ländern aufzubauen

Die USA und die EU planen gerade die Verhandlungen über Bestimmungen einer freien Handelszone. Hier geht man vonseiten der USA von den Grundkonzepten TPP und TTIP aus, mit denen man zwei große freie Handelszonen zwischen dem Westpazifik und dem Atlantik mit den USA als Hauptstütze aufzubauen trachtet. Die EU hat zudem vor, mit Japan Verhandlungen über eine mögliche freie Handelszone zwischen ihren Ländern zu führen. In solchen Verhandlungen werden die USA, die EU und Japan die neuen Spielregeln bestimmen, die auf den späteren globalen Handel und auf die zukünftige Wirtschaftsstruktur der Welt großen Einfluss ausüben dürften. Im Vergleich zu WTO betreffen TPP und TTIP den Warenhandel, den Handel der Dienstleistungen, die grenzüberschreitende Investition, den Schutz der geistigen Eigentumsrechte und staatlicher Einkäufe. Sie beziehen sich mithin auf noch größere Gebiete und haben einen noch größeren Umfang. Sie beschränken sich nicht nur auf den Handel, sondern erstrecken sich bis hinein in den Sozialbereich. Im Vergleich zu WTO zeigt sich bei TPP und TTIP hinsichtlich der Menge an Warenhandel, an Dienstleistungen, grenzüberschreitenden Investitionen, dem Schutz des geistigen Eigentums und der staatlichen Einkäufen ein höheres Niveau. Anders gesagt: Die Bereiche und Bestimmungen der TPP und TTIP beschränken sich nicht mehr nur auf die des Handels, sondern erstrecken sich bis in die sozialen Bereiche hinein. Beim Handel intendieren die TPP und TTIP einen zollfreien Handel zwischen den Mitgliedstaaten. Hinsichtlich der Dienstleistungen gibt es eine generelle Vereinbarung (General Agreement on Trade in Services = GATS), in der die transparenten Bestimmungen, welche die meistbevorzugten fraglichen Länder betreffen, eindeutig fixiert worden sind. Bei den Bestimmungen für grenzüberschreitende Investitionen hat man die Investitionsbereiche noch großzügig erweitert. Alle diejenigen Vorgänge, die mit dem Kapital zu tun haben, also die eine Gewinnerwartung versprechen oder mit einem Risiko zu rechnen haben, dürfen durchweg als Investition verstanden und definiert werden. Was den Schutz geistiger Eigentumsrechte und staatlicher Einkäufe betrifft, so wird hier besonders auf Gerechtigkeit geachtet. Alle diese Bestimmungen haben eine allgemeine Verbindlichkeit. Alle diese verbindlichen Normen können noch nicht auf die momentan existierenden Institutionen der Zusammenarbeit innerhalb der Projekte der Seidenstraße übertragen werden. Die gegenwärtige Zusammenarbeit der Projekte des Ausbaus der Seidenstraße betrifft vorerst nur die Dimension des Handels. Die Zusammenarbeit auf den Gebieten wie Dienstleistungen und der Finanzen ist noch Desiderat, das gilt auch für die Zusammenarbeit der Handels- und Investitionsmodelle. Denn man beruft sich noch auf die Bestimmungen der ersten Generation. Es gibt dabei kaum eine Orientierung für die Zusammenarbeit an Bestimmungen der zweiten Generation. Deshalb muss man beim Ausbau der Seidenstraße die Regulierung der wirtschaftlichen Gesetze der einzelnen Länder forcieren, damit eine Zusammenarbeit im größeren Umfang, auf einem höheren Niveau und auf breiteren Ebenen stattfinden kann.

4.3. Die Lage der Energieversorgung

Die Energieversorgung ist die Grundvoraussetzung jeglicher wirtschaftlicher Entwicklung. Die Entstehung zahlreicher junger und starker Wirtschaftsländer erzwingt eine neue Regulierung der internationalen Ordnung und hat den Durchbruch der amerikanischen Öl- und Gasförderung in tiefen Bodenschichten (genannt: Fracking) beschleunigt. Die Energiestruktur steht vor einem großen Wandel.

4.3.1. Die Veränderung der Energieversorgung

Einerseits entwickelt sich das Niveau des amerikanischen Kontinents bei der Energieversorgung durch die amerikanische Förderung dank der unkonventionellen Methode „Fracking" offenkundig im großen Stil. Nordamerika erweist sich mit diesem Prinzip der Förderung von Öl und Gas plötzlich als neuer Rohstoff-Lieferungsgebiet. Statistischen Erhebungen zufolge betrug die amerikanische Förderungsmenge von flüssigem Gas im Jahr 2011 das 15fache der fürs Jahr 2000 ermittelten Menge. Dank der amerikanischen „Revolution mit dem flüssigen Gas" ist die Gasförderung im Jahr 2009 an die Weltspitze geklettert und hat damit Russland hinter sich gelassen. Nach Voraussage der Internationalen Energieagentur werden in den 20er Jahren des 21. Jahrhunderts die USA mit ihrer Ölproduktion die von Saudi Arabien überholen und der wichtigste Staat der Öllieferanten überhaupt werden. In dem Bericht über die Entwicklung der Energien der Welt (BP 2030) des britischen Öl-Konzerns (BP) hat man prognostiziert, dass die USA mittels der Fortschritte im Fracking-Sektor täglich acht Millionen Barrel produzieren können und damit der wichtigste neue Energieversorger werden. Auch viele Länder, die nicht zu den OPEC-Mitgliedstaaten gehören, fördern inzwischen mehr Öl als die Mitgliedsstaaten der OPEC. Der Mittlere Osten wird so allmählich seine bisher unerschütterliche Vormachtstellung der Energieversorgung auf der Welt einbüßen, wogegen Russland dank seiner reichlichen Ressourcen in der Arktis seine mächtige Stellung in der Energieversorgung wieder zurückerobern wird. Auch die fünf Länder in Zentralasien, Länder in Australien, Ostafrika, Nordafrika und in einigen Küstengebieten des Nordpols sowie Norwegen und einige skandinavische Länder werden nach und nach wichtige Energieversorger werden.

4.3.2. Die veränderte Lage der Energieverbraucher

Die Skala der meisten Energieverbraucher der Welt hat sich verlagert und reicht heute vom Atlantik bis nach Asien und an den Pazifik. In Asien und am Pazifik konzentrieren sich die neu entstehenden, wirtschaftlich starken Länder mit ihrem zunehmenden großen, ungesättigten Hunger nach Energien. In den künftigen 30 Jahren werden 75% der Neugeborenen der Welt in Asien, am Pazifik und in Afrika leben. Selbst in China und Indien leben 40% der Weltbevölkerung. Der immense Bevölkerungszuwachs ist einer der Gründe für den steigenden Energieverbrauch. Doch der noch wichtigere Grund besteht darin, dass das wirtschaftliche Wachstum und das Einkommen der Bevölkerung der Entwicklungsländer deutlich schneller steigen als in den entwickelten Ländern. Der Energiebedarf der aufsteigenden Länder, repräsentiert durch China und Indien, wird durch eine ständig voranschreitende Industrialisierung und Urbanisierung immer größer. Hinzu kommt noch, dass manche Exporteure von Energie wie die Länder im Mittleren Osten dem eigenen wachsenden Bedarf an Energie nachkommen müssen. Bei den entwickelten Ländern nimmt der Energieverbrauch jedoch wegen des schwachen wirtschaftlichen Wachstums und aus anderen Gründen weiter ab. Nach statistischen Berechnungen wird der Ölverbrauch in Ostasien und am Pazifik von 21% des gesamten Energieverbrauchs in der ganzen Welt im Jahr 1990 auf 32% im Jahr 2011 steigen.

4.3.3. Die Vielfalt der Energiestruktur

Mit fortschreitender Förderungstechnik der neuen Energien verändert sich auch die Energiestruktur ständig. Die Energieversorgung der Welt hat die Zeit einer Energieversorgung durch Holz, durch Kohle und auch mit Öl bereits erlebt und hinter sich. Jetzt ist die Welt in eine neue Zeitepoche einer Vielfalt von Energieversorgungen eingetreten. Neben die keineswegs nachhaltige Nutzung von fossilen Energieträgern wie Erdgas tritt jetzt eine Energiewende von nachhaltiger Energieversorgung mittels erneuerbarer Energien wie Wasserkraft, Kernkraft, Windkraft und Sonnenenergie als Energiequellen. Seit 2008 nimmt die Stromproduktion durch Windkraft in einem rasanten Tempo zu. Vor allem die asiatischen Länder sind die größten Märkte der Windkraft geworden. Nach Schätzung der Internationalen Energie-Agentur (IEA) 2013 werden 45% der Stromenergie der Welt im Jahr 2035 durch nachhaltige Energieversorgung mittels erneuerbarer Energien gewährleistet, mithin weit mehr als durch Erdgas und Kohlen als bisherige Hauptenergiequellen. Die Menschheit wird sich in absehbarer Zukunft immer mehr von fossilen Energieträgern wie Erdöl und Erdgas verabschieden und sich der nachhaltigen Energieversorgung mittels erneuerbarer Energien zuwenden.

4.4. Grundprinzipien der Zusammenarbeit

Die Ausweitung einer Vernetzung in der Infrastruktur nach dem Konzept des Ausbaus von Ein Gürtel, Eine Straße wird die Fortentwicklung aller Länder entlang der Seidenstraße in allen Bereichen beflügeln, das jeweilige Potenzial der Märkte in diesen Regionen optimal entfalten, Investitionen und Konsum fördern, Arbeitsplätze schaffen und den Kulturaustausch wie die Völkerverständigung fördern. Dies dient schließlich dem Ziel, dass alle Völker entlang der Seidenstraße füreinander Vertrauen gewinnen, einander respektieren, harmonisch zusammenleben, Frieden bewahren und zum Wohlstand gelangen (aus „Visionen und Aktionen", I. Zeitlicher Hintergrund, Abs. 2).

Die heutige Welt befindet sich gerade in einer Phase der grundlegenden und komplexen Veränderung. Die Folgen der internationalen Finanzkrisen wirken auf vielen Ebenen noch nach. Die globale wirtschaftliche Struktur, die Struktur der Investitionen und des Handels und die Struktur der Energieversorgung sind in eine neue Phase strategischer Regulierung eingetreten. An einer maßgeblichen Vernetzung und Verknüpfung sowie am opportunen Zusammenwirken erkennt man unmissverständlich den Geist der neuen Zeit. Das Konzept „Ein Gürtel, Eine Straße" wird das alte Konstrukt eines Entwicklungsmodells einzelner Gebiete oder einzelner Regionen verabschieden. An dessen Stelle sollten nach dem ehrgeizigen neuen Konzept alle Länder entlang „Ein Gürtel, Eine Straße" an einem gigantischen Projekt beteiligt werden und in umfangreicher Weise in möglichst allen Bereichen und auf allen Ebenen zusammenwirken; so sollte eine Vernetzung entstehen, die von der Höhe der Luft bis ins Meer, senkrecht bis waagerecht alle Länder durchzieht, eine Verbindung aller wichtigen Häfen und Städte schafft und eine Verbindung mit den europäischen und pazifischen Wirtschaftskreisen ermöglicht. Das Hauptziel ist schließlich der gemeinsame wirtschaftliche Aufschwung aller beteiligten Länder. Die Grundprinzipien des Konzepts Ein Gürtel, Eine Straße bleiben dabei immer folgende: Alle Länder sollten einander respektieren und wechselseitige Toleranz praktizieren. Alle Länder bleiben in einem Win-Win-Verhältnis. Beim allseitigen Prozess wirtschaftlicher Entwicklungen und internationaler Angelegenheiten sollte man einander beistehen und kooperativ einander ergänzen, um schließlich damit eine vielfältige, selbständige, ausgeglichene und kontinuierliche Entwicklung aller Länder entlang Ein Gürtel, Eine Straße zu garantieren.

Kapitel 5

Rahmengedanken

5.1. Der Hauptinhalt

„Ein Gürtel, Eine Straße" zeigt Wege der Zusammenarbeit und des gemeinsamen Gewinnens dar, die zur gemeinsamen Entwicklung und Prosperität führen; außerdem intendiert dies Konzept einen Weg des Friedens und der Freundschaft, der ein größeres Verständnis und Vertrauen, aber auch einen allseitigen Austausch ermöglicht. Die chinesische Regierung schlägt vor, in Übereinstimmung mit den Ideen von „Frieden und Zusammenarbeit, Offenheit und Inklusion, gegenseitigem Lernen und gemeinsamer Gewinnbeteiligung" die praktische Zusammenarbeit umfassend zu fördern und schließlich auf diese Weise eine Interessen-, Schicksals- und Verantwortungsgemeinschaft zu konstituieren, die durch gegenseitiges politisches Vertrauen, wirtschaftliche Integration und kulturelle Toleranz gekennzeichnet ist (aus „Visionen und Aktionen", III. Rahmengedanken, Abs.2).

Unter dem Konzept „Ein Gürtel, Eine Straße" versteht man die Vernetzung und wechselseitig profitable Zusammenarbeit Chinas mit den meisten Ländern und Regionen in Asien, am Pazifik sowie Nordostafrika und Europa. Dies Konzept ist selbstverständlich das Ergebnis einer gegenwärtigen internationalen Tendenz und des Verlangens nach Frieden, nach Fortentwicklung und gegenseitigem Profitstreben; es ist durchaus ein Kind der Zeit. Dies Konzept repräsentiert nicht nur die von unseren

Vorfahren erschlossene Seidenstraße als verpflichtendes Erbe und beseitigt nicht nur die Spuren des Kalten Krieges, sondern damit plädiert man zugleich für die Erforschung eines neuen Modells globaler Entwicklung. Damit will man nicht nur mithilfe des alten, historischen und bedeutsam klingenden Namens um partnerschaftliche wirtschaftliche Beziehungen mit den Ländern an der Seidenstraße werben, sondern auch eine mögliche Gemeinschaft auf der Basis gegenseitigen politischen Vertrauens, der wirtschaftlichen Kooperation und der Toleranz der unterschiedlichen Kulturen begründen. Es sollte eine Interessen- und Schicksalsgemeinschaft in gemeinsamer Verantwortung werden. Das Konzept ist ein allen zugängliches Projekt Chinas für die internationale Gesellschaft des 21. Jahrhunderts, woran alle interessierten Länder partizipieren können.

5.1.1. Die gemeinsamen Interessen verbinden das Konzept „Ein Gürtel, Eine Straße"

An den Grundprinzipien gemeinsamen Handels, gemeinsamer Aufbautätigkeit und gemeinsamer Gewinnbeteiligung erkennt man die Transparenz dieses Konzepts. China möchte nämlich auf der Basis gegenseitigen Nutzens und gemeinsamer Interessen mit den die Seidenstraße tangierenden Ländern eine künftige Zusammenarbeit entwickeln. Dabei hat China auch eine komfortable Teilhabe anderer Länder an seiner rasanten wirtschaftlichen Entwicklung im Blick und möchte von diesem großen Kuchen gern ein Stück abgeben. Schon im Jahr 2013 hat der Präsident Xi Jinping nach und nach mehrfach von seiner Idee des Ausbaus der kontinentalen Seidenstraße und der maritimen Seidenstraße des 21. Jahrhunderts gesprochen. Innerhalb von nur einem halben Jahr haben mehr als 60 Länder und internationale Organisationen dies Konzept gutgeheißen, ja hochgelobt. Die aktive Beteiligung an diesem Konzept ist offensichtlich ein gemeinsamer Wunsch vieler Länder. Die meisten Länder, die an den beiden Strecken von „Ein Gürtel, Eine Straße" liegen, zählen zu den Entwicklungsländern mit neuen wirtschaftlichen Strukturen und verfügen über unterschiedliche Ressourcen. Gerade deshalb bestehen für sie der Bedarf und die Nötigung zu gegenseitiger Ergänzung, und diese Situation verspricht ein immenses Potential und einen großen Spielraum für eine mögliche Zusammenarbeit.

Nach vorläufiger Schätzung umfasst die Länder und Regionen von „Ein Gürtel, Eine Straße", beginnend mit dem pazifischen Wirtschaftskreis über die asiatischen und europäischen Länder bis hin zum europäischen Wirtschaftskreis eine Einwohnerzahl von ca. 4,4 Milliarden Menschen. Entsprechend sind die wirtschaftlichen Zahlen zu veranschlagen.

5.1.2. Das Konzept „Ein Gürtel, Eine Straße" bedingt gemeinsame Verantwortungen

Mit dem Konzept „Ein Gürtel, Eine Straße" bietet China der internationalen Gesellschaft die Möglichkeit eines Trittbrettfahrens und präsentiert hiermit ein allen zugängliches Projekt. China mit seinen potentiellen Fähigkeiten befindet sich in der glücklichen Lage, in den Bau der Infrastruktur zu investieren und mit seinen riesigen Kapitalreserven die Verwirklichung dieses Projekts zu garantieren. Das Konzept „Ein Gürtel, Eine Straße" wird kein leerer Slogan sein. Vielmehr handelt es sich dabei um ganz konkrete Maßnahmen und Objekte, die man sehen und anfassen kann. Im ersten Vierteljahr 2015 hat China in den Ländern an der Seidenstraße 16,8 Milliarden Dollar investiert. Darüber hinaus hat China inzwischen in den Ländern der Route 25,6 Milliarden Dollar direkte Investitionen geleistet, nicht aber in Form von nicht-finanziellen Investitionen.

Auf der kontinentalen Seidenstraße rasen vollbeladene Güterzüge, einer nach dem anderen, hin und her zwischen dem asiatischen und europäischen Kontinent. Was die Strategie der Verbindung angeht, so hat China schon mit Russland, Kasachstan und einigen anderen Ländern Kooperationsverträge abgeschlossen. Von den gemeinsamen Projekten werden gerade ein Industriepark der Hochtechnik in Zusammenarbeit zwischen China und Weißrussland und ein Innovationspark in Zusammenarbeit mit Russland vorbereitet.

Am Meer war der Hafen Columbo in Sri Lanka das Ergebnis der Zusammenarbeit zwischen China und Sri Lanka. Mit dem Bau dieses Hafens ist der Rekord der internationalen Entwicklung der Hafenbauten 2014 gebrochen worden.

Die Schwesterparks: Der chinesisch-malaysische Industriepark Qinzhou und der malaysisch-chinesische Industriepark Yuanzheng kommen gerade über das Stadium der Entwürfe auf Papier hinaus und gewinnen ihre Form der kunstvollen Natur.

Hinsichtlich der Zusammenführung der kontinentalen und maritimen Seidenstraßenwege haben China und Pakistan schon einen „1+4" Plan ausgearbeitet: Der Ausbau des chinesischen und pakistanischen Wirtschaftskorridors sollte die zentrale Aufgabe sein, der Bau des Gwadar Hafens, die Energieversorgung und der Ausbau der Infrastruktur und die Zusammenarbeit beim Produktionssektor die Schwerpunkte. Nur wenn solche schönen Vorstellungen nach und nach in konkreten Projekten realisiert und sich faktisch als Baustellen erweisen, dann hat man wirklich begonnen, die Pläne in die Tat umzusetzen.

5.1.3. Die gemeinsamen Schicksale sind Basis für das Konzept „Ein Gürtel, Eine Straße"

Das Konzept „Ein Gürtel, Eine Straße" ist zunächst von China allein entworfen worden, es entspricht jedoch den gemeinsamen Vorstellungen Chinas und der Länder an der Seidenstraße. Deshalb hat China bei seiner Betonung eigener Interessen doch immer auch die legitimen Interessen anderer Länder berücksichtigt. Hinsichtlich der Entwicklung des eigenen Landes will China immer auch die Entwicklung anderer Länder in Betracht ziehen.

Angesichts der global schwachen wirtschaftlichen Lage und der international schwierigen Verhältnisse in einigen Regionen will China die gemeinsamen Entwicklungen fördern und hat die Verwirklichung einer gemeinsamen Blüte im Sinn.

Dabei setzt China auf den Geist friedlicher Zusammenarbeit an der Seidenstraße und beschwört Offenheit, Toleranz, gegenseitige Bereitschaft zu lernen und voneinander zu profitieren. China leitet hierbei die Zuversicht, dass das Konzept „Ein Gürtel, Eine Straße" für den Handel, die Industrie, Innovationen und eine Belebung der Kultur bewirken und insofern eine Renaissance für die alte Seidenstraße bedeuten kann.

„Ein Gürtel, Eine Straße" stellt eine grandiose Wirtschaftsvision für die betroffenen Länder dar, die sich durch Offenheit und Zusammenarbeit auszeichnet. Alle Länder sollten gemeinsame Anstrengungen unternehmen, das Ziel des gegenseitigen Nutzens und Vorteils sowie der gemeinsamen Sicherheit verfolgen und sich um die Verbesserung der regionalen Infrastruktur bemühen, damit sichere und hocheffiziente Verkehrsnetze zu Land, zu Wasser und in der Luft entstehen können und die Verbindungen ein neues Niveau erreicht.

Die Vorgänge der Investition und des Handels zunehmend erleichtert, ein Netzwerk hochwertiger Freihandelszonen wird entstehen, die wirtschaftlichen Beziehungen werden enger miteinander verknüpft und das gegenseitige politische Vertrauen wird vertieft. Durch den umfassenderen und intensiveren Kulturaustausch werden verschiedene Kulturen voneinander lernen und eine gemeinsame Prosperität erleben, die Völker werden sich besser kennen lernen und miteinander verkehren sowie Frieden und Freundschaft pflegen („aus Visionen und Aktionen, Grundprinzipien des gemeinsamen Aufbaus, Abs.3").

Die fünf wesentlichen Komponenten des Konzeptes von „Ein Gürtel, Eine Straße" sind folgende: „eine politische Verständigung in den Leitlinien, die Verbindung aller Wege, der freie Handel, eine Kooperation in der Frage der Investition, eine intendierte Verbindung der Herzen der Völker". Von diesen Prinzipien ist jedes gleichermaßen wichtig, keines darf fehlen.

(1) Bei der Verwirklichung des Konzeptes „Ein Gürtel, Eine Straße" müssen alle Länder Hand in Hand arbeiten.

Politisches Vertrauen ist dabei die Grundvoraussetzung. „Ein Gürtel, Eine Straße" tangiert viele Länder, deren politische Beziehungen oft spannungsreich waren und noch sind; folglich verbergen sich hier noch viele Gefahren. Solange die internationale Situation in der Wirtschaft nicht stabil ist und keine optimistische Zukunftsperspektive kennt, entstehen durchaus leicht schwer lösbare Konflikte, wodurch eine Entwicklung und Mobilisierung des besagten Projekts ins Stocken geraten kann. Insofern ist während der Umsetzung des Projekts eine allseitige effektive Kommunikation dringend geboten, wodurch das Vertrauen aufgebaut, Missverständnisse beseitigt und Fehlurteile korrigiert werden können. Mit der Ermöglichung einer angenehmen Atmosphäre der Zusammenarbeit lässt sich schließlich ein derartiges Projekt auch erfolgreich vollenden.

(2) Der Ausbau der Infrastruktur ist der Schlüsselfaktor für den Ausbau von „Ein Gürtel, Eine Straße"

Die Verbesserung der Infrastruktur ist bei der Realisierung des Konzepts „Ein Gürtel, Eine Straße" der erste und grundlegende Schritt. Denn die Wirtschaft vieler Länder an der Seidenstraße zeigt ein bedenklich niedriges Niveau. Hier mangelt es allgemein an einer Infrastruktur. Weitere Probleme bereiten viele hohe Gebirge, Wüsten und Flüsse, die Hindernisse für den Verkehr darstellen, so dass der Austausch von Gütern und die Bewegung der Händler oft blockiert werden. Unter einem Ausbau der Infrastruktur versteht man nicht nur einen Ausbau von Straßen, Eisenbahnen, des Luftverkehrs und den Bau von Häfen, sondern auch den Ausbau der Transportleitungen für Erdgas und Erdöl, Stromtransportleitungen und des Internetnetzes u.a.m.

(3) Mit dem Konzept „Ein Gürtel, Eine Straße" will man den Handel und die Transformation von Investitionen erleichtern.

In den letzten Jahren hat der Handel zwischen China und den Ländern an der Seidenstraße erheblich zugenommen. Doch viele Hindernisse blockieren einen flüssigen Handel und erschweren die Investitionen. Deshalb muss man hinsichtlich der Zollbestimmungen und Akzeptanz von Dokumenten noch effektiver zusammenarbeiten. Außerdem braucht man für bestimmte Projekte mehr als Milliarden Dollar. Kein Land aber ist in der Lage, eine derart große Summe allein aufzubringen. Dazu braucht man einen möglichst problemlosen Transfer von Investitionen. Andererseits müssen die Geschäfte der Asiatischen Infrastruktur-Investitionsbank (AIIB) reibungslos laufen. Darüber hinaus muss man optimale Bedingungen dafür schaffen, dass privates Kapital problemloser in die anderen Länder eingeführt werden kann.

69

(4) Die Relevanz eines Ausbaus von „Ein Gürtel, Eine Straße" muss allen Menschen an der Seidenstraße vermittelt werden.

Die grenzüberschreitenden „Jahrhundertprojekte" könnten nur reibungslos durchgeführt werden, wenn die Bevölkerung aller Länder an der Seidenstraße diese auch unterstützt. Sonst käme man keinen Schritt weiter. Also muss man den Geist der alten Seidenstraße, die freundschaftliche Zusammenarbeit, erneuern und fortleben lassen und die Völkerverständigung dynamisieren. Man sollte in diesem Sinn den gegenseitigen Austausch wie die Bildung fördern, neue Arbeitsplätze schaffen, den Tourismus beleben und einen offenen Markt für Arbeitskräfte ermöglichen, um durch solche Maßnahmen den Ausbau von „Ein Gürtel, Eine Straße" möglichst schnell zu verwirklichen.

5.2. Grundprinzipien

Befolgung der Zielsetzungen und Grundsätze der UNO-Charta. Wir sollten die fünf Prinzipien der friedlichen Koexistenz, nämlich gegenseitiger Achtung von Souveränität und territorialer Integrität, des gegenseitigen Nichtangriffs, gegenseitiger Nichteinmischung in die inneren Angelegenheiten, der Gleichberechtigung und des gegenseitigen Nutzens sowie der friedlichen Koexistenz ernst nehmen und sie befolgen (aus „Visionen und Aktionen", II. Grundprinzipien des gemeinsamen Aufbaus, Abs. 1).

Seit tausend Jahren brennt die Fackel des Geistes an der Seidenstraße: „friedliche Zusammenarbeit, wechselseitige Toleranz, das Lernen voneinander und ein gemeinsames Profitieren" leben kontinuierlich fort, und auf diese Weise wird die Geschichte der Zivilisation vorangebracht. Dies symbolisiert auch die ost-westliche Zusammenarbeit und den ost-westlichen Austausch und ist als das gemeinsame historische Kulturerbe der ganzen Welt zu verstehen. In der neuen historischen Periode wird China kraft seines Konzepts „Ein Gürtel, Eine Straße" den alten Geist der Seidenstraße wiederbeleben und nach den Grundprinzipien der UN eine Gemeinschaft der Zusammenwirkenden begründen. Dies wird kein Sologesang von China allein sein, sondern ein großer Chor aller Länder an der Seidenstraße wird zusammen musizieren.

Festhalten am Prinzip der Offenheit und Zusammenarbeit. „Ein Gürtel, Eine Straße" betrifft vor allem die Länder entlang der alten Seidenstraße, beschränkt sich jedoch nicht darauf. Alle Länder sowie alle internationalen und regionalen Organisationen können sich daran beteiligen, damit immer

**mehr Regionen von den Erfolgen beim gemeinsamen Aufbau
profitieren (aus „Visionen und Aktionen", II. Grundprinzipien
des gemeinsamen Aufbaus, Abs. 2).**

Das Konzept „Ein Gürtel, Eine Straße" impliziert einen Appell Chinas
für die internationale Kooperation. Die chinesischen Reformen intendieren eine Transparenz für die ganze Welt. China als wichtige Triebkraft für
die internationale wirtschaftliche Entwicklung wird sein Vermögen hoher
Produktionskraft, einer entsprechenden Technik, enormer Kapitalreserven
und Entwicklungserfahrungen in der Zusammenarbeit mit anderen Ländern
einsetzen. An diesem Konzept dürfen nicht nur alle Länder an der kontinentalen und maritimen Seidenstraße teilhaben, die Zusammenarbeit kann
vielmehr noch erweitert werden. Dieses Konzept ist offen für alle Länder,
ob es sich hier um Entwicklungsländer, Schwellenländer oder bereits entwickelte Länder handelt.

Alle bereitwilligen Länder und wirtschaftlichen Organisationen sind
willkommen und können dies Konzept unterstützen, als Akteure in den
Genuss von Profit kommen. Alle Länder, die diese Chancen wahrnehmen
wollen, können Trittbrettfahrer werden.

**Förderung von Harmonie und Inklusion. China befürwor-
tet die kulturelle Toleranz und respektiert die Wahl der anderen Länder in Hinsicht auf den Entwicklungsweg und das
Entwicklungsmodell. Verschiedene Kulturen sollten den Dialog
intensivieren, nach Gemeinsamkeiten suchen und wechselseitig
tolerant sein, um damit friedlich zu koexistieren und eine gemeinsame Prosperität zu erleben (aus „Visionen und Aktionen",
II. Grundprinzipien des gemeinsamen Aufbaus, Abs. 3).**

Die heutige Welt stellt sich immer vielfältiger dar, die wirtschaftliche
Globalisierung schreitet immer rascher voran und die Kulturen werden immer
verschiedenartiger. So tendiert die ganze menschliche Gesellschaft immer
mehr in Richtung gemeinsamer Schicksalskrisen und gemeinsamen Glücks,
letztlich zu einer noch größeren Abhängigkeit voneinander. Chinas Konzept
entspricht gerade dieser Tendenz. In dieser modernen Zeit kann man längst
nicht mehr an den alten Verhaltensmustern festhalten und muss die ideologischen Hürden überspringen. Denn an der Seidenstraße gibt es nicht nur sozia-
listische, sondern auch kapitalistische Staaten, manche sind stark buddhistisch
geprägt, andere christlich oder islamistisch. Manche vertreten eine westliche
Weltanschauung, andere eine östliche. Mit seinem Konzept „Ein Gürtel, Eine
Straße" verfolgt China die Absicht, trotz solcher Unterschiede in Religion
und Kultur unter der Prämisse der Gleichheit Respekt und Anerkennung aller
Kulturen zu betonen und Wege der Kooperation wie gemeinsame Wege für
die Entwicklungen zu finden. Dabei sollten alle Länder sich zusammentun,

um schließlich zur gemeinsamen Entwicklung und zum Aufbau aller Länder ihren jeweiligen Beitrag zu leisten.

Beachtung der Funktion des Marktes. In Übereinstimmung mit den Gesetzen des Marktes und den international geltenden Regeln werden die entscheidende Rolle des Marktes bei der Ressourcenallokation sowie die Funktion der Unternehmen als Hauptakteure zur Geltung gebracht. Gleichzeitig soll die Funktion der Regierung angemessen zur Entfaltung gebracht werden (aus „Visionen und Aktionen", II. Grundprinzipien des gemeinsamen Aufbaus, Abs. 4)

Das Konzept „Ein Gürtel, Eine Straße" ist ein gemeinsames Kettenbauprojekt der Länder an der Seidenstraße. Deshalb muss man an der offenen Wirtschaft festhalten und an den üblichen internationalen Regeln, damit die entscheidende Rolle des Marktes bei der optimalen Verteilung der Ressourcen und des Kapitals und die tragende Rolle der verschiedenen Betriebe angemessen zur Entfaltung kommen können. Dies sind die wichtigsten Faktoren, auf die man achten muss. Doch hinsichtlich der komplexen Verhältnissen einiger Länder an der Seidenstraße und ihrer konkreten Situationen muss die Regierung einzelner Länder ab und an auch lenkend eingreifen und die Richtung bestimmen, um die Ressourcen, die für den Ausbau der Seidenstraße notwendig sind, zu garantieren. Denn ohne die Lenkung der Regierung kann es passieren, dass bestimmte wirtschaftliche und soziale Ressourcen durch wirtschaftliche und geographische Hindernisse blockiert werden, dass man für den Ausbau der Seidenstraße nicht das nötige Kapital und andere wirtschaftliche Mittel sowie Personal bekommt. Deshalb ist eine gut regulierte und übergreifende Kooperation aller Branchen und Bereiche für den Ausbau von „Ein Gürtel, Eine Straße" von großer Bedeutung. Alle Regierungen sollten ihre Länder bei allen Ausbauprojekten von „Ein Gürtel, Eine Straße" auf den Weg der Marktwirtschaft lenken, denn nur so können die Betriebe ihre Rolle als stützende Säulen spielen und nur so kann das private Kapital für die Projekte des Ausbaus von „Ein Gürtel, Eine Straße" genutzt werden. Alle Betriebe der Länder an der Seidenstraße sollten ohne Probleme kooperieren können. Darüber hinaus muss man bei diesem gigantischen Konzept die modernen Handelsmodelle nutzen, insbesondere die elektronisch gesteuerten. So kann das Internet beim Seidenstraßen-Konzept hilfreich sein. Auf diese Weise kann einerseits die chinesische Produktionsindustrie vorangetrieben werden. Zugleich kann auch die Bevölkerung der Länder an der Seidenstraße zu höherem Wohlstand kommen.

Damit die Rolle der Regierung noch mehr zur Geltung kommen kann, hat man eine Führungskommission für den Ausbau von „Ein Gürtel, Eine Straße" begründet. Der Leiter dieser Kommission ist der Vizepremierminister des ständigen Ausschusses des Staatsrats Zhang Gaoli, zu den Vizeleitern zählen das Mitglied des Politbüros der Zentralregierung Wang Huning, der Premierminister des Staatsrates Wang Yang, der Chefsekretär des Staatsrates Yang Jing und der Vorsitzende des Führungsbüros des Politbüros der Zentralregierung Yang Jiehu. Die Funktionen und Ämter des Führungspersonals der Führungskommission für die gigantischen Konzepte des Ausbaus der Seidenstraße erstrecken sich beinahe auf alle Bereiche wie Entwicklung, Reformen, Außenhandel, Finanzen, Außen- und Innenpolitik.

Betonung von gegenseitigem Nutzen und gemeinsamem Gewinnen. Man soll die Interessen und Anliegen aller Beteiligten berücksichtigen, die übereinstimmenden Interessenbereiche und den größten gemeinsamen Nenner für die Zusammenarbeit finden. Alle Beteiligten können ihre Weisheit und Kreativität sowie ihre Stärken und Potenziale voll zur Geltung bringen (aus „Visionen und Aktionen", II. Grundprinzipien des gemeinsamen Aufbaus, Abs. 5).

Der entscheidende Faktor beim Konzept des Ausbaus von „Ein Gürtel, Eine Straße" ist die „gemeinsame Entwicklung". Die meisten Länder an der Seidenstraße gehören zu den Entwicklungsländern, die sich noch in der Anfangsphase oder der Beschleunigungsphase der Industrialisierung und Urbanisierung befinden. Ihnen mangelt es beim Aufbau ihres Landes reichlich an Kapital, Technik und Erfahrungen. Alle wollen möglichst schnell aus der Armut heraus und in den Wohlstand aufsteigen. Dafür ist das Konzept „Ein Gürtel, Eine Straße" gerade opportun, denn so können alle Länder durch kooperative Beteiligung ihre Wünsche bald erfüllen. Denn durch das Konzept „Ein Gürtel, Eine Straße" wird eine Entwicklungsplattform der Kooperation entstehen, bei der alle Länder ihr Potenzial und ihre Stärke optimal entfalten und kompensieren können. Durch eine weiter ausgebaute Infrastruktur werden alle Projekte und Verkehrswege verbunden, wodurch nicht nur Investitionen und Handel erleichtert, sondern auch eine bessere Produktionszusammenarbeit ermöglicht wird. Auch die Kapitalflüsse sind so leichter zu regulieren und die Beweglichkeit gewinnt eine neue Dynamik. Da die Länder an der Seidenstraße über unterschiedliche Stärken und Bedingungen verfügen, lassen sich durch die neue Kooperationsstruktur die Ressourcen optimal verteilen und die beklagenswerten Differenzen besser ausgleichen. So entspricht dies Konzept letztlich den Interessen aller Länder und öffnet für alle ein neues Fenster der Gewinnchancen.

5.3. Rahmengedanken

„Ein Gürtel, Eine Straße" durchzieht den asiatischen, europäischen und afrikanischen Kontinent: an dem einen Ende befindet sich der rege ostasiatische Wirtschaftskreis, und am anderen Ende liegt der entwickelte europäische Wirtschaftskreis. Die Länder dazwischen weisen ein enormes wirtschaftliches Entwicklungspotenzial auf. Durch den Wirtschaftsgürtel entlang der Seidenstraße wird China vor allem über Mittelasien und Russland mit Europa (Ostsee), über Mittel- und Westasien mit dem Persischen Golf und dem Mittelmeer sowie über Südost- und Südasien mit dem Indischen Ozean verbunden. Die maritime Seidenstraße des 21. Jahrhunderts verläuft von chinesischen Küstenhäfen einerseits über das Südchinesische Meer und den Indischen Ozean bis Europa, und andererseits über das Südchinesische Meer bis zum Südpazifik (aus „Versionen und Aktionen", III. Rahmengedanken, Abs. 2).

Wenn man die vielen zu überquerenden Wege und Verbindungen zwischen den Ländern bedenkt, dann erklärt sich der Umfang des Konzepts „Ein Gürtel, Eine Straße". Denn wenn dies verwirklicht wird, dann können im Norden alle chinesischen Verkehrswege und Pipelines mit Russland verbunden werden. Im Osten wird künftig China mit Südasien unmittelbarer verbunden mit den zwei wichtigen Wirtschaftsgiganten Japan und Korea, im Westen die Wege Chinas über Zentralasien mit Westeuropa, im Südwesten über den Indischen Ozean mit Nordafrika, im Süden über das Südchinesische Meer und den Südpazifischen Ozean mit Australien und anderen Nachbarländern. So werden durch die Realisierung des Konzepts des Ausbaus von „Ein Gürtel, Eine Straße" Ostasien, Südostasien, Südasien, Zentralasien, Australien, Südeuropa, Ostafrika und weitere Gebiete direkter miteinander verbunden. Die meisten Länder in der Mitte dieses Rahmens sind dicht besiedelt, verfügen über reichliche Naturressourcen, doch sind deren wirtschaftliche Entwicklung ziemlich rückständig. Diese Länder haben erst reichlich spät mit China Handelsbeziehungen aufgebaut, aber sie verfügen doch über ein enormes Potenzial. Diese Länder sind deshalb von besonderem Interesse für China. Und diesen Ländern gefällt es auch, von China umworben zu werden.

5.3.1. Die Gliederung der Seidenstraße

Im Grunde kann die kontinentale Seidenstraße in drei Routen gegliedert werden: die Nordroute geht über Zentralasien und Russland über das Baltische Meer bis nach Europa, die Mittlere Route führt über Zentralasien und Westasien bis an den Persischen Golf und ans Mittelmeer; die Südroute geht bis zum Indischen Ozean.

5.3.2. Die Entwicklungsrichtung der Seidenstraße

Die Seefahrtseidenstraße des 21. Jahrhunderts wird die Asean-Staaten als wichtige Berührungspunkte nutzen, denn von hier aus führen zahlreiche Schifffahrtlinien bis nach Südasien, Ozeanien, Westasien, Nordafrika und Europa, d.h. an Zielorte, wo China eine ökonomische Zusammenarbeit mit den jeweiligen Staaten und Regionen erweitern will. Darüber hinaus wird China die strategische und wirtschaftliche Zusammenarbeit mit den Ländern im Pazifik und im Indischen Ozean verstärken. Schließlich intendiert China die Verwirklichung der einheitlichen Wirtschaftszonen mit Asien, Europa und Afrika als langfristiges Entwicklungsziel.

Die Seefahrseidenstraße kann man in zwei Hauptrouten einteilen. Bei der ersten Route führt der Weg von chinesischen Häfen durch das Südchinesische Meer bis zum Südpazifik; die zweite Route geht von chinesischen Häfen aus durch das Südchinesische Meer, später das Mittelmeer bis Europa.

5.4. Der Korridor der Verbindungen und Kooperation

Dem Verlauf von „Ein Gürtel, Eine Straße" entsprechend, soll man auf dem Festland mit Hilfe der internationalen Verkehrs- und Transportwege, mit großen Städten entlang des „Gürtels" als Stütze, mit wichtigen Industrieparks für Wirtschaft und Handel als Kooperationsplattformen gemeinsam neue eurasische Kontinentalbrücken bauen sowie Korridore für die internationale Wirtschaftszusammenarbeit schaffen, darunter China-Mongolei-Russland, China-Mittelasien-Ostasien und China-Indochinesische Halbinsel; auf der Seeroute werden mit wichtigen Häfen als Knotenpunkte ungehinderte, sichere und hocheffiziente Transportwege errichtet. Die zwei Wirtschaftskorridore China-Pakistan und Bangladesch-China-Indien-Myanmar stehen in engem Zusammenhang mit dem Aufbau von „Ein Gürtel, Eine Straße", durch eine weitere Förderung der Zusammenarbeit werden noch größere Fortschritte erzielt (aus „Versionen und Aktionen", III. Rahmengedanken, Abs.3").

Anders als das Projekt der traditionellen legendären Seidenstraße achtet das Konzept der neuen Seidenstraße nicht nur auf die kontinuierliche Fortsetzung der tausend Jahre alten wirtschaftlichen, kulturellen und geschäftlichen Traditionen der legendären Seidenstraße, sondern man akzentuiert jetzt bei der Seidenstraße neue Inhalte des Zusammenwirkens. Bei den neuen gigantischen Projekten handelt es sich um den Bau breiter, transkontinentaler und langer Tunnels für flüssige, durchlässige Handelswege und um die Bildung von Entwicklungsgemeinschaften mit den jeweiligen Regionen und Staaten. Unter dem Anschub des Konzepts „Ein Gürtel, Eine Straße" und positiver Reaktionen der Länder an dieser Straße sind inzwischen sechs wirtschaftliche Korridore entstanden, die jetzt als Grundpfeiler für das Konzept „Ein Gürtel, Eine Straße" fungieren.

Der Wirtschaftskorridor repräsentiert die neue asiatische und europäische kontinentale Brücke. Diese neue kontinentale Brücke ist auch als „die zweite asiatische und europäische kontinentale Brücke" bezeichnet worden. Darunter versteht man die internationale Eisenbahnlinie, die im Hafen Jianyun der Jiangsu Provinz beginnt und im niederländischen Hafen Rotterdam endet. Die Eisenbahnstrecke durchquert sieben chinesische Provinzen wie Jiansu, Anhui, Henan, Shanxi, Gansu, Qinghai und Xinjiang. Sie verlässt China am Gebirgspass Ala an der Grenze zwischen China und Afghanistan. Von dort kann man mit drei Eisenbahnlinien die Hafenstadt Rotterdam in den Niederlanden erreichen. Die mittlere Eisenbahnlinie ist ins Verkehrsnetz der russischen Eisenbahn integriert worden und führt über Smolinsky, Blest, Warschau und Berlin bis nach Rotterdam. Ihre ganze Strecke fährt durch mehr als 30 Staaten und Regionen und durch drei chinesische Regionen wie Nord-, Mittel- und Westchina. Da diese Streckenführung identisch ist mit der legendären alten Seidenstraße, wird sie deshalb auch als „die moderne Seidenstraße" genannt. Mit der rasanten wirtschaftlichen Entwicklung in den asiatischen und pazifischen Regionen wird der Bedarf der Öffnung der europäischen Märkte immer größer, und da die EU bei ihrer Entwicklung Handelspartner und Investoren in Asien und Pazifik sucht, ist eine Annährung und Zusammenarbeit beiderseits heiß begehrt. So ist es selbstverständlich, dass auf der Basis der neuen asiatischen und europäischen Brücke der wirtschaftliche Korridor der Seidenstraße aufgebaut wird. Davon kann China nur profitieren, wenn man zum Beispiel an die Erschließung im Westen denkt, an die Verstärkung der Kooperationen und den Austausch Chinas mit den Ländern in Zentralasien, Südasien, Westasien, Osteuropa, Mitteleuropa und Westeuropa. Darüber hinaus kann solche internationale Zusammenarbeit China helfen, Sicherheitsprobleme an den chinesischen Grenzen zu lösen oder auch dem Mangel an Rohstoff in China gegenzusteuern.

Was den Wirtschaftskorridor von China, der Mongolei und Russland betrifft, so hat der Präsident Xi Jinping im September 2014 bei der Gipfelkonferenz dieser drei Länder den Aufbau eines solchen wirtschaftlichen Korridors gefordert. Dieser Korridor umfasst zwei Teile; eine von Nordchina über Beijing, Tianjin, Hebei, Huhehaote bis in die Mongolei und Russland, die andere Linie geht von Nordostchina über Dalian, Shenyang, Changchun, Harbin bis nach Russland. Der Aufbau des wirtschaftlichen

Korridors zwischen China, der Mongolei und Russland begünstigt den Ausbau der Infrastruktur und die Vernetzung der Schienenwege und Straßen, vereinfacht die Zollkontrollen und den Transport und fördert nicht zuletzt den Bau der überkontinentalen Stromkabel. Man kann jetzt auch noch in Bereichen des Tourismus, der Wissenschaft, der Medien, des Umweltschutze und Hilfsaktionen in Katastrophenfällen besser zusammenarbeiten.

Der Wirtschaftskorridor zwischen China, Zentralasien und Westasien beginnt in Xinjiang, führt bis zum Persischen Golf und erreicht die Küstengebiete des Mittelmeers und die arabische Halbinsel. Die betroffenen Länder umfassen die fünf Staaten in Zentralasien: Kasachstan, Kirgisistan, Tadschikistan, Usbekistan und Turkmenistan sowie den Iran und die Türkei. Da sich Zentralasien in der Mitte der asiatischen und europäischen Kontinente befindet, ist es auch der Knotenpunkt der Seidenstraße. Zentralasien und Westasien sind nicht nur wichtige Rohstoff-Lieferanten für alle Welt, sondern auch ein wichtiger Kotenpunkt des Kulturaustausches zwischen dem Osten und Westen. Die Seestraße von Hormuz in Westasien und Oman Golf sind die wichtigen Verkehrsknotenpunkt auf dem Wege zum Pazifischen und Indischen Ozean. Deshalb wird mit dem Aufbau des wirtschaftlichen Korridors in Zentral- und Westasien eine neue große Ader quer durch Mittel- und Südeuropa sowie durch Mittel- und Südasien entstehen. Beide Kontinente können von diesem Korridor profitieren. Für China wird der Korridor den Mangel an Rohstoffen kompensieren, während die Länder in Zentralasien und Westasien ihre Wirtschaftsstrukturen regulieren und die Infrastruktur mithilfe von China verbessern. Darüber hinaus können die politischen und militärischen Spannungen und Auseinandersetzungen durch den wirtschaftlichen Aufstieg und die Entwicklungen im Handel in diesen Gebieten relativiert und gebremst werden. Und dies dürfte der Stabilität und dem Frieden dienen.

Der Wirtschaftskorridor zwischen China und der Mittel- und Südhalbinsel beginnt in den Wirtschaftszonen am Perlfluss (Pearl River), entlang der Nanguang-Autobahn, der Guiguang- Hochgeschwindigkeitseibahn, vorbei an Naning, Pinxiang, Hanoi bis nach Singapur. Hier werden neben dem weiteren Aufbau der wichtigen Städte an diesem Korridor die Schienenwege und Straßen weiter vernetzt. Darüber hinaus will man hinsichtlich des Einsatzes von Arbeitskräften, Kapital, Medien, Baumaterial und Ausrüstungen stärker kooperieren; jeder Ort sollte die eigenen Schwachpunkte und Mängel mit Stärken anderer Orten kompensieren.

Der Wirtschaftskorridor zwischen China und Pakistan beginnt in dem autonomen Gebiet Xinjiang und endet in der Hafenstadt Gwadar in Pakistan und hat eine Länge von 3.000 km. Er verbindet die nördliche und die südliche Seidenstraße. Im Norden grenzt der Korridor an den wirtschaftlichen Korridor der kontinentalen Seidenstraße, im Süden an die Seefahrtseidenstraße des 21. Jahrhunderts. Zum Aufbau dieses Korridors gehören die Verlegung von Straßen und Eisenbahnlinien, Verlegung von Pipelines und Stromkabel. Der chinesische Außenminister Wang Yi hat den „wirtschaftlichen Korridor zwischen China und Pakistan" als das erste Musikstück des Symphonieorchesters „Ein Gürtel, Eine Straße" bezeichnet. Daraus kann man folgern, dass der „wirtschaftliche Korridor zwischen China und Pakistan" in der zukünftigen chinesischen Außenpolitik mit ihren Beziehungen zu den Nachbarländern und in der praktischen Nutzung von „Ein Gürtel, Eine Straße" ein „Probegebiet", ein „Mustergebiet" oder „Kreativgebiet" darstellt. Dieser Korridor erschließt für China ein kontinentales Tor zum Mittelosten, wodurch China mit dem Persischen Golf und dem Arabischen Meer verbunden wird. Dadurch entsteht ein Transporttunnel für Rohstoff im Binnenland, womit man der Malaccastraße ausweicht. Im Grunde können alle von dem wirtschaftlichen Korridor profitieren. Was Pakistan betrifft, so kann dies Land dadurch in Südasien eine bessere Position zu erringen. Auch durch wirtschaftliche Vernetzung können alle Länder in Südasien, Zentralasien, Nordafrika und die Golfstaaten auf dem Sektor der Energie noch enger kooperieren; und davon können über 30 Millionen Menschen profitieren.

Was den Wirtschaftskorridor zwischen China und Bangladesch betrifft, so hat für dessen Errichtung der Premierminister Li Keqiang während seines Besuchs in Indien im Mai 2013 plädiert. Der Bau der Straßen zwischen China, Bangladesch, Indien und Myanmar gehört zu den gigantischen Projekten dieses Wirtschaftskorridors. Wenn diese Straße befahrbar sein wird, dann ist damit eine neue europäische und asiatische kontinentale Brücke zu Südasien und allen Andamanen-Inseln und eine Verbindung mit den Regionen im Indischen Ozean hergestellt. Dadurch werden dann die Transportwege für den Handel zwischen Westchina und Südasien sowie den Regionen im Indischen Ozean deutlich kürzer, wodurch auch Zeit und Kosten gespart würden. Die ungünstige Lage für den Handel in den Südwestgebieten Chinas könnte so erheblich verbessert werden. Dadurch könnten die ausgedehnten Regionen in Süd- und Westchina sich noch mehr zu Südasien hin öffnen und auf bessere Kooperationen mit anderen Ländern hoffen. Dies könnte eventuell auch dazu beitragen, dass die Probleme an der Grenze zwischen China und Indien vorzeitiger gelöst werden können und dass China zu einem besseren Verständnis mit seinen Nachbarländern findet und man ein größeres Vertrauen zueinander gewinnt. Konflikte mit ihnen ließen sich eher lösen. Und damit könnte eine friedliche Voraussetzung für die wirtschaftliche Entwicklung aller Nachbarländer geschaffen werden können.

Kapitel 6

Die Bereiche der Zusammenarbeit

Die Länder entlang der Route „Ein Gürtel, Eine Straße" verfügen über unterschiedliche Ressourcen und können einander wirtschaftlich gut ergänzen. Aus diesem Grund sind das Potenzial und der Spielraum für die Zusammenarbeit sehr groß und die Bereiche der Zusammenarbeit sind deshalb sehr umfangreich. (aus „Visionen und Aktionen", IV. Schwerpunkte der Zusammenarbeit, Abs. 1).

Das Konzept „Ein Gürtel, Eine Straße" beschränkt sich nicht auf den offenen und freien Handel und problemlose grenzüberschreitende Investitionen, sondern man will durch einen ausgebreiteten Austausch in erster Linie eine Zusammenarbeit unabhängig von kommerziellen Interessen und eine Regulierung aller Probleme innerhalb der wirtschaftlichen Zusammenarbeit ermöglichen. Denn viele Aspekte bedingen und beeinflussen sich wechselseitig.

Man wird gegenseitig neue Investitionsbereiche erschließen und eine intensivere Zusammenarbeit in Bereichen wie Land-, Forst- und Viehwirtschaft, Fischerei, Landmaschinenbau sowie im Anbau und in der Verarbeitung von Agrarprodukten durchführen. Auch die Kooperation in der Aquakultur, in der Hochseefischerei, bei der Verarbeitung von Fischerei- und Algenprodukten, in der Entsalzung des Meerwassers, in der Biopharmazie, beim maritimen Ingenieurwesen, im Umweltschutz und beim maritimen Tourismus ist nachhaltig zu fördern.

6.1. Politische Kommunikationen

Politische Kommunikation. Die Verstärkung der politischen Kommunikation stellt eine wichtige Garantie für den Ausbau des Projekts „Ein Gürtel, Eine Straße" dar. Man soll die Zusammenarbeit zwischen den Regierungen intensivieren, mehrstufige Strukturen für die makropolitische Kommunikation und den Austausch zwischen den Regierungen energisch betreiben, die Interessenverschmelzung vertiefen, das gegenseitige politische Vertrauen fördern und einen neuen Konsens für die Zusammenarbeit erzielen (aus „Visionen und Aktionen", IV. Schwerpunkte der Zusammenarbeit, Abs. 2).

Von den oben genannten Punkten ist eine politische Verständigung der wichtigste, weil letztlich entscheidende Punkt. Denn sie erst ebnet die Wege für alle anderen Aspekte und dient als der Ermöglichungsgrund für die Verwirklichung der anderen Aspekte des Konzepts „Ein Gürtel, Eine Straße". Nach einem „Bericht über die chinesischen Unternehmer im Ausland" aus dem Jahr 2014 haben 25% der chinesischen Unternehmer aufgrund erheblicher Beschränkungen durch politische Vorschriften und Unterlassungsregelungen in den jeweiligen Ländern ihr angestrebtes Ziel nicht erreichen können. Da überdies die meisten der vom Konzept „Ein Gürtel, Eine Straße" betroffenen Länder zu Entwicklungsländern unterschiedlicher politischer Systeme zählen, stellen sie deshalb für Investoren ein besonderes Risiko dar. Hinzu kommen noch die Probleme, dass einige Großmächte ihre Auseinandersetzungen in die Gebiete des mittleren Ostens verlagern, und der Umstand, dass die lokalen Regierungen ständig wechseln. Von verlässlich funktionierenden Rechtsstaaten sind viele Länder in dieser Region weit entfernt. Dies alles wirft auf das Konzept „Ein Gürtel, Eine Straße" einen dunklen Schatten. Deshalb gilt hier der Imperativ ernstlicher Bemühung um eine bessere politische Verständigung mit diesen Ländern, um ein verlässlicheres Vertrauensklima zu schaffen, welches die Länder an der Seidenstraße dazu befähigt, ihre Politik entsprechend projektbezogen auszurichten und eine reibungslose Realisierung des Konzepts „Ein Gürtel, Eine Straße" zu ermöglichen.

Alle Länder entlang der Route könnten sich miteinander eingehend über die Strategien und Maßnahmen zur wirtschaftlichen Entwicklung austauschen und sie aufeinander abstimmen, gemeinsam die Planungen und Maßnahmen zur regionalen Zusammenarbeit ausarbeiten und voranbringen, die Probleme bei der Zusammenarbeit durch Konsultationen lösen und gemeinsam die praktische Zusammenarbeit und die Durchführung

von Großprojekten politisch absegnen (aus „Visionen und Aktionen", IV. Schwerpunkte der Zusammenarbeit, Abs. 2).

Die politische Verständigung fördert die rationalen Bestimmungen der Regierungen entlang der Seidenstraße. Durch gegenseitiges politisches Vertrauen und Vertiefung der Verschmelzung der Interessen der einzelnen Regionen sollten eine Reihe Koordinationsbestimmungen von oben verabschiedet werden, um die reibungslose Umsetzung des Konzeptes „Ein Gürtel, Eine Straße" zu garantieren.

Zurzeit wurden entlang der Regionen von „Ein Gürtel, Eine Straße" zahlreiche verschiedene Institutionen der politischen Kooperation. Die Regierungsoberhaupte der Asiatischen und Europäischen Gipfelkonferenz, der Internationalen Kooperation der Neuen Euroasien-Brücke, der Shanghaier Organisation der Zusammenarbeit treffen sich regelmäßig mit den Führungskräften der Kooperationsinstitutionen. Beispielsweise inoffizielle Konferenzen der Führungskräfte der Asean-Staaten, Konferenzen der Minister, Konferenzen der oberen Funktionäre usw.

Auch die Führungskräfte der pazifischen Wirtschaftsorganisation tagen regelmäßig. Darüber hinaus gibt es auch Konferenzen der Minister und hohen Funktionäre aller betroffenen Länder. Auch die Konferenz Chinas und der Asean-Staaten („10+1") tagt regelmäßig. Doch der Umfang einer politischen Verständigung beschränkt sich bis jetzt in der Regel ausschließlich auf höhere Gremien und ihre theoretischen Diskussionen. Man vermisst hier noch eine Beteiligung der lokalen Institutionen. Außerdem funktioniert eine Verständigung untereinander auf der Ebene der Institutionen noch nicht. Stattdessen blockieren diese sich oft nur. Deshalb bedarf es im Hinblick auf eine durchaus mögliche politische Verständigung auf den bereits existierenden höheren Institutionen noch weiterer und vermittelnder Institutionen auf lokaler Ebene, gerade auch zwischen den Städten und Regionen, die unbedingt ins Leben gerufen werden müssten, will man diesen Zweck einer politischen Verständigung auf breiter Basis erreichen. Eine politische Verständigung sollte möglichst unter mehreren Staaten und auf mehreren Ebenen stattfinden. China als der Initiator und als ein Land, welches verantwortungsbewusst fürs Konzept des Ausbaus von „Ein Gürtel, Eine Straße" eintritt, wird dabei nicht auf schnellen Profit achten, sondern eine langfristige wirtschaftliche Wirkung im Blick haben. Außerdem wird China dabei nicht nur das eigene Interesse verfolgen, sondern auch die gemeinsamen Interessen anderer Länder berücksichtigen. Beim Konzept des Ausbaus von „Ein Gürtel, Eine Straße" wird China keine Führungsposition anstreben, sondern den wechselseitigen Vorteil aller beteiligten Länder im Blick behalten. China wird die Perspektiven der Gemeinsamkeit und Langfristigkeit berücksichtigen und zu entsprechenden Kompromissen bereit sein.

6.2. Infrastrukturelles Verbindungsnetz

Der Ausbau eines infrastrukturellen Verbindungsnetzes genießt beim Ausbau des Projekts „Ein Gürtel, Eine Straße" hohe Priorität. Auf der Grundlage der Achtung der jeweiligen nationalen Souveränität und Sicherheitsinteressen sollten die Länder entlang der Route ihre jeweiligen Ausbaupläne für die Infrastruktur und ihr technisches Normensystem aufeinander abstimmen, um gemeinsam die Ausbauarbeiten für internationale Hauptverkehrs- und Transportwege voranzutreiben und schrittweise ein Infrastrukturnetz zu schaffen, das verschiedene asiatische Subregionen sowie Asien, Europa und Afrika miteinander verbindet. Beim Bau, Betrieb und Management von Infrastrukturanlagen soll die kohlenstoffarme Verarbeitung betont werden, um auch auf diesem Weg dem Klimawandel zu begegnen (aus „Visionen und Aktionen", IV. Schwerpunkte der Zusammenarbeit, Abs. 3).

Bis heute sind die Verkehrsverbindungen zwischen den Ländern innerhalb Asiens und Europas und auch zwischen asiatischen und europäischen Kontinenten keineswegs in einem zufriedenstellenden Zustand. Es ist ein offenkundig allgemeines Phänomen, dass die Straßenverbindungen und Verbindungen der Eisenbahnlinien zwischen den Ländern unterbrochen werden. Nicht nur der Grenzkontrollen wegen sind diese Wege nicht durchlässig. Es gibt dafür auch manche andere Gründe. Einerseits befinden sich zahlreiche asiatische und europäische Transportwege aus politischen und wirtschaftlichen Gründen in einem unzumutbaren Zustand und erlauben nur eine eingeschränkte Nutzung. Und bei vielen Verkehrsverbindungen sind veraltete Einrichtungen die Ursachen für zu hohe Transportkosten. Andererseits sind die Einrichtungen der Verkehrswege der einzelnen Länder unterschiedlich, und jedes Land hat einen anderen technischen Maßstab. Nehmen wir das Beispiel Russland. Die Gleisbreite der Eisenbahnlinie von Russland und einigen Ländern der ehemaligen Sowjetunion beträgt 1520 mm, wogegen sich viele andere europäische Länder wie auch China an das internationale Standardmaß von 1435 mm halten. Vor allem fehlen an vielen wichtigen Knotenpunkten überhaupt passable Verkehrsstrecken. An vielen Engpässen kommt man nur noch fürchterlich schleppend voran. Dies alles macht einen flüssigen und reibungslosen Transport unmöglich und verlängert die Distanz zwischen den Ländern.

Die Absicht eines Ausbaus der Verkehrswege liegt dem Konzept „Ein Gürtel, Eine Straße" zufolge nicht einfach darin, neue Straßen in den Bergen und Brücken übers Wasser zu bauen, sondern zugleich bei solchen Aktionen den Grundsatz umweltfreundlicher Arbeit zu beachten. Beim Ausbau neuer Verkehrswege werden umweltschonende Fahrzeuge und Züge eingesetzt. Schließlich soll ein völlig modernes, umweltfreundliches, effizientes, durchlässiges, breites und lückenlos verbundenes Verbindungsnetz für den Verkehr im asiatischen und europäischen Kontinent entstehen.

6.2.1. Bau des Verkehrsnetzes

Bei der Verkehrsinfrastruktur sollen wichtige Durchgangsstraßen, Verkehrsknotenpunkte und andere Schwerpunktprojekte eine zentrale Rolle spielen. Vorrangig sollen die noch fehlenden Verbindungsstrecken angelegt und Engpässe entlastet sowie die Anlagen zur Verkehrssicherheit und -regelung komplettiert werden, um die Passierbarkeit der Straßen zu verbessern. Man wird zudem eine einheitliche Koordinationsstruktur für den Transport auf der ganzen Strecke einrichten und damit die organische Verbindung von internationaler Zollabfertigung, Verladung von Gütern und der Nutzung verschiedener Transportmittel fördern (aus „Visionen und Aktionen", IV. Schwerpunkte der Zusammenarbeit, Abs. 4).

Der Ausbau der Verkehrswege und deren Vernetzung sind die entscheidende Voraussetzung und der Brennpunkt für den Ausbau der Infrastruktur. Dabei muss man zuerst die Lücken in diesem Verkehrsnetz aufspüren und beseitigen, um Staus zu verhindern. Fehlende Strecken sind neu zu konzipieren und die Engpässe durchlässig zu machen. Dabei sollten alle Transportmöglichkeiten wie die Luft- und Seefahrt, der Straßen- und Schienenverkehr gleichzeitig bedacht werden und ein internationales, niveaufreies, effizientes, digitalgesteuertes Verkehrsnetz entstehen. Dabei muss man die Herausforderungen von „Hardware" und „Software" erfüllen. Bei der Hardware handelt es sich um einen verstärkten Ausbau der Infrastruktur wie der kontinentalen Transportverbindungen, der Transportwege im Wasser und in der Luftfahrt. Man muss darauf sehen, die Kapazität des Transports auf diesen Wegen zu erhöhen, die Einrichtungen der Straßen, Eisenbahnen, der Häfen und der Terminals der Flughäfen zu modernisieren und die Verbindungen zwischen den Seefahrthäfen und den Flughäfen und den kontinentalen Verkehrsknotenpunkten zu optimieren. Darüber hinaus muss man die Schutzmaßnahmen für die Sicherheit der Verkehrsverbindungen verbessern, damit diese ohne Risiko betrieben werden können.

Bei der Software geht es um den Bau eines modernen Verkehrssystems, wobei man die unterschiedlichen technischen Maßstäbe der Länder berücksichtigen muss. Das Hauptinteresse sollte der Modernisierung der internationalen Verkehrsverbindungen gelten, damit Probleme wie umständliche Zollformalitäten, langwierige Montageeinrichtungen und ineffektive Strategien vermieden werden. Ein modernes, gut vernetztes Verkehrssystem sollte einen reibungslosen Zolldurchgang und zügige Transporte garantieren können.

6.2.2. Ausbau der Vernetzung des Energietransports

Man wird die Zusammenarbeit hinsichtlich der energieinfrastrukturellen Verbindung verstärken, gemeinsam die Sicherheit der Transportwege wie der Öl- und Gaspipelines gewährleisten, den Aufbau von grenzüberschreitenden elektrizitätswirtschaftlichen Projekten und Stromfernleitungen fördern und die regionale Zusammenarbeit bei der Modernisierung von Stromnetzen aktiv durchführen (aus „Visionen und Aktionen", IV. Schwerpunkte der Zusammenarbeit, Abs. 5).

Der Ausbau der Infrastruktur und der Vernetzung der Transportwege für Energien ist von großer strategischer Bedeutung. Denn eine Garantie des Energietransports ermöglicht die Sicherheit aller Länder. In den „Ein Gürtel, Eine Straße" berührenden Ländern in Zentralasien und vor allem in den Regionen von Westasien herrschen viele instabile Elemente vor. Als Verkehrsknotenpunkt zwischen den drei Kontinenten Asiens, Europas und Afrikas und dem Indischen und Pazifischen Ozean ist diese geographische Lage von strategischer Bedeutung. Dies Gebiet gilt zugleich als eines der größten Ölproduzenten. Aber gerade auch deswegen ist Westasien eines der unruhigsten Gebiete der Welt. Die dortige instabile Situation bedroht die Sicherheit der Öltransportleitungen. Deshalb – so betont China – hat die Gewährleistung sicherer Transportwege für Öl und Gas beim Ausbau der Seidenstraße absolute Priorität. China achtet gemeinsam mit den Ländern entlang der Seidenstraße auf sichere Ölleitungen und Pipelines. Darüber hinaus wird China weiterhin an dem Prinzip festhalten, dass man wechselseitig voneinander Profit gewinnt und in diesem Sinne mit den Ländern der Rohstoffproduzenten hinsichtlich der Bearbeitung des Rohstoffs vor Ort zusammenarbeitet.

Bei Ausbau der Infrastruktur und der vorgesehenen Vernetzung der Transportwege spielen drei Aspekte eine entscheidende Rolle: Erstens sollten alle Straßen, Schienenstrecken, Schiff- und Seefahrtwege wie auch alle Energietransportleitungen und Stromleitungen „nahtlos verbunden" werden. Zweitens sollte man allen Ländern dank politischer Vergünstigungen für ihre Produktionen und den Handel gute Verbindungswege bereiten. Drittens wäre die kulturelle Verbindung zwischen den Menschen der Länder der Seidenstraße zu intensivieren und der Kulturaustausch zwischen den Völkern auf allen Ebenen zu beleben und zu fördern. Insofern sollte es „sichtbare und unsichtbare Verbindungen" geben.

6.2.3. Eine informative und kommunikative Seidenstraße

Der Netzwerkaufbau von grenzüberschreitenden Hauptleitungen der Telekommunikation wie Glasfaserkabeln wird gemeinsam vorangetrieben, um das Niveau der Verbindungen bei der internationalen Telekommunikation zu erhöhen und eine „ungehinderte informationstechnische Seidenstraße" zu gewährleisten. Zudem wird der Ausbau von bilateralen Glasfaserkabeln beschleunigt, das Projekt für interkontinentale Unterseekabel geplant und durchgeführt und das Satellitenkommunikationssystem vervollständigt, um den Austausch und die Zusammenarbeit im Informationsbereich zu erweitern (aus „Visionen und Aktionen", IV. Schwerpunkte der Zusammenarbeit, Abs. 6").

Der Netzwerkaufbau von grenzüberschreitenden Hauptleitungen der Telekommunikation wie Glasfaserkabeln wird gemeinsam vorangetrieben, um so das Verbindungsniveau der internationalen Telekommunikation zu erhöhen und eine „ungehinderte informationstechnische Seidenstraße" aufzubauen.

Zudem wird der Ausbau von bilateralen Glasfaserkabeln beschleunigt, das Projekt für interkontinentale Unterseekabel geplant und durchgeführt und das Satellitenkommunikationssystem vervollständigt, um den Austausch und die Zusammenarbeit im Informationsbereich zu erweitern.

Der Ausbau der kommunikativen Seidenstraße ist eine technische Säule der Vernetzung beim Ausbau der Infrastruktur und eine grundlegende Voraussetzung für die Modernisierung und Perfektionierung der Informationsvermittlung wie auch bei der Zusammenarbeit im Transport und der Energieversorgung. Unsere Zeitepoche ist eine Epoche der Informationen und Kommunikationen. Auch die digitale Vernetzung der Kommunikation und ein perfekter Informationstransfer auf der Seidenstraße haben enormen Einfluss auf den Ausbau von „Ein Gürtel, Eine Straße" und können die Zusammenarbeit der Länder in der Logistik und bei der Energieversorgung technisch unterstützen. Darüber hinaus können diese Faktoren der politischen Kommunikation den Handelsverbindungen und der Völkerverständigung aller Länder entlang der Seidenstraße „digitale Flügel" verleihen und die Verwirklichung der fünf Vernetzungen beschleunigen.

6.3. Freier Handelsverkehr

Die Zusammenarbeit in Investition und Handel bildet einen wichtigen Aspekt beim Ausbau des Projekts „Ein Gürtel, Eine Straße". Man soll sich für entsprechende Erleichterungen einsetzen sowie diesbezügliche Barrieren beseitigen, um ein gutes Umfeld für Investition und Handel in den jeweiligen Ländern und in der ganzen Region zu schaffen. China wird sich aktiv mit den Ländern und Gebieten entlang der Route über die Gründung von Freihandelszonen beraten, um ihr Entwicklungspotenzial freizusetzen und – metaphorisch ausgedrückt – die „Torte der Zusammenarbeit" möglichst groß und schmackhaft zu machen (aus „Visionen und Aktionen", IV. Schwerpunkte der Zusammenarbeit, Abs. 7).

Angesichts der neuen, veränderten globalen wirtschaftlichen Situation sind die internationalen Investitionen und der internationale Handel Propeller und Triebkraft fürs wirtschaftliche Wachstum und gleichzeitig auch zentral für die Zusammenarbeit zwischen den Ländern. Dies stellt sich anders dar als das traditionelle Modell wirtschaftlicher Zusammenarbeit zwischen den Ländern, welches auf Kompensierung der Schwächen und Stärken der jeweiligen Ressourcen ausgerichtet war. Bei diesem Modell der Seidenstraße hat man besonders darauf geachtet, dass die einzelnen Länder jeweils ihr Stärken optimal entfalten können. Statt der früher aufgebauten Hindernisse zwischen den Ländern sollten nun gerade die Verbindungsmöglichkeiten zwischen ihnen als Vorzug und besondere Stärke angesehen werden, denn gerade darin besteht die potentielle Chance einer Zusammenarbeit. Auf dieser Basis wird man auf der internationalen wirtschaftlichen Bühne noch konkurrenzfähiger. Zugleich werden durch Vernetzung der Infrastruktur zwischen den Ländern die Kosten für Handel und Investitionen gesenkt.

Generell handelt es sich beim durchlässigen und unbehinderten Handel um einen freien Handel und um eine Erleichterung der Investitionen. Beide Aspekte treten förderlich zusammen, und sie profitieren auch voneinander. Einerseits birgt die Investition in einem fremden Land aus Gründen unterschiedlicher Politik, Wirtschaft und Kultur und auf Grund von den Unternehmern sachlich fehlendem Wissen über das Zielland viele Risikofaktoren. Doch die größere Freiheit des Handels trägt dazu bei, dass immer öfter ein wirtschaftlicher Austausch innerhalb einer Region stattfindet. Und dadurch wird auch entsprechendes „Wissen" vermittelt, womit für eine Investition in anderen Ländern vorteilhafte Bedingungen eintreten können. Andererseits kann eine stattliche Investition vielen Branchen, die seither nichts mit dem Handel zu tun haben, zur Entfaltung verhelfen und deren Konkurrenzfähigkeit stärken, schließlich sogar den Handel fördern. Die Finanzkrise 2008 hat für die internationale Wirtschaft große Einbußen gebracht, wodurch sich die Situation für den internationalen Handel und die internationale Investition immens verschlechtert hat. Zahlreiche Behinderungen des Handels und der Investitionen verzögern einen raschen Vorgang wirtschaftlicher Erholung von dieser Krise. Angesichts dieser Situation hat man in der Deklaration „Willen und Handlungen" ernstlich dafür plädiert, Lösungen für die Probleme in diesem Bereich zu bedenken, dass der Handel zwischen den Ländern und die Investition im Ausland erleichtert wird und dass die Handelsbehinderungen beseitigt werden und so wieder eine günstigere Situation für die Wirtschaft und den Handel zwischen den Ländern entstehen kann. Schließlich sollte es doch gelingen, offene und freie Handelszonen zu schaffen und damit den oben erwähnten „großen Kuchen" an der Seidenstraße zu backen.

6.3.1. Freier Handel

Man muss die Barrikaden für den Zoll beseitigen, die Transparenz der technischen Maßnahmenerhöhen, das Niveau der Erleichterung des freien Handels steigern, die Bereiche des Handels erweitern, die Struktur des Handels optimieren, das Wachstum der Handelsbilanz erhöhen, das Defizit zwischen Im–und Export beseitigen (aus „Visionen und Aktionen", IV. Schwerpunkte der Zusammenarbeit, Abs. 8-9).

Freier Handel ist einer der Schwerpunkte. Seit der Wirtschaftkrise wurden immer höhere Zollbarrikaden gebaut. Dies verhindert den internationalen Handel. Zur gleichen Zeit zeigt sich die Struktur des Handels mangelhaft. Oft gibt es ein riesiges Defizit des Handels. Dies alles führt oft zu Konflikten. Um Handelsfreiheit zu gewährleisten, ist es deshalb höchste Zeit, die Zollbarrikaden zu beseitigen, die Handelsstruktur zu optimieren, das Handelsdefizit zu beseitigen. Die Zusammenarbeit hinsichtlich der Handelsfreiheit konzentriert sich auf folgende zwei Punkte.

(1) Beseitigung von Handelshindernissen

Nach den Verhandlungen in Uruguay haben die Länder den Zoll für Importe zwar erheblich gesenkt, aber dafür viele verschiedene andere Hindernisse eingeführt, so dass dadurch der internationale Handel erheblich erschwert worden ist. Solche Probleme, auch wenn sie Fragen des Zolls nicht betreffen (Non-tariff-barrier), bestehen hauptsächlich in der Form umständlicher Grenzübergangsformalitäten und betreffen das Einfuhrverbot, Einschränkungen des Handels von Technik (TBT), sanitäre und pflanzenschutzrechtliche Maßnahmen (SPS) sowie Barrikaden für den Transfer der Dienstleistungen.

Solche umständlichen Grenzübergangsformalitäten bringen einen unnötigen Zeitaufwand und zunehmende Kosten mit sich, so dass die Handelsprodukte letztlich nicht mehr konkurrenzfähig sind. Hinsichtlich der Einschränkungen des Handels mit Technik müssen die Handelsprodukte bestimmte Kriterien erfüllen, zahlreiche diffizile technische und strenge hygienische Kontrollen über sich ergehen lassen, womit die Einfuhr hier praktisch unmöglich wird. Bei den „sanitären und pflanzenschutzrechtlichen Maßnahmen" (SPS) handelt es sich um ein Einfuhrverbot von Produkten, welche die von der SPS festgelegten Kriterien nicht erfüllen. Eigentlich dienen die Maßnahmen der SPS dazu, die Gesundheit von Menschen, Tieren und Pflanzen zu schützen. Doch für deren Anwendung fehlen klare und einheitliche Regeln. Auch mangelt es hier an Transparenz, sodass diese Maßnahmen der SPS nur ein großes und nicht zu überwindendes Hindernis für den freien Handel darstellen.

Angesichts der vielen derartigen Barrikaden mit ihren intransparenten Regelungen (selbst außerhalb der Zollbestimmungen) ist der Tatbestand diskriminierender Elemente kaum zu leugnen. Und ihre Auswirkungen sind noch verheerender als die der Zollbarrikaden. So sind Protektionsmaßnahmen für den Handel eine immer gängigere Methode geworden. Was China betrifft, so sind es hier vor allem technische Hürden, die für den chinesischen Export die größten Probleme mit sich bringen. Denn diese sind sehr umfassend und schwer überschaubar, haben zudem in den letzten Jahren erheblich zugenommen.

Die bei der WTO angemeldeten technischen Maßnahmen sind im Jahr 2012 für 2216 Fälle registriert worden und haben seit dem Jahr 2001 um das Vierfache zugenommen. Für alle diese Maßnahmen gilt, dass sie für den internationalen Handel weitgehend hinderlich sind. Nehmen wir das Beispiel Chinas. Dem Bericht der chinesischen Handelskammer zufolge sind im Jahr 2012 ungefähr 23,9% des Exports chinesischer Unternehmen durch verschiedene ausländische technische Maßnahmen blockiert worden, was einen immensen Schaden von 6,85 Milliarden Dollar verursacht hat. Der direkte Schaden betrug 3.34% des gesamten Exportvolumens. Die technischen Maßnahmen der EU haben den chinesischen Export am meisten beeinträchtigt. Der direkte Schaden betrug 32,6% des jährlichen gesamten Verlustes. Viele chinesische Exportprodukte fallen gerade unter diese Kategorie technischer Maßnahmen der EU mit verheerenden Folgen für chinesische Unternehmen.

(2) Optimierung der Handelsstruktur

Es wird angestrebt, die Handelsbereiche zu erweitern, die Handelsstruktur zu optimieren, neue Wachstumsfelder des Handels zu erschließen und die Handelsbalance zu fördern. Man wird zudem die Handelsformen erneuern und neue Geschäftsmodelle wie den grenzüberschreitenden E-Commerce entwickeln.

Ein Förderungssystem für den Dienstleistungshandel wird etabliert und vervollständigt, um einerseits den traditionellen Handel zu konsolidieren und auszubauen und andererseits tatkräftig den modernen Dienstleistungshandel anzukurbeln. Die Investitionen und der Handel sind organisch miteinander zu verbinden, um den Handel durch Investitionen zu fördern (aus „Visionen und Aktionen", IV. Schwerpunkte der Zusammenarbeit, Abs.10).

Die irrationale Handelsstruktur ist schon lange ein großes Problem für China und für viele andere Entwicklungsländer. Sie ist zugleich auch der Zündstoff für zahlreiche Streitigkeiten beim Handel. Viele Entwicklungsländer exportieren meistens Waren, deren Produktion viele Arbeitskräfte und Energien beansprucht. Da die meisten von ihnen viele technische Bedingungen erfüllen müssen, sind sie nicht konkurrenzfähig. Zum Beispiel ist die Handelsstruktur Chinas nicht rationell; denn man konzentriert sich zu stark auf die Verarbeitungsindustrie, während der Handel im Dienstleistungsbereich nur schleppend vorankommt. Außerdem sind viele Betriebe in der Leichtindustrie weitgehend vom Export abhängig. Dies verhindert nicht nur eine gesunde Entwicklung der nationalen Wirtschaft, sondern provoziert oft genug eine Auseinandersetzung und führt zu Eskalationen im Handel mit anderen Ländern.

Auf der anderen Seite sind die Differenzen von Import und Export auch Zündstoff für Streitigkeiten im Handel. Vor 2008, als die Handelsdifferenzen zwischen der EU und China immer größer wurden, hat es innerhalb der EU auch eine wachsende Befürwortung der Einführung von Barrikaden gegen den chinesischen Import gegeben. Seither nehmen die Auseinandersetzungen im Handel zwischen den

EU-Ländern und China ständig zu. Nach 2008 hat sich aufgrund der Schuldenkrise der EU die Handelsdifferenz zwischen den EU-Ländern und China allmählich verringert, doch ist sie immer noch eine verborgene Gefahr und Anlass für die Auseinandersetzungen im internationalen Handel geblieben. Gerade deshalb zählen eine Verbesserung als Korrektur der Handelsstruktur und das Ausbalancieren zwischen Import und Export im Handel zu den Schwerpunkten des Konzepts „Ein Gürtel, Eine Straße".

6.3.2. Die Erleichterung der grenzüberschreitenden Investitionen

Man soll die Erleichterung von Investitionen beschleunigen und Investitionsbarrieren beseitigen. Die bilateralen Beratungen über Investitionsschutz- und Doppelbesteuerungsabkommen werden intensiviert, um die legitimen Rechte und Interessen der Investoren zu wahren. Dies wird in „Visionen und Aktionen" gefordert.

Die Erleichterung der grenzüberschreitenden Investitionen ist ein anderer Schwerpunkt beim geplanten „ungehinderten Handel". Im Vergleich mit der herkömmlichen Art und Weise der Kooperation im Handel kann eine Zusammenarbeit der Investoren und ihren Investitionen durch eine Branchenumwandlung, den Ausbau von Produktionsserien und den Einsatz neuer Technologie die Produktionen des Ziellandes vorantreiben. Sie kann auch dazu beitragen, dass die Produktivität erhöht, neue Arbeitsplätze geschaffen und dadurch die Lebensumstände der Bevölkerung und des Produktionsumfeldes im Zielland verbessert, der Handel beflügelt und der Handel zwischen den Ländern der Investoren und den Zielländern ausgeweitet werden.

Die heutigen Barrikaden für grenzüberschreitende Investitionen konzentrieren sich auf folgende zwei Aspekte: Erstens fehlen zurzeit hinreichend effektive Schutzbestimmungen für beide Seiten. Außerdem belasten gelegentlich doppelte Steuerbelastungen aufgrund der unterschiedlichen Steuersysteme die Investoren. Darüber hinaus gibt es bei den grenzüberschreitenden Investitionen drei Probleme: einmal den jeweils hindernisreichen Vorgang einer Genehmigung der Investition, sodann das Problem ihrer Realisierung und das ihres möglichen Widerrufs. Deshalb gibt es noch viel zu tun in diesem Bereich. Wenn solche Barrikaden beseitigt werden könnten, dann könnten die Länder entlang „Ein Gürtel, Eine Straße" ihre Investitionsbereiche problemlos erweitern. Und schließlich sollte damit sodann eine neue Situation der internationalen wirtschaftlichen Zusammenarbeit entstehen.

(1) Vervollständigung der bilateralen Verträge zum Schutz der Investitionen

Normalerweise sollten Verträge zum Schutz der beiderseitigen Investoren eine Reihe wichtiger Bestimmungen wie die der Genehmigung der Investitionen, der Behandlung der Investoren und der Lösung vorfallender Konflikte umfassen.

Doch anders als die entwickelten Länder, die im Verhandeln beiderseitiger Verträge ein großes Erfahrungswissen und dadurch oft die Oberhand haben, kommen Entwicklungsländer in dieser Hinsicht nur erst tastend voran. Deshalb müssen die Entwicklungsländer hier noch viel nachholen und mutig für ihre Rechte kämpfen, um die Voraussetzung für rationale Lösungen der Probleme zu erreichen und um schließlich bei Verhandlungen über den Schutz der Investitionen die Oberhand gewinnen und die grenzüberschreitenden Investitionen erleichtern zu können.

Mit einer Vermehrung der grenzüberschreitenden Konzerne werden die grenzüberschreitenden Investitionen letztlich zum Paradefall. Doch führt dies zu einer anderen Hürde der grenzüberschreitenden Investitionen, nämlich zum Hindernis doppelter Steuereinnahmen. Abgesehen von den ganz wenigen steuerfreien „Oasen" oder den immerhin nur niedrige Steuern verlangenden Ländern praktizieren die meisten Länder der Welt das System der Einkommensteuern. Da nun die Bestimmungen für den akzeptierten Umfang und die hierfür vorgesehenen Bereiche der fraglichen einzelnen Länder unterschiedlich lauten, müssen die grenzüberschreitenden Investoren wegen solcher differenter Anerkennungskriterien im eigenen Land und im Zielland oft Steuern zahlen. Das führt eben zu belastenden Doppelsteuern. Und diese Doppelsteuern gehen offensichtlich zu Lasten aller grenzüberschreitenden Investoren und erhöhen deren Investitionsrisiken.

(2) Beseitigung der Investitionsbarrieren

Viele Entwicklungsländer wie Indien, Mexiko und auch einige Länder der Asean-Staaten erklären einige Sektionen als Verbotsgebiete für ausländische Investitionen kraft staatlicher Gesetze. Oder sie versuchen, durch Einschränkungen für den Aktienerwerb potentieller ausländischer Investoren Hürden aufzubauen. Oder sie verlangen von den potentiellen Investoren, Arbeitskräfte des Ziellandes vor Ort zu beschäftigen. Im Unterschied zu den Entwicklungsländern aber treten die Hürden der entwickelten Länder bei grenzüberschreitenden Investitionen nicht so offensichtlich und direkt in Erscheinung, erweisen sich insofern als nicht so transparent. Man denke hier nur an die USA. Die Amerikaner unterziehen die ausländischen Unternehmer einer sehr kritischen Prüfung und nennen oft den Schutz des eigenen Landes als Gründe für eine Ablehnung. So können die ausländischen Investoren vor einer derartigen Prüfung nie einschätzen, ob sich für sie das Tor der USA öffnet. Derartige Hürden der entwickelten Länder sind in der Tat besonders schwer zu überwinden. Beispielsweise sind in den fünf Jahren zwischen 2007 und 2011 insgesamt 68 chinesische Unternehmer an solchen fragwürdigen Hürden gescheitert und haben dadurch enorme Verluste für ihre Unternehmen hinnehmen müssen.

Solche absichtlich errichteten Hürden machen nicht nur eine Vertiefung der wirtschaftlichen Zusammenarbeit unmöglich, sie unterdrücken auch eine Mobilisierung des wirtschaftlichen Potenzials.

Auf diesem Grund hat das Konzept „Ein Gürtel, Eine Straße" dafür appelliert, die Investitionsvorgänge zu vereinfachen und zu beschleunigen und die möglichen Hürden für Investitionen auszuräumen. Gleichzeitig will China auch umgekehrt „Unternehmer aller Länder willkommen heißen, in China zu investieren".

Viele Hürden der grenzüberschreitenden Investitionen sind deswegen entstanden, weil man einen Grund für die Gewährleistung der eigenen Interessen des jeweiligen einzelnen Landes geltend gemacht hat. Ein weiterer Grund liegt vielleicht darin, dass manche ausländische Investoren zu kurzsichtig handeln und lediglich gierig nach raschem eigenen Profit streben, wobei sie die Sitten und Gebräuche des Ziellandes nicht berücksichtigen, die Umwelt vor Ort zerstören und damit ihrer sozialen Verantwortung nicht nachkommen, was zur Folge hat, dass die Menschen vor Ort unzufrieden sind und die betreffenden Länder schließlich für Investitionen Hindernisse in den Weg legen. Im Hinblick auf diese Situation hat die Deklaration „Visionen und Aktionen" die chinesischen Unternehmer aufgefordert, ihre Unternehmen nach der ausländischen Betriebskultur vor Ort zu führen.

China begrüßt Investitionen von Unternehmen aus allen Ländern und ermutigt gleichzeitig auch seine eigenen Unternehmen, Investitionen in Bereichen der Infrastruktur und Industrie in den Ländern entlang der Seidenstraße zu tätigen. Die Unternehmen werden darin unterstützt, nach den Prinzipien der Gastländer zu agieren und ihnen bei der wirtschaftlichen Entwicklung, der Schaffung von Arbeitsplätzen und der Verbesserung des Lebensstandards zu helfen. Sie sollen außerdem aus eigener Initiative gesellschaftliche Verantwortung übernehmen und großen Wert auf Schutz und Bewahrung der Artenvielfalt und auf den Umweltschutz legen.

(3) Die Zusammenarbeit in der Förderung der Produktionskapazität

Man wird die Arbeitsteilung und die Standortverteilung der Industrieketten optimieren, die koordinierte Entwicklung von Industriezweigen am oberen und unteren Ende der Produktionskette sowie von verwandten Industriebetrieben fördern, die Gründung von Systemen für Forschung und Entwicklung sowie für Produktion und Vertrieb unterstützen, um die Fähigkeit zur Entwicklung und Umsetzung von Maßnahmen, die die Industriezweige und die umfassende Konkurrenzfähigkeit der Region mobilisieren, anzustacheln. Die gegenseitige Öffnung des Dienstleistungssektors wird erweitert, um seine Entwicklung in der Region voranzutreiben. Ferner sind neue Modelle für Investitionskooperationen zu erforschen. Der gemeinsame Aufbau von verschiedenen Industrieparks wie z. B. Wirtschafts- und Handelszonen im Ausland sowie kooperierende Wirtschaftszonen in Grenzgebieten wird unterstützt, um dadurch die Entwicklung von Industrieclustern zu fördern. Bei Investition und Handel soll man das Umweltbewusstsein betonen und die Zusammenarbeit im Umweltschutz, in der Bewahrung der Artenvielfalt und im Klimaschutz forcieren, um gemeinsam eine „grüne Seidenstraße" auszubauen.

6.4. Finanzanlagen

6.4.1. Vertiefungder Zusammenarbeit im Finanzwesen

Freier Kapitalverkehr. Freier Kapitalverkehr ist eine wichtige Unterstützung für den Ausbau des Projekts „Ein Gürtel, Eine Straße". Zur Vertiefung der Zusammenarbeit im Finanzbereich wird der Aufbau eines Systems zur Währungsstabilisierung, des Investitions- und Finanzierungssystems sowie des Kreditsystems in Asien gefördert. Der Umfang und das Ausmaß des bilateralen Währungstausches und der Abrechnung in Währungen der jeweiligen Länder ent-lang der Route werden vergrößert, und die Öffnung und Entwicklung des asiatischen Anleihemarkts wird gefördert. Die Vorbereitungsarbeiten für die Asiatische Infrastruktur-Investitionsbank (AIIB) und die BRICS-Entwicklungsbank werden gemeinsam vorangebracht, die Beratungen über die Gründung einer SOZ-Finanzierungsinstitution (Shanghaier Organisation für Zusammenarbeit) durchgeführt und die Errichtung und Inbetriebnahme des Seidenstraßen-Fonds beschleunigt. Die pragmatische Zusammenarbeit im China-ASEAN und im SOZ-Bankenverband wird vertieft, und die multilaterale Zusammenarbeit im Finanzbereich wie Gewährung von Konsortial- und Bankkrediten durchge-führt. Die Regierungen der Länder entlang der Route so-wie ihre Unternehmen und Finanzinstitutionen mit höherer Kreditwürdigkeit werden unterstützt, RMB-Anleihen in China zu emittieren. Chinesische Finanzinstitutionen und Unternehmen, die entsprechenden Anforderungen genügen, dürfen auch im Ausland Anleihen in RMB oder ausländi-schen Währungen ausgeben; sie werden dazu ermuntert, die in den Ländern entlang der Route beschafften Geldmittel auch dort zu investieren (aus „Visionen und Aktionen", IV. Schwerpunkte der Zusammenarbeit, Abs. 15).

Das Finanzwesen und die Wirtschaft sind vergleichbar mit den beiden Seiten einer Münze. Eine stabile Wirtschaft kann die Entwicklung des Finanzwesens fördern, während eine gesunde Finanzsituation dazu bei-trägt, dass das Kapital in verschiedenen Bereichen und unterschiedlichen Produktionsfächern zweckmäßig fließen kann. Dies ermöglicht wiederum eine Verbesserung der Verteilung der Ressourcen, erhöht die Effektivität ihrer Nutzung und verschafft schließlich der wirtschaftlichen Entwicklung durch Kapitalzuwachs eine mächtige Schubkraft.

Deshalb sind die Begründung eines stabilen asiatischen Währungssystems, eines intakten Kapitalwesens, Kreditsystems und Aufsichtssystems wesentliche Komponenten des Konzepts „Ein Gürtel, Eine Straße". Ein gesundes Kapitalsystem kann für die Projekte der Vernetzung der Infrastruktur ausreichende Mittel garantieren. Ein stabiles Währungssystem kann für einen reibungslosen Handel sorgen. Und ein funktionierendes Kredit- und Aufsichtssystem kann eine mögliche Finanzkrise vermeiden helfen. Im Zuge einer Etablierung aller dieser Systeme muss man auch noch die Kooperation in der Finanzaufsicht verstärken.

(1) Aufbau eines asiatischen stabilen Währungssystems

Nach dem Zweiten Weltkrieg hat das „Bretton Woods System" zwecks einer Belebung der Wirtschaft in der Zeit danach eine enorme finanzielle Unterstützung zugesichert. Doch zahlreiche Widersprüche in diesem System selbst und das „Triffin Dilemma" sind Ursache für viele Finanzkrisen geworden. Daraus kann man wir ersehen, dass ein stabiles und gesundes Währungssystem eine kontinuierliche Entwicklung aller Länder entlang der Seidenstraße garantieren können. Unter den Ländern, die das Konzept „Ein Gürtel, Eine Straße" betrifft, haben viele europäische Länder ein ziemlich gut aufgebautes Währungssystem, wogegen den asiatischen ein konstruktives und stabiles Währungssystem fehlt. Deshalb ist

der Aufbau eines derartigen Systems für die asiatischen Länder dringend geboten, damit die chinesische Währung endlich als gängige internationale Währung anerkannt werden und man die chinesischen Yuan frei wechseln kann. Zurzeit gehört China zu den größten Exportländern und repräsentiert die zweitgrößte Wirtschaft der Welt. Deshalb erwartet China natürlich, dass seine Währung bald vom Internationalen Währungsfond (IWF) in den Korb der so genannten „Sonderziehungsrechte" (d.h. einer Währung, die international als Zahlungsmittel verwendet werden kann) aufgenommen wird. Wenn dies geschieht, dann gewinnt die chinesische Währung international einen qualitativ höheren Rang. Zurzeit werden mehr als 13% des chinesischen Handelsvolumens mit RMB verrechnet. Nach der Statistik der „Society for Worldwide Interbank Financial Telecommunications" (SWIFT) im Dezember 2014 wird RMB fortan die zweitgrößte Währung der Welt im Finanzwesen, die fünftgrößte Währung beim Handel und die sechstgrößte Währung in Devisengeschäften.

Dem Konzept des Ausbaus der Seidenstraße ist es letztlich zuzuschreiben, dass der chinesischen Währung künftig die Bedeutung einer internationalen Währung auf der Welt zukommen wird.

(2) Aufbau eines gesunden Kapitalwesens

Der freie Kapitalverkehr dient hauptsächlich der wirtschaftlichen Entwicklung. Und ein gut funktionierendes System des Kapitalverkehrs ist der Kern der wirtschaftlichen Entwicklung im Bankenwesen. Beim Kapitalsystem sollte man deshalb die verschiedenen Quellen für den Zugang zum Kapitalbeachten. Einerseits sollte man die Gründung einer Plattform der dritten Partei ermöglichen. Diese Methode der dritten Partei bedeutet für viele ziemlich hohe Kosten, aber die ist bei der Praxis ziemlich flexibel. Dabei sollte man mit den vorhandenen Finanzinstitutionen

zusammenarbeiten; beispielsweise „das Zusammenwirken der Gemeinschaftsbank der China-Asean Staaten und der Shanghaier Union Bank vertiefen". Die Vorbereitungsarbeiten für die Gründung der Asiatischen Infrastruktur-Investitionsbank (AIIB) und der BRICS – Entwicklungsbank haben begonnen und werden gemeinsam betrieben. Andererseits muss man den Markt der Staatsanleihenpapiere erschließen und fortentwickeln. Diese werden zwar stark vom Finanzkapital beschränkt, und es herrscht ein sehr strenges Prüfsystem. Doch der Vorteil liegt darin, dass man auf einmal ziemlich hohe Summen erlangen kann. Im Vergleich zu europäischen und amerikanischen Staaten ist die Methode, mittels Staatsanleihenpapieren an Kapital zu gelangen, noch nicht sehr populär. Außerdem gibt es auf dem asiatischen Markt für Staatsanleihenpapiere extreme Differenzen, sodass die Vorteile für den Kapitalgewinn durch Staatsanleihenpapiere überhaupt nicht genutzt werden können. Darüber hinaus hat sich die chinesische RMB, die in Asien als Hauptwährung fungiert, noch nicht in der ganzen Welt durchgesetzt. So können die chinesischen Staatsanleihenpapiere nicht ihre Wirkung entfalten. Deshalb forderte „Visionen und Aktionen" die Erschließung und Entwicklung der asiatischen Märkte der Staatsanleihenpapiere. Die Regierungen der Länder entlang der Seidenstraße sowie ihre Unternehmen und Finanzinstitutionen mit höherer Kreditwürdigkeit sind gehalten, RMB-Anleihen in China in Verkehr zu bringen. Chinesische Finanzinstitutionen und Unternehmen, die entsprechenden Anforderungen genügen, dürfen auch im Ausland mit Anleihen in RMB oder ausländischen Währungen ebenso verfahren; sie werden dazu aufgefordert, die in den Ländern entlang der Seidenstraße beschafften Geldmittel auch dort zu investieren.

Die üblichen Wege, durch einen Handel mit Wertpapieren Kapital zu bilden, haben immer auch bestimmte Schwachpunkte. Auf dem Kapitalmarkt der entwickelten Länder Amerikas und Europas ist der herkömmliche Handel mit festverzinslichen Wertpapieren noch nicht unbedingt ein erfolgversprechender Weg für eine Kapitalbildung. Bei den asiatischen Märkten ist der Wertpapierhandel nur innerhalb eines geschlossenen Raumes, nicht aber für den ganzen Weltmarkt offen; und so kann der Wertpapierhandel auch hier keine großen Vorteile mit sich bringen. China erhofft sich deshalb eine weltweite Öffnung des Marktes für den Wertpapierhandel dadurch, dass man Wertpapiere international mit chinesischer Währung, der wichtigsten asiatischen Währung, erwerben kann. Leider ist dies gegenwärtig noch nicht der Fall. Nach der Deklaration „Visionen und Aktionen" mobilisiert China die Regierungen, die vertrauenswürdigen Unternehmen und Finanzinstitutionen entlang der Seidenstraße, in China Wertpapiere in RMB zu verkaufen. Auch die chinesischen Finanzinstitutionen und Betriebe, die bestimmte Voraussetzungen erfüllen, dürfen im Ausland den Handel mit Wertpapieren sowohl in RMB als auch in ausländischer Währung betreiben. China mobilisiert mithin alle Länder, durch diese Methoden Investitionskapital zu bilden.

6.4.2. Die Verstärkung der Zusammenarbeit bei der Aufsicht im Finanzwesen

Zwecks einer intensiven Zusammenarbeit bei der Finanzaufsicht wird die Unterzeichnung von entsprechenden bilateralen Grundsatzvereinbarungen (MoU) vorbereitet und schrittweise eine hocheffiziente Koordinationsstruktur zur Finanzaufsicht in der Region etabliert. Außerdem werden Systeme zur Vermeidung von Risiken und zu Verfahrensweise in Krisen perfektioniert, ein regionales Frühwarnsystem für Finanzrisiken sowie Austausch- und Kooperationsstrukturen zur Abwehr grenzüberschreitender Risiken und Krisen etabliert. Der Austausch und die Zusammenarbeit zwischen den Kreditprüfungsbehörden und -institutionen sowie Ratingagenturen werden verstärkt und die Funktion der Seidenstraßen-Fonds und der Staatsfonds einzelner Länder voll zur Geltung gebracht. Das Private Equity (Stammaktien-) und das öffentliche Kapital werden dazu bestimmt, gemeinsam für die Umsetzung von Schwerpunktprojekten im Rahmen des Konzepts „Ein Gürtel, Eine Straße" eingesetzt zu werden (aus „Visionen und Aktionen", IV. Schwerpunkte der Zusammenarbeit, Abs. 16).

Die Finanzkrise in Asien im Jahr 1997 hat der ostasiatischen Wirtschaft erhebliche Verluste eingetragen. Die Schuldenkrise der USA im Jahr 2008 hat die globale Wirtschaft in einen trüben Teich der Stagnation hineingezogen. Diesen Umständen, gleich ob es sich hier um das ziemlich rückständige Finanzwesen der Entwicklungsländer oder um das hochentwickelte Finanzwesen der USA handelt, ist abzulesen: Solange es an effektiv arbeitenden Institutionen, die Risiken entgegensteuern, mangelt, sind Heimsuchungen durch schleichende Finanzkrisen offensichtlich eine Gefahr. Und wenn dies gleichwohl geschehen sollte, dann würde die Welle der Finanzkrise in einem bisher nie erreichten Tempo alle Länder und Wirtschaftsgemeinschaften treffen, weil diese derart stark voneinander abhängig sind. Deshalb ist der „Basel Vertrag" im Jahr 2010 in der Absicht, die Verwaltung im Falle eines Risikos besser zu organisieren, auf den neuen Stand (3.0) renoviert worden, um damit die Risikowelle im Bankwesen aufzuhalten und die Abwehr einer möglichen Finanzkrise zu verstärken.

Beim Ausbau von „Ein Gürtel, Eine Straße" werden die Länder im Finanzwesen noch enger zusammenarbeiten, was aber auch das Risiko erhöht, dass bei einer Finanzkrise andere Länder entlang der Seidenstraße sofort mit angesteckt würden. Deshalb ist es von großer Bedeutung, ein wirklich effektives und perfektes Kreditwesen aufzubauen und ein Aufsicht- und Kontrollsystem im Finanzwesen einzurichten, damit man gegen eine mögliche grenzüberschreitende Finanzkrise immun bleiben kann.

6.5. Völkerverständigung

Die Völkerverständigung ist die soziale Basis für den Ausbau von „Ein Gürtel, Eine Straße". Dabei sollte der alte traditionelle Geist der legendären Seidenstraße, der Geist freundlicher Zusammenarbeit, kontinuierlich fortleben. Man sollte durch kulturelle Veranstaltungen, wissenschaftlichen Austausch, Zusammenarbeit der Fachkräfte, Kooperation in den Medien, in den Jugendorganisationen und Frauenvereinigungen eine stabile Basis für die bilaterale oder auch mehrseitige Zusammenarbeit schaffen (aus „Visionen und Aktionen", IV. Schwerpunkte der Zusammenarbeit, Abs. 17).

Der Parteigeneralsekretär Xi Jinping hat in zahlreichen außenpolitischen Angelegenheiten mehrfach erklärt, eine herzliche und verbindliche Beziehung zwischen den Völkern konstruktiv und unverzichtbar. Doch die Realität zeigt, dass man in dieser Hinsicht noch vor einer Herausforderung steht.

6.5.1. Die Herausforderung der Völkerverständigung angesichts der Realität

Das Thema der Völkerverständigung ist früher vernachlässigt worden. Man hat nie gründlich nachgedacht und recherchiert, was die Herzen der Bevölkerungen entlang der Seidenstraße bewegt, welche ideologische Basis die Völker verbindet und wie man die Herzen der Völker gewinnt. Wenn man all das versäumt, kann man schwerlich in der Völkerverständigung einen Erfolg erwarten. Es kommt noch erschwerend hinzu, dass der kulturelle Unterschied zwischen den Ländern mit großer Bevölkerungszahl entlang „Ein Gürtel, Eine Straße" enorm groß ist. Vor allem jedoch die religiösen Differenzen. Wie sollten die chinesischen Unternehmen und Bürger mit den Menschen solcher Länder umgehen? Wie können sie die Herzen der Menschen gewinnen? Mit solchen Fragen sind durchaus Probleme verbunden; vor allem mangelt es bei vielen an Erfahrung, wie man mit religiösen Gemeinschaften umgehen sollte. Außerdem gibt es hier noch keine Forschungserkenntnisse. Es gibt in China wohl viele Forschungen über die Länder der „Dritten Welt", doch betreffen sie meist sehr allgemeine Fragen. Es mangelt schließlich an konkreten Forschungen über die speziellen Eigenschaften und Besonderheiten eines Landes. Entlang der Seidenstraße erstrecken sich so viele Länder der „Dritten Welt", doch gründliche Forschungen sind rar. Mit dem ständig steigenden Lebensstandard der Chinesen verändern sich schließlich auch nach und nach die Einstellungen der Menschen. Wollen die Chinesen, die in den Seidenstraßenländern leben, sich hier wirklich integrieren, die Ansichten der Bevölkerung aufnehmen und deren Innenwelt verstehen?

6.5.2. Die Herzen der Völker entlang „Ein Gürtel, Eine Straße" gewinnen

Worin besteht der Volkswille in den Ländern entlang der Seidenstraße? Wie kann man die Herzen dieser Völker bewegen? Das sind bedeutende Fragen, welche für eine „Außenpolitik der Herzen der Bevölkerungen" von grundlegender Relevanz zu sein scheinen.

(A) Wiederauflebung der Asiatischen Werte und der Zivilisation der Seidenstraße.

Im Jahr 2014 hat der Parteigeneralsekretär Xi Jinping während seines Besuchs in Indien gesagt: „Der tausend Jahre alte Denkens und philosophische Charakter der beiden Länder ist sehr ähnlich". Der chinesische Botschafter in Amman Yu Fulong hat erklärt, die von Konfuzius betonten Lebenswerte wie Nächstenliebe, Gerechtigkeit, Sittlichkeit, Weisheit und Aufrichtigkeit entsprechen genau der Lebensphilosophie von „Toleranz, Verständnis und Zusammenleben", wie sie die Jordanien vertreten. Wie treten solche analogen Werte im Leben der Menschen konkret in Erscheinung? Wie beeinflussen solche ideologischen Anschauungen das Leben der Bevölkerungen entlang der Seidenstraße? Oder anders gefragt: Worauf zielen die Erwartungen und Hoffnungen der Menschen in diesen Regionen?

Wenn man solche Fragen bedenkt, dann versucht man in die Herzen der Menschen hineinzuschauen. In der Praxis des Ausbaus von „Ein Gürtel, Eine Straße" muss man alle diese Fragen, die die Weltanschauungen und das Innenleben der Bevölkerung dieser Länder entlang der Seidenstraße betreffen, durchaus beachten. Man sollte mit großem Enthusiasmus und Verständnis den entsprechenden Ländern zur individuellen Entfaltung ihrer Zivilisation verhelfen. Vor allem muss man die Zivilisationsgeschichte der Seidenstraße intensiver erforschen und in diesem Lichte die Wiederbelebung dieser Straße nachhaltig befördern.

(B) Die Herzen der Bevölkerungen bewegen.

In seinem Geschichtsbuch „Shiji" beurteilt der Autor Si Maqian die Periode der „Chunqiu"-Dynastie folgendermaßen: „Wenn man das kultur-geschichtlich Alte pflegt, erhaltene historische Überreste renoviert oder mit derartigen Ausgrabungen geschichtliche Erinnerungen weckt, dann kann man die Herzen der Menschen am meisten bewegen". Viele Länder entlang der Seidenstraße verfügen über eine lange und alte Geschichte und teilen mit den Chinesen analoge historische Erinnerungen an ihre alte Zivilisation und großartige Geschichte. Der Forscher Zheng Yongnian hat einmal ge-sagt: „Mit der Expansion der westlichen Religion, Kultur, Wirtschaft und Politik nach Westafrika hat die westliche Welt das Schicksal der Menschen in Westafrika fest in ihre eigene Hand bekommen, sodass Westafrika sich fortan in eine passive Rolle gedrängt sieht, entweder ganz schweigt oder nur kleinlaut seine Unzufriedenheit zu äußern wagt. Die westliche Welt hat den westafrikanischen Ländern ihre religiösen und politischen Weltanschauungen aufgezwungen. Was die westafrikanischen Länder vom Westen aufgenommen haben, sind nur solche Vorstellungen und Gedanken, vom Westen lernen zu wollen, die westliche Zivilisation aufzunehmen und die eigene über Bord zu werfen". Gerade dies wollen die Chinesen nicht nachahmen. Vielmehr sollte man anders als der Westen vorgehen und den Ländern entlang der Seidenstraße tunlichst helfen, ihre eigenen verschütte-ten und vergessenen Geschichten und Kulturen wieder auszugraben und die Erinnerungen an ihre alte Zivilisation wiederzubeleben. Auf diese Weise kann man die Herzen der Bevölkerungen bewegen und für sich gewinnen.

(C) „Gegenseitige Anerkennung" zwischen den Kulturen.

Wie kann man auf die Völkerverständigung bei diesen Länder entlang der Seidenstraße hinsichtlich ihrer unterschiedlichen Kulturen und geschichtli-chen Hintergründe positiv Einfluss nehmen? Darauf hat Si Maqian schon in seinem Geschichtsbuch „Siji" eine Antwort gefunden, und man kann über-dies seinen Beschreibungen über die Hunnen einige Impulse abgewinnen. Als er die Kulturausprägungen der Han-Chinesen und der Hunnen beschrie-ben hat, ist er in den Erzählungen seines Buchs beidseitig verfahren und hat die Han-Chinesen über die Hunnen und über sich selbst, andererseits die Hunnen über die Han-Chinesen und über sich selbst reden lassen. Er hat es damit dem Leser selber überlassen, sich ein Bild von diesen Kulturen zu ma-chen. Er kann allen Historikern als ein Musterbeispiel dafür dienen, wie man unterschiedliche Kulturen beleuchten und darstellen sollte. Er hat die chi-nesische Kultur nicht als eine den „Barbaren" gegenüber entschieden über-legene imaginiert, sondern als eine gleichberechtigte Kulturgeschichte. Er hat sogar versucht, die eigene Kulturgeschichte durch die Optik der Hunnen reflektiert zu betrachten. Und heute? Sind die chinesischen Unternehmen, die chinesischen Medien und Chinas Bevölkerung wie Si Maqian fähig, die Völker entlang der Seidenstraße mit ihren verschiedenen Kulturen als „gleichberechtigt" und gleichwertig zu betrachten? Die Realität scheint dem zu widersprechen und verspricht nicht gerade optimistisch zu sein. Die chinesischen Berichterstattungen über das Konzept „Ein Gürtel, Eine Straße" konzentrieren und beschränken sich zumeist einseitig auf die Hauptmelodie einer Lobhudelei und „herzlicher Umarmung" und erschöpfen sich in rhetorischer Begeisterung über dies Konzept. Doch von allen anderen Stimmen aus den Ländern entlang der Seidenstraße will niemand etwas hören oder gehört haben. Damit verrät sich ein typisches Zeichen des Gefühls kultureller Überlegenheit und eines nazistischen Selbstlobs. Dies trägt nicht unbedingt dazu bei, die Herzen der Bevölkerungen entlang der Seidenstraße für sich zu gewinnen. Und leider ist dies eine allgemeine Erscheinung, die für die chinesischen Medien typisch und charakteristisch ist.

(D) Gemeinsame Förderung des Gerechten und Nützlichen.

In den Analekten („Lunyu") ist ein Spruch des Konfuzius zitiert worden, der über mehr als zweitausend Jahre seine Bestätigung gefunden hat: „Eine Handlung nur aus eigenem Interesse wird viel Unmut erzeugen". Darin steckt eine überall und allgemein gültige Wahrheit. Wenn man diesen Spruch aufs Prinzip der Völkerverständigung nach dem Konzept „Ein Gürtel, Eine Straße" überträgt, dann darf man nicht nur das eigene kommerzielle Interesse im Auge haben, sondern muss auch die intendierten freundschaftlichen Beziehungen beachten. Der Vizekonsul des türkischen Konsulats in Shanghai Mehmet Goksel hat einmal in einem Interview über die Zusammenarbeit beim Ausbau von „Ein Gürtel, Eine Straße" gesagt: „In der letzten Zeit sind wir zu zahlreichen Konferenzen und Sitzungen eingeladen worden. Doch da wurde fast nur über ‚Geschäfte machen' geredet. Wenn man unser Land, seine Menschen und unsere Kultur nicht kennt, kann man beim Geschäftemachen bestimmt keinen Erfolg erzielen." Deshalb sollte man beim Ausbau der Seidenstraße niemals die Pflege freundschaftlicher Beziehung zu einem Land, das Interesse an dessen Kultur und an ihren Menschen außer Acht lassen. Man muss die Vorstellungen und Erwartungen der Bevölkerungen entlang der Seidenstraße berücksichtigen und mit den Menschen dort herzlich umgehen. Ist also das kommerzielle Interesse nicht wichtig? In den Analekten („Lunyu") steht geschrieben: „Die Menschen streben instinktiv nach Reichtum und Wohlstand. Doch man muss auf korrektem Weg zum Reichtum kommen".

6.5.3. Wechselseitiges Verstehen der Kulturen

Für die Völkerverständigung ist ein Verstehen der unterschiedlichen Kulturen unabdingbar. Wenn man sich anderen Kulturen verständnisvoll öffnet, dann wird eine Verständigung leichter. Ohne ein solches Verstehen anderer Kulturen als Grundvoraussetzung muss man mit vielen Schwierigkeiten in der Begegnung mit anderen Menschen in anderen Ländern rechnen. Was den Vorgang des Verstehens einer anderen Kultur betrifft, so glaubt man einerseits Schritte unternehmen zu müssen, die ein besseres Verstehen der chinesischen Kultur für die Länder entlang der Seidenstraße ermöglichen. Anderseits sollte sich aber auch China bemühen, die Kulturen der Länder entlang der Seidenstraße zu verstehen. Hier sollte vermieden werden, einseitig nur die chinesische Kultur in andere Länder einzuführen und dort zu verbreiten. China darf nie den Eindruck erwecken, es erwarte von den anderen Ländern eine Kooperation und lediglich ein einseitiges Verständnis der eigenen Kultur. Im Gegenteil, die Chinesen sollten sich bemühen, die anderen Länder und Menschen zu verstehen. Dies scheint heutzutage die größte Herausforderung für China zu sein. Denn bisher hat meist der Staat die notwendigen Bedingungen für ein Verstehen Chinas durch andere Länder ermöglicht und entsprechende Voraussetzungen dafür geschaffen. Beispielsweise sind bis Dezember 2014 475 Konfuzius-Institute im Ausland eröffnet worden. Das Kultusministerium hat im Ausland mehr als 20 chinesische Kulturzentren gegründet. In vielen Ländern sind Veranstaltungen wie „das chinesische Jahr" organisiert worden. Alle diese Aktionen und Veranstaltungen haben dazu gedient, das chinesische Image im Ausland zu verbessern. Doch man sollte bei derartigen Veranstaltungen nicht oberflächlich bleiben wie etwa bei Tanzaufführungen, sondern solche Kulturveranstaltungen sollten die Herzen der Bevölkerungen im Ausland erreichen.

Damit China noch intensiver mit der Kultur der Länder entlang der Seidenstraße vertraut wird, kann man zwei Wege einschlagen: Man kann in diese Länder „hinausgehen" und sie „ins eigene Land einladen". Zuerst können die Chinesen diese Länder bereisen, um deren Kultur und Menschen vor Ort kennenzulernen. Man sollte Studenten bestimmter Universitäten und Experten der Forschungsinstitute tatkräftig ermuntern, direkt in diese Länder gehen, um vor Ort die Kulturen und Menschen der Länder entlang der Seidenstraße gründlich zu erforschen und kennenzulernen, und zwar aus heutiger Perspektive und unter historischen Aspekten. Was die Perspektive der Gegenwart betrifft, so muss man natürlich zuerst die Sprachen der entsprechenden Länder beherrschen, um sich in das Leben der Menschen integrieren zu können. In Forschungsprojekten sollte man besonders auf die Details achten und herausfinden, wie die Befindlichkeit der Menschen näher zu bestimmen ist. Was den historischen Aspekt angeht, so sollte man die Länder in ihrer heutigen Situation betrachten und fragen, inwiefern diese historisch geprägt ist. Hier hat man es mit verschiedenen Faktoren des geistigen Kulturerbes zu tun, mit kulturellen Erinnerungen und jeweils verschiedenen historischen Denkweisen. Mit der Parole „ins Land einladen" verbindet man die Vorstellung nicht nur einer Einladung entsprechender Fachleute aller möglichen Bereiche nach China, sondern auch eines breiten Austauschs. Dabei sollte nicht nur an einen Austausch zwischen chinesischen Experten und Experten aus den Bevölkerungen entlang der Seidenstraße gedacht werden, sondern auch an einen Austausch von Privatpersonen der allgemeinen Bevölkerung.

6.5.4. Die kulturelle Verständigung ist die Basis für die Völkerverständigung

Eine Völkerverständigung wird auf verschiedene Weise des konkreten menschlichen Umgangs miteinander, mittels Durchführung chinesischer Projekte im Ausland, durch Handel und Investitionen, durch Diplomatie, durch Tourismus, durch Auswanderungen und Eheschließungen u.a.m. zum Ausdruck gebracht. Dabei geht um ganz konkrete Dinge. Man muss solchen Umgang mit verschiedenen Menschen und Bevölkerungsgruppen in verschiedenen Bereichen fördern. Man muss beim kulturellen Austausch gut vorbereitet sein, beispielsweise durch den Erwerb interkultureller und kommunikativer Kompetenz in Trainings- und Fortbildungskursen. Man muss alle in Frage kommenden Personen vor ihrer Ausreise ins Ausland angemessen ausbilden und gezielt für ihre Tätigkeiten und für ihr Leben im Ausland vorbereiten. Die Konsulin des pakistanischen Konsulats Frau Farhat Ayesha hat vorgeschlagen: China sollte alles Personal der Unternehmen vor der Entsendung ins Ausland angemessen ausbilden. Diese Fachkräfte sollten lernen, die Kultur des Ziellandes zu respektieren. Sie sind schließlich repräsentative Vertreter Chinas. Durch sie wird das Bild Chinas ins Ausland gebracht. China muss sich ernstlich mit diesen Problemen beschäftigen und darüber nachdenken, wie man für globale Entwicklungen noch besser ausgerüstet werden kann."

6.5.5. Die chinesische Regierung braucht eine neue öffentliche Diplomatie für die Völkerverständigung

Dem Konzept „Ein Gürtel, Eine Straße" zufolge will China mit den Ländern entlang der Seidenstraße eine „Schicksalsgemeinschaft" begründen. Deshalb muss man die Erwartungen und Vorstellungen der Bevölkerungen dieser Länder kennen und strategisch weit vorausblickend betrachten. Will man die Herzen dieser Menschen erreichen, darf und kann man sich nicht mehr mit der alten und herkömmlichen Diplomatie begnügen, sondern muss hier innovativ werden und neue Wege einschlagen. Man sollte aus interkultureller Perspektive die Eigenarten kultureller Prägung der Bevölkerung erforschen. Auf der Basis derart gewonnener Erkenntnisse sollte unter Leitung der Regierung eine neue praktizierbare Taktik öffentlicher Diplomatie erprobt werden. Diese neue Taktik könnte durch eine Art kultureller Unterwanderung und durch wechselseitigen Austausch zwischen den Völkern umgesetzt werden. Daran sollten viele Faktoren beteiligt sein, Faktoren des Handels, der privaten Organisationen, der Medien, Hochschulen und Beratungsinstitutionen. Doch auch normale

Bürger sollten hier eine Rolle spielen. Die Regierung sollte nicht nur einen entsprechenden kulturellen Austausch zwischen den Völkern mobilisieren, sondern sich hier auch einiges einfallen lassen. Zum Beispiel die chinesischen Hochschulen ermutigen, bei ihren archäologischen Ausgrabungen und Erforschungen des historischen Kulturerbes der Länder entlang der Seidenstraße mit den Hochschulen vor Ort zusammenzuarbeiten, damit die durch den Westen lange Zeit unterdrückten und in Vergessenheit geratenen Erinnerungen an die historisch vermittelte Kultur dieser Länder wieder lebendig werden können. Es ist höchste Zeit, geeignete Bildungsinstitute für die Vermittlung interkultureller Kompetenzen zu etablieren, damit Diplomaten, Geschäftsleute und Unternehmer, die lange im Ausland arbeiten, und Arbeiter und Reiseleiter, die ins Ausland geschickt werden, gezielt sachgerecht ausgebildet werden können. Bei den wissenschaftlichen Forschungen sollten die Forschungsgebiete und Themen erweitert werden, wobei besonders darauf zu achten wäre, dass man die einzelnen Länder getrennt hinsichtlich ihrer individuellen Besonderheiten betrachtet. Man sollte Forschungsgruppen mit spezifischen Aufgaben in die unterschiedlichen Länder schicken, damit diese vor Ort vielseitige Untersuchungen bei der Bevölkerung entlang der Seidenstraße in allen Bereichen durchführen können. Diese wissenschaftlichen Forschungsergebnisse sollten dann in Form von wissenschaftlichen Fachbüchern veröffentlicht werden und als Lehrmaterialien dienen. Für solche Forschungen sollten wissenschaftliche Organisationen und Plattformen gegründet werden, damit die in allen möglichen Hochschulen und Forschungsinstituten tätigen Forscher ihre Forschungsergebnisse austauschen können, um auf diese Weise einen Überblick und einen Gesamteindruck von den Bevölkerungen der Länder entlang der Seidenstraße zu vermitteln. Außerdem sollte man die Überseechinesen, die schon lange in diesen Ländern leben, und diejenigen Menschen aus diesen Ländern, die schon längere Zeit in China leben, dafür gewinnen, dass sie ihre Erfahrungen für wissenschaftliche Forschungen bereitstellen.

Kapitel 7

Struktur der Kooperationen

7.1. Das Zusammenwirken von Regierung und Bevölkerung

Die Anzahl der Auslandsstudenten in den jeweiligen Ländern entlang der Seidenstraße wird erhöht und die Zusammenarbeit im Hochschulbereich verstärkt. China wird jährlich 10.000 Regierungsstipendien anbieten. Landesspezifische Kulturjahre, Kunst- und Filmfestivals sowie Fernsehwochen und Buchmessen werden veranstaltet und die Zusammenarbeit in der Produktion und Synchronisation hochwertiger Radioprogramme, Fernsehspiele und Filme gefördert. Man wird sich gemeinsam um die Aufnahme geeigneter Objekte in die Liste des UNESCO-Weltkulturerbes bewerben und entsprechende Schutzmaßnahmen ergreifen. Der Austausch und die Kooperation zwischen qualifizierten Fachkräften werden vertieft.

Die Zusammenarbeit sollte sich künftig keineswegs auf die staatlichen Behörden und Institutionen beschränken, sondern auch auf die inoffiziellen Organisationen der Länder entlang der Seidenstraße ausdehnen. In erster Linie sollte diese Arbeit dem Wohlbefinden der normalen Bevölkerung und der Gemeinnützigkeit dienen, z. B. hinsichtlich der Bildung, der Medizin, der Armutsbekämpfung, der Verbesserung der Produktions- und Lebensbedingungen, der Bewahrung der Vielfalt der Natur, des Umweltschutzes und anderer wohltätiger

Zwecke. Auch darf der internationale Austausch in den Medien keineswegs vernachlässigt werden. Man sollte das Netzwerk und andere neue Möglichkeiten der Medien optimal nutzen, um durch Verbreitung der öffentlichen Meinungen eine gute Atmosphäre zu schaffen (aus „Visionen und Aktionen", IV. Schwerpunkte der Zusammenarbeit, Abs.18, 24).

Für die Verwirklichung des Konzepts „Ein Gürtel, Eine Straße" ist es von großer Bedeutung, dass sowohl die Regierungen als auch die Bürger aller betroffenen Bevölkerungen dieses Konzept gut heißen und hinter ihm stehen.

7.1.1. Die wichtige Rolle der Regierung

Beim Ausbau von „Ein Gürtel, Eine Straße" kommt der Rolle der Regierung ein besonderes Gewicht zu. Denn sie muss Pläne entwerfen, Organisationen begründen und Dienstleistungen vermitteln, allseitig die Motivation für dies Konzept wecken und stimulieren, um dadurch nicht zuletzt eine störende Konkurrenz auszuschließen. Außerdem muss die Regierung durch ihre Regulierung einer funktionierenden Kooperation aller Instanzen die Möglichkeit einer Kooperation zwischen den Regionen mit unterschiedlichen Wirtschaftssystemen gewährleisten, um gegenseitige Blockaden zu verhindern, und nicht minder für die Chance optimaler Verwendung der vorhandenen Ressourcen sogen, indem sie beispielsweise auf eine effiziente Zusammenarbeit zwischen dem Staat und den regionalen Institutionen oder auch zwischen den chinesischen und den internationalen Institutionen achtet. Am Ende ist die Regierung für die Gesamtplanung verantwortlich und muss für ihren Einklang sorgen. Unter der Leitung der Regierung sollten in diesem Sinne Institutionen der Kommunikation und Kooperation zwischen dem Staat und den Bürgern der betreffenden Länder eingerichtet werden. Außerdem sollte die Regierung auch Organisationen der Informationsvermittlung gründen, die allen jederzeit für einen Abruf offenstehen.

7.1.2. Die Tatkraft der Bevölkerungen motivieren.

Um den Bau von „Ein Gürtel, Eine Straße" voranzutreiben, muss nicht nur die Regierung eine entscheidende Rolle spielen. Auch den Bürgern der betroffenen Bevölkerungen fällt hier eine kaum weniger bedeutsame Rolle zu.

(1) Die Entfaltung der Stärke der Hochschulen und Beratungsinstitutionen

Die Hochschulen und Beratungsinstitutionen haben allgemein hinreichend Erfahrungen bei der Zusammenarbeit und beim Austausch mit dem Ausland. Sie können beim Ausbau von „Ein Gürtel, Eine Straße" wirklich eine führende Rolle spielen. Momentan haben manche Hochschulen schon angefangen, mit den Ländern entlang der Seidenstraße bestimmte Projekte ins Werk zu setzen. So wird beispielsweise die von der Xian Jiaotong Universität gegründete „Hochschulgemeinschaft der Neuen Seidenstraße" ein Organisationsgremium für eine Kooperation in der Bildung konstituieren, damit die Hochschulen in Fragen der Ausbildung der begabten Studenten, in bestimmten Forschungsbereichen und in der kulturellen Verständigung in verschiedener Form und auf verschiedene Weise zusammenarbeiten können. Die Universität Ningxia hat das erste arabische Institut in China gegründet und das erste Diskussionsforum für Botschafter der arabischen Länder veranstaltet. Bei der Ausbildung von Fachkräften können die Hochschulen ihren Studienplan mit dem Konzept „Ein Gürtel, Eine Straße" verbinden, indem sie Fachkräfte für dessen Projekte ausbilden. Man denke hier beispielsweise gezielt an die Ausbildung hochqualifizierter Fachkräfte für die Länder entlang der Seidenstraße, an Experten in Politik, Handel und Forschung und auch in anderen Bereichen. Es dürfte nicht mehr lange dauern und man kann vielleicht schon bald unter dem führenden Personal der Länder entlang der Seidenstraße zahlreiche „China-Kenner" oder zumindest kenntnisreiche Chinasympathisanten" finden. Die chinesischen Beratungsinstitute thematisieren strategische und politische Fragen als Hauptobjekte der Forschung.

Die unkommerziellen Forschungs- und Beratungsinstitutionen sind ein wichtiger Bestandteil der staatlichen Institutionen. Beim Ausbau von „Ein Gürtel, Eine Straße" können diese eine große Bedeutung gewinnen. Sie können mit den Beratungsinstitutionen anderer Länder entlang der Seidenstraße zusammenarbeiten, um dadurch die politische Verständigung zwischen den Ländern zu fördern. Sie können auch mit den anderen Beratungsinstitutionen gemeinsam durch regen Austausch zu Konfliktlösungen kommen. Sie können auch für eine Aufklärung der Bevölkerungen der Länder entlang der Seidenstraße über das Konzept „Ein Gürtel, Eine Straße" dienlich sein und dazu beitragen, dass sie die Position Chinas und Chinas Appell besser verstehen, womit eine freundliche und also günstigere Voraussetzung für die Akzeptanz dieses Konzepts geschaffen wäre.

(2) Die Zusammenarbeit in den Medien der Länder entlang der Seidenstraße

Für die Zusammenarbeit der Medien zwischen den Ländern der Seidenstraße gibt es noch viel Spielraum, der aber auch dringend nötig ist. Denn seit langem dominieren hauptsächlich die westlichen Medien auf der internationalen Medienbühne, wodurch die Optik der ganzen Welt, was China und die anderen Länder der Seidenstraße angeht, durch die westlichen Medien und deren verborgene weltanschauliche Betrachtungsweise erheblich beeinflusst wird. Außerdem entsteht damit doch der Eindruck, die westlichen Medien wären die einzige Informationsquelle für die Länder der Seidenstraße.

Angesichts solcher Situation und bisher versäumter Möglichkeiten gibt es in diesem Bereich noch sehr viel nachzuholen. Man könnte zum Beispiel folgende gemeinsamen Institutionen ins Leben rufen. Zuerst könnten die Medien der Länder entlang der Seidenstraße gemeinsam eine neue Plattform gründen, von der aus ihre Stimmen laut erschallen sollten. Dabei könnten sie ihre Erfahrungen mit internationalen Informationsvermittlungen austauschen und sammeln. Darüber hinaus sollte man eine Plattform gründen, von der aus die charakteristischen kulturellen Dokumente der Länder der Seidenstraße bekannt gemacht werden können. Außerdem sollte China seine beliebten Fernsehprogramme, literarischen Werke, Theaterstücke und Filme dem Ausland bereitstellen sowie dort Messen und andere kulturelle Veranstaltungen organisieren.

(3) Die besondere Rolle zivilgesellschaftlichen Organisationen (NGOs) zur Entfaltung bringen.

Die privaten Organisationen können beim Ausbau von „Ein Gürtel, Eine Straße" viel bewirken. Beispielsweise könnten sie, schon bevor die Projekte für die Seidenstraße umgesetzt werden, in das jeweilige Zielland gehen, vor Ort vielseitige Informationen einholen und psychologisch prüfen, ob hier Wege für die Realisierung bestimmter Projekte geebnet sind. Solche Organisationen könnten als eine Art Konvoi für den Ausbau der Seidenstraße fungieren. In manchen Fällen unerwartet auftretender Schwierigkeiten und Konflikte könnten sie möglicherweise als Schlichter fungieren und dafür sorgen, dass Missverständnisse und Unmut schnell beseitigt werden können. Diese Organisationen könnten auch die Rolle eines Sozialarbeiters spielen, der die Menschen über die Projekte aufklärt und ihnen verrät, welche Vorteile sie ihnen bringen können. Chinesische Unternehmen waren oft mit manchen Hilfsprojekten dienlich, doch hat man sich dabei zu sehr auf Bauarbeiten konzentriert und die Sozialarbeit vernachlässigt. Dies führt hat oft dazu geführt, dass viel Geld ausgegeben worden ist und dass man durchaus viel für ein Land geleistet hat, aber mit dem Resultat, dass die Menschen, denen solche Hilfe zustatten gekommen, diese Arbeit trotzdem nicht anerkannt haben. In derartigen Fällen könnten private und inoffizielle Organisationen einspringen und die Menschen auf die Bedeutung der Hilfsprojekte aufmerksam machen.

Forscher, welche die Durchführung des Ausbaus des chinesischen, bangladeschen, indischen und myanmarischen Wirtschaftskorridors kritisch analysiert haben, erheben die Forderung, dass der Völkerverständigung noch viel mehr Gewicht zukommen muss und die Bemühungen in dieser Angelegenheit noch zu verstärken sind, wobei die gerade apostrophierten privaten Organisationen vor Ort hier tatkräftig mithelfen könnten.

(4) Die Zusammenarbeit bei der Pflege des Weltkulturerbes muss vorangetrieben werden.

In letzter Zeit haben Gelehrte, die für das internationale Kulturerbe zuständig sind, erkannt, dass der Austausch und die Zusammenarbeit auf dem Gebiet des Kulturerbes sowie in der Verwaltung des gemeinsamen Kulturerbes der Länder das Vertrauen zwischen den betreffenden Ländern und Regionen nur nachhaltig fördern kann. Als ein Beispiel dafür mag folgender Fall dienen: China, Kasachstan und Kirgisistan haben gemeinsam und mit Erfolg einen Antrag für die Aufnahme „der Seidenstraße" als Weltkulturerbe gestellt, denn dieser Antrag ist angenommen worden. Die Seidenstraße ist tatsächlich in die Liste der Objekte des Weltkulturerbes aufgenommen worden. Im Vergleich mit anderen Methoden des Austausches kann eine solche langfristige Zusammenarbeit der Pflege und Verwaltung des gemeinsamen Kulturerbes viel mehr bewirken und folgenreich sein. Man darf hier metaphorisch von einer Art geräuschloser Bewässerung der Beziehungen zwischen den Ländern sprechen.

Gemeinsamer Schutz und gemeinsame Pflege von Objekten des Kulturerbes können die Herzen der Menschen bewegen. Der ehemalige Sonderbeauftragte Wu Sike hat Katar und Oman im Mittleren Osten als Beispiel genommen und vom Besuch des Außenministers Katars in China erzählt, dieser habe zum chinesischen Außenminister Wang Yi gesagt: „Das Konzept ‚Ein Gürtel, Eine Straße' kann sehr leicht die Herzen der Einwohner unserer beiden Ländern berühren". Der Staat Oman plant im Hafen Salalah, wo der chinesische Admiral Zhenghe mit großen Flotten bei seinen Expeditionen siebenmal angelegt hatte, einen Park zur Erinnerung an ihn zu bauen.

Hinsichtlich der länderübergreifenden Objekte des Kulturerbes kann man folgendermaßen vorgehen: Die Zusammenarbeit der Länder entlang der Seidenstraße sollte hier intensiviert werden, man sollte mit den Museen dieser Länder gemeinsam Ausstellungen über die Seidenstraße veranstalten, Diplomaten der Länder entlang der Seidenstraße einladen, an Diskussionsforen der Seidenstraße teilzunehmen, mit den Experten dieser Länder gemeinsam die Geschichte der Zivilisation an der Seidenstraße erforschen und deren Bedeutung öffentlich bekannt machen. Der Parteigeneralsekretär Xi Jinping hat kürzlich mit Recht gesagt: „Man sollte sich nicht damit begnügen, die Schönheit der Kulturerbe-Objekte zu genießen, man muss vielmehr die dahinter verborgene Bedeutung des Geistes erkennen."

(5) Die Zusammenarbeit im Tourismus der Länder entlang der Seidenstraße verstärken.

Der Tourismus ermöglicht einen direkten Kontakt zwischen den Bevölkerungen der Länder. Deshalb sollte auf diesem Sektor noch mehr unternommen werden. Beispielsweise wäre an neue Modelle der Zusammenarbeit zwischen den Regionen zu denken. Jede Provinz, jede Region sollte die Vorzüge der geographischen Lage für die Belebung des Tourismus nutzen, ihre landschaftlichen Reize betonen, und offenherzig und zuversichtlich mit den Ländern der Seidenstraße in dieser Hinsicht kooperieren und gemeinsame Regelungen einführen, die den Touristen zugutekommen.

Entlang der Seidenstraße gibt es viele Objekte des Weltkulturerbes. Dort leben viele verschiedene ethnische Gruppen. Die Landschaften sind vielfältig und oft eigenartig. Und dies alles sind Attraktionen für den Tourismus. Man könnte eine Tourismuswoche oder auch einen Tourismusmonat mit wechselseitigen Veranstaltungen einplanen und so Touristen jeweils in die anderen Länder locken. Man könnte versuchen, die Visaformalitäten für Touristen zu vereinfachen. Auch kann man mit den Asean-Staaten zusammenarbeiten, um internationale Touristenrouten entlang der alten Seefahrtseidenstraße zu erschließen.

7.2. Die Zusammenarbeit zwischen den Institutionen der Länder

Die Zusammenarbeit zwischen den Institutionen der einzelnen Länder entlang der Seidenstraße muss vielseitig auf allen Ebenen und in jeder Hinsicht ausgeweitet werden. Hier sollten zunächst manche Kooperationen als nachahmenswerte Musterbeispiele fungieren. Eine gut funktionierende Zusammenarbeit zwischen den Institutionen zweier oder mehrerer Länder könnte für die definitive Realisierung von Projekten des Ausbaus der Seidenstraße von großer Bedeutung sein.

Die Funktion der bestehenden multilateralen Kooperationsstrukturen, darunter die Shanghaier Organisation für Zusammenarbeit (SOZ), China-ASEAN (10+1), die Asiatisch-Pazifische Wirtschaftsgemeinschaft (APEC), das Asia-Europe Meeting (ASEM), der Asia Cooperation Dialogue (ACD), die Konferenz über Zusammenarbeit und vertrauensbildende Maßnahmen in Asien (CICA), das Forum für chinesisch-arabische Zusammenarbeit, der Strategische Dialog zwischen China und dem Golf-Kooperationsrat, die Great Mekong

Subregion (GMS) sowie die **Central Asia Regional Economic Cooperation (CAREC)**, wird verstärkt entfaltet, um die Kommunikation mit den betroffenen Ländern zu verbessern sowie mehr Länder und Gebiete zu motivieren, am Aufbau von „Ein Gürtel, Eine Straße" teilzunehmen (aus „Visionen und Aktionen", V. Kooperationsstrukturen, Abs. 2, 3).

7.2.1. Die Grundprinzipien der Win-Win-Zusammenarbeit

Das Konzept „Ein Gürtel, Eine Straße" ist zwar von China zuerst entwickelt worden, doch dessen Verwirklichung betrifft keineswegs China allein; abgesehen davon, dass China dies niemals allein in die Tat umsetzen könnte. Im Vergleich zu anderen früheren und gemeinsamen regionalen Projekten in der Welt handelt es sich beim Ausbau der Seidenstraße nicht um ein reines Hilfsprojekt. China will mit mehr als 60 asiatischen, europäischen und afrikanischen Ländern entlang „Ein Gürtel, Eine Straße" nach den Prinzipien gemeinsamer Handelsbeziehungen, eines gemeinsamen Ausbaus und gemeinsamer Gewinnbeteiligung aller Länder die Wirtschaftsverhältnisse in diesen Ländern verbessern und fortentwickeln. China will mit allen diesen Ländern unterschiedlicher wirtschaftlicher und sozialer Situation, unterschiedlicher kultureller Hintergründe und Interessen kooperieren.

7.2.2. Der Schwerpunkt sollte auf den Beziehungen zwischen den Ländern liegen.

Unmittelbar nach dem Eintritt ins 21. Jahrhundert hat China das Bild „friedlicher, freundschaftlicher und reicher Nachbarn" beschworen. Und in diesem Sinne betreibt China eine Politik, welche die Prinzipien wie „die Nachbarn als Partner behandeln" und „gütig zu den Nachbarn sein" beherzigt. Und China pflegt entsprechend freundschaftliche Beziehungen und akzentuiert in der politischen Praxis Kooperationen mit den Nachbarländern. Inzwischen sind zahlreiche Institutionen zwischen den Ländern und verschiedene Komitees und Joint Komitees mit unterschiedlichen Funktionen begründet worden. Hierzu gehören etwa das Technische Komitee zwischen China und den Asean-Staaten, das Komitee der Handelskooperation zwischen China und den Asean-Staaten, das Komitee der Handelskooperation zwischen China und Bangladesch, das Komitee der technischen Innovation zwischen China und Israel, das Komitee der Kooperation der Agrarlandwirtschaft zwischen China und Argentinien, das Komitee der Kooperation der Seefahrt zwischen China und Sri Lanka, das Komitee des Handels zwischen China und der EU. Darüber hinaus gibt es noch zahlreiche Joint Komitees, die sich ausdrücklich um die Angelegenheiten des Handels zwischen den Ländern kümmern. Auch gibt es viele Kooperationskomitees unterschiedlicher Ausrichtung, die jeweils mit bestimmten Branchen zu tun haben. Die Beratungskomitees unterstützen die Zusammenarbeit bei der Umsetzung der abgeschlossenen Verträge zwischen den Ländern. Die Verwaltungskomitees behandeln die Verständigungsprobleme zwischen den Ländern. Dank dieser Institutionen entsteht für alle beteiligten Länder ein Klima, das eine friedliche, gleichberechtigte und vertrauenswürdige Atmosphäre ermöglicht und den Länder dazu verhilft, aus der Perspektive gemeinsamer Interessen untereinander zu handeln.

(1) Durch gemeinsame Institutionen die Projekte entwerfen.

Viele Organisationen der Zusammenarbeit zwischen den Ländern sind auf private Initiative hin entstanden. Doch die Regierungen können hier ihren Einfluss geltend machen und solche Zusammenarbeit ihrerseits fördern. Im Dezember 2014 haben das Komitee für staatliche Entwicklung und Reformen Chinas und das Wirtschaftsministerium von Kasachstan „das Memorandum für das gemeinsame Vorantreiben des wirtschaftlichen Ausbaus der Seidenstraße" unterzeichnet. Unmittelbar nachdem das chinesische Konzept des Ausbaus der Seidenstraße öffentlich bekannt gemacht worden ist, hat auch Kirgisistan diesen Appell unterstützt. Im August 2014 hat Usbekistan aktiv an den Vorbereitungsgesprächen für die Gründung der Asiatischen Infrastruktur-Investitionsbank teilgenommen. Darüber hinaus hat Usbekistan den Bau der Eisenbahnlinien zwischen China, Kirgisistan und Usbekistan beschleunigt. Im Jahr 2014 haben China, Turkmenistan und Kasachstan die gemeinsame Deklaration unterzeichnet, in der die drei Länder die Kooperation für den gemeinsamen Ausbau der Seidenstraße angekündigt haben.

Dank solcher tatkräftigen staatlichen Unterstützung schließen sich immer mehr Länder und Institutionen zusammen, und viele beteiligte Länder haben – metaphorisch gesprochen – schon den ersten süßen Geschmack von einem solchen Zusammenwirken genossen. Im Mai 2014 ist das gemeinsame Projekt zwischen China und Kasachstan, ein Hafenterminal, offiziell eröffnet und in Betrieb genommen worden. Dies ist das erste Projekt einer Logistik zwischen Ländern beim Ausbau von „Ein Gürtel, Eine Straße". Inzwischen ist dieser Hafen für Zentralasien das Tor zum Meer geworden. China und Kasachstan werden auf dieser erfolgreichen Basis weitere Hafenterminals für den Gütertransport bauen. Im März 2015 haben China und Kasachstan wieder 33 zusätzliche Verträge über weitere gemeinsame Projekte abgeschlossen. Das Konzept „Ein Gürtel, Eine Straße" trägt also schon reichliche Früchte.

(2) Durch Institutionen zwischen den Ländern den Handel mobilisieren.

Das Konzept „Ein Gürtel, Eine Straße" intendiert eine Mobilisierung gemeinsamer Entwicklungen der Länder innerhalb bestimmter Regionen. Dafür muss man zuerst die Handelskooperation zwischen den Ländern entlang der Seidenstraße beflügeln. Durch die Wirtschaftszonen an den Grenzen zwischen den Ländern und die grenzüberschreitenden Wirtschaftszonen wie auch die ausländischen Handelszonen sollte der Handel weiter vorangetrieben werden. Auch sollten noch mehr neue, offene und freie Handelszonen eingerichtet werden, und – erneut metaphorisch gesprochen – deren Früchte sollten dann die Bevölkerungen der Länder entlang der Seidenstraße ernten. Bei der Errichtung der chinesischen und koreanischen freien und offenen Handelszone hat das koreanische Handelskomitee eine entscheidende Rolle gespielt. Die Verhandlungen über eine gleichartige chinesische und koreanische Handelszone haben im Mai 2012 begonnen, und im Juni 2015 ist der Vertrag offiziell unterzeichnet worden. Damit ist das chinesische und koreanische Projekt in eine neue Phase eingetreten. Doch ist das erst der Anfang. Ein Feuerfunken kann bekanntlich einen großen Waldbrand verursachen. Durch die zahlreichen multilateralen Institutionen erhalten noch mehr offene und freie Handelszonen Aufwind. Der Ausbau der Seidenstraße wird immer stärker seine Dynamik zeigen.

(3) Durch Institutionen zwischen den Ländern den kulturellen Austausch mobilisieren.

Um den kulturellen Austausch zwischen den Ländern voranzutreiben, hat China mit vielen Ländern Kulturwochen veranstaltet. In der Türkei, in der Republik Mongolei, in England und Frankreich hat man eine „Chinesische Kulturwoche" veranstaltet. Umgekehrt hat China auch im eigenen Land eine chinesische und mongolische sowie eine chinesische und französische Kulturwoche organisiert.

Zurzeit gibt es schon zahlreiche Institutionen in Form von bilateralen und multilateralen Handels-, Kultur-, Wissenschafts- und Kooperationskomitees, Beratungs- und Verwaltungskomitees zwischen den Ländern entlang der Seidenstraße. Und sie alle haben eine mehr oder weniger wichtige Rolle beim Ausbau der Seidenstraße gespielt.

7.2.3. Die multilateralen Institutionen können noch mehr ausrichten

China wird die bilaterale Zusammenarbeit verstärken, die Kommunikation und Beratung auf verschiedenen Ebenen und mittels verschiedener Wege durchführen, um eine umfassende Entwicklung bilateraler Beziehungen voranzubringen. China wird die Unterzeichnung von Kooperationsmemoranden bzw. Kooperationsplanungen fördern und eine Reihe von Vorzeigeprojekten für bilaterale Kooperationen entwickeln. Bilaterale Arbeitsstrukturen werden eingerichtet und perfektioniert, um in gemeinsamen Studien gewonnene Durchführungs- und Aktionspläne zum Ausbau des Konzepts „Ein Gürtel, Eine Straße" und deren Umsetzung zu fördern. Die Funktion der bereits existenten bilateralen Strukturen wie Kooperationskommissionen, der Kommissionen für die Wirtschafts- und Handelskooperation sowie

Koordinations-, Anleitungs- und Verwaltungskommissionen soll umfassend zur Geltung gebracht werden, um dadurch die Kooperationsprojekte koordiniert durchzuführen.

Um den Ausbau von „Ein Gürtel, Eine Straße" voranzutreiben, braucht man auch multilaterale Institutionen. Es gibt inzwischen schon einige solche Institutionen wie die Asien-Pazifik-Ökonomie-Kooperation (APEC), das Asean-Europa-Meeting (ASEM), die Shanghaier Organisation für Zusammenarbeit (SOZ), die China-Asean-Staaten („10+1"), den Asien-Cooperation-Dialog (ACD), die Asien-Information-Konferenz, die Captive Insurance Companies Association (CICA), die Greater Mekong Subregion (GMS), die Wirtschaftskooperation von Zentralasien (CAREC), u.a.m. Diese Organisationen betreffen alle wichtigen Länder der Welt und im Grunde auch beinahe alle Länder, die das Konzept der Seidenstraße erfasst.

Wenn jede Organisation ihre Handlungsfähigkeit optimal entfaltet, dann kann man alle Ideen für Problemlösungen verbinden und eine Gemeinschaft der gemeinsamen Interessen und gemeinsamen Schicksals bilden, die auf der Basis gegenseitigen Vertrauens, der Toleranz anderer Kulturen und wirtschaftlicher Integration gründet. Beispielsweise kann so die Asien-Pazifik-Ökonomie-Kooperation (APEC) ihre Funktion noch entschiedener erfüllen. Zurzeit umspannt die APEC 21 Mitgliedstaaten Nordamerikas, Südamerikas und der Länder am Pazifik. Deren Entwicklungsniveau ist sehr unterschiedlich, auch deren Sozialsysteme sind verschieden. Hinzu kommen noch unterschiedliche Religionen und Kulturen. Doch die APEC nutzt ihre Konsultationsmethoden und diskutiert über die globalen und regionalen wirtschaftlichen Themen und hat zur Förderung des regionalen Handels und zur Erleichterung der freien Investitionen viel beigetragen. Und sie hat dadurch beim Vorantreiben des globalen und regionalen wirtschaftlichen Wachstums aktiv gewirkt. China selbst hat dank seiner Mitgliedschaft in der APEC die eigene Entwicklung dynamisiert; und hat für die Wirtschaft der eigenen Regionen und der Welt viel geleistet. Deshalb will China seine guten Erfahrungen als Mitglied der APEC auch den anderen Ländern mitteilen. China hofft, dass das Konzept Shanghaier Organisation für Zusammenarbeit auch als ein Tagesthema bei der APEC besprochen wird und dass die APEC beim Ausbau der Seidenstraße eine tatkräftige Rolle spielt.

7.2.4. Kooperationsstrukturen

Gegenwärtig entwickelt sich die wirtschaftliche Integration weltweit schneller denn je, und die regionale Zusammenarbeit floriert. China wird sich die bestehenden bi- und multilateralen Kooperationsstrukturen ausgiebig zunutze machen, um den Aufbau von „Ein Gürtel, Eine Straße" sowie die lebhafte Entwicklung der regionalen Zusammenarbeit zu fördern.

7.3. Austauschorganisationen

Die konstruktive Funktion der regionalen und subregionalen Foren und Ausstellungen in den Ländern entlang der Seidenstraßen, darunter das Boao-Asienforum, die China-ASEAN-Expo, die China-Eurasien-Expo, das Euro-Asien-Wirtschaftsforum, die Chinesische internationale Messe für Investition und Handel, die China-Südasien-Expo, die Chinesisch-Arabische Expo, die Internationale Messe in Westchina, die China-Russland-Expo und das Qianhai-Kooperationsforum, wird in Kraft gesetzt. China unterstützt die betroffenen Länder und Regionen der alten Seidenstraße mit ihren Experten, das historische und kulturelle Erbe zu erkunden und veranstaltet mit ihnen zusammen Investitions- und Handelsaktivitäten sowie Aktionen des Kulturaustausches. China wird sich weiter für die Internationale Seidenstraßen-Kulturexpo in Dunhuang und das Internationale Seidenstraßen-Filmfestival sowie die Seidenstraßen-Buchmesse einsetzen. Ein internationales Gipfeltreffen zum Thema „Ein Gürtel, Eine Straße" wird initiiert (aus „Visionen und Aktionen", V. Kooperationsstrukturen, Abs. 4). 115

Um das Konzept der Seidenstraße voranzutreiben, sind nicht nur intakte, sondern auch freundschaftliche Beziehungen zwischen den Ländern wichtig. Aber auch die funktionsfähigen bi- und multilateralen Kooperationsstrukturen können auf den unteren Ebenen viel bewirken. Man sollte mittels zahlreicher kleinerer Organisationen, ja sogar sogenannter Miniplattformen kooperieren und nach und nach den Ausbau von „Ein Gürtel, Eine Straße" verwirklichen.

(1) Die vorhandenen Organisationsformen optimal nutzen

Momentan gibt es schon eine Reihe regionaler Organisationen oder Plattformen, wodurch man den Ausbau der Seidenstraße vorantreiben kann. Beispielsweise hat das Chinesische und Arabische Wirtschaftsforum seit seiner Gründung im Jahr 2010 inzwischen bereits vier Tagungen hinter sich. Das ist von vielen Ländern entlang der Seidenstraße, nicht zuletzt auch von vielen arabischen und muslimischen Ländern und Regionen begrüßt worden. Dies gerade genannte Wirtschaftsforum ist inzwischen eine wichtige Organisation oder Plattform für die Praxis der Kooperation zwischen China und den arabischen Ländern. Auch die China-Asean Staaten-Expo hat zum zehnten Mal mit Erfolg stattgefunden. Diese große Expo-Veranstaltung ist von der zentralen Institution für den Handel zwischen China und den zehn Asean Staaten gemeinsam mit dem Sekretariat der Asean Staaten organisiert worden. Diese Expo umfasst den Güterhandel und bietet für die Zusammenarbeit der Investitionen wie für den Handel eine neue noch umfassendere Plattform.

Das Boao-Asienforum, die China und Asean-Expo, die China-Asiatische- und China-Europäische Expo, das Europäische und Asiatische Wirtschaftsforum, die Chinesisch-Internationale Gesprächsrunde über Investition und Handel, die China-Südasien-Expo, die China-Arabische Länder-Expo, die Westchina und internationale Expo, die China-Russland-Expo u.a.m. fungieren bei vielen regionalen und internationalen Angelegenheiten der gemeinsamen Entwicklung der Länder.

(2) Man muss in die Zukunft sehen und mehr regionale Organisationen oder Plattformen gründen

Nach dem Konzept „Ein Gürtel, Eine Straße" spielen die regionalen Plattformen für den in Angriff genommenen Ausbauprozess der Seidenstraße eine wesentliche Rolle. Man muss im Hinblick auf die künftige gemeinsame Entwicklung noch weitere Organisationen der Länder entlang der Seidenstraße bilden, woran noch mehr Regierungen und Betriebe teilnehmen sollten. Schließlich sollten alle die Verantwortung für die Fortentwicklung gemeinsam übernehmen und sollten alle am Gewinn teilhaben.

116

(a) Organisation oder Plattform des Kapitals

Ein altes chinesisches Sprichwort sagt: „Bevor die Pferde und Soldaten losmarschieren, müssen Getreide und Gras (als Pferdefutter) losgehen". Das gilt auch für den Ausbau der Seidenstraße. Um die gemeinsame Entwicklung zu verwirklichen, ist reichlich Kapital für den Ausbau der Infrastruktur und für die regionale Entwicklung der Betriebe nötig.

Momentan gibt es sieben Kapitalplattformen für den Ausbau der Seidenstraße. Dies sind: die Asiatische Investitionsbank, der Fond der Seidenstraßen, die Stiftung der China-Eurasien-Wirtschaftskooperation, der zweckgebundene Fond der Kooperation der Asiatischen Regionen, der China-Asean Staaten-Shanghai Kooperationsfond, der China-Asean Staaten Investitionskooperationsfond und der Freundschafts- und Fachaustauschfond der Nachbarländer. Alle diese nicht gewinnbringenden Plattformen sind staatliche Einrichtungen. Das Ziel gemeinsamen Handels, gemeinsamen Aufbaus und gemeinsamen Gewinns liegt schließlich in der gemeinsamen Entwicklung; letztlich sollten alle Bewohner der Länder entlang der Seidenstraße mit diesen Früchten Profit gewinnen.

Neben den genannten staatlichen Organisationen oder Plattformen sollte die jeweilige Kulturgeschichte der Länder der Seidenstraße Gegenstand ernstlicher Forschung und Pflege werden, ist doch die Umwelt der Länder zu bewahren und sollten die Bildungsfragen der Frauen größere Beachtung finden. Dafür sollte man besondere, nicht auf Gewinn abzielende Fonds gründen.

(b) Organisationen oder Plattformen für den Transportverkehr

Der zentrale Aspekt des Konzepts „Ein Gürtel, Eine Straße" betrifft den Bau der Verkehrsknotenpunkte und die Entwicklung der Verkehrsdienstleistung. Die Route von „Ein Gürtel, Eine Straße" wird die Hauptverkehrsadern des Handels und der Kultur zwischen China und den Ländern an der Seidenstraße verbinden. Momentan hat China schon eine Reihe eurasischer Frachtlinien erschlossen, dazugehören beispielsweise „Xinou", „Hanxinou", „Suxinou", „Yixinou", „Zhengxinou". „Yucinou", „Rongxinou", „Xicinou", „Shenou", usw. Es herrscht ein reger Frachtverkehr zwischen China und vielen europäischen Ländern. Auf der Basis des Frachtverkehrs wird man den Transport der Passagiere entwickeln. In Zukunft werden weitere Verkehrsprojekte folgen.

Durch den Ausbau der Verkehrsknotenpunkte und die dichtere Vernetzung des Verkehrs sollte die Wirtschaftszone der Seidenstraße zur großen Ader des Handels und des Kulturaustausches zwischen den Ländern entlang der Seidenstraße werden. Inzwischen hat man bereits einige neue eurasische Eisenbahnfrachtlinien in Betrieb genommen. Der Gütertransport sollte durch den Personenverkehr wesentlich erweitert werden.

(c) Organisationen oder Plattformen des Austausches zwischen den Einwohnern der Länder

Während des Ausbaus neuer Organisationen oder Plattformen für die Zusammenarbeit in Wirtschaft und Handel darf man die Zielsetzung einer Belebung der Völkerverständigung nicht vernachlässigen. Im Jahr 2013 hat die privat initiierte chinesische Organisation für die Förderung des internationalen Austausches ein „Gipfeltreffen der Einwohner Chinas und Südostasiens" veranstaltet. Dies hat zu einer neuen Plattform für inoffizielle Zusammenarbeit und für persönlichen Austausch zwischen den Bewohnern Chinas und den südostasiatischen Ländern geführt. Und daraus ist auch eine Institution für den freundschaftlichen Austausch zwischen China und den südostasiatischen Ländern geworden.

Der Ausbau von „Ein Gürtel, Eine Straße" erfasst inzwischen mehr als 60 Länder, in denen mehr als 45 MillionenÜberseechinesen leben. Diese bilden einen bedeutsamen Faktor für die Völkerverständigung in diesen Ländern. Man muss dringend noch weitere Organisationen oder Plattformen gründen, um möglichst viele Chancen zu nutzen, den Ausbau der Seidenstraße wirksam voranzutreiben.

(d) Organisationen oder Plattformen für eine Zusammenarbeit in der Bildung

China und die Länder entlang der Seidenstraße haben schon einige Projekte ins Leben gerufen, um eine Zusammenarbeit in der Bildung zwischen China und diesen Ländern zu fördern. Beispielsweise haben China und die Asean-Staaten ein bilaterales Zentrum der Bildung und Kultur, eine Austauschwoche der Bildung und eine weitere südostasiatische Bildungsorganisation begründet. Diese haben als drei neue Ausgangspunkte für die Zusammenarbeit in der Bildung eine große Wirkung gezeigt.

Auf der Basis solcher vorhandener Organisationen oder Plattformen sollten auch die chinesischen Hochschulen weitere ähnliche Projekte vorsehen. Denn einerseits könnte dadurch die Möglichkeit der Völkerverständigung belebt, andererseits die Ausbildung des Expertennachwuchses für den Ausbau der Seidenstraße betrieben werden. Die chinesischen Hochschulen könnten beispielsweise die historische Vielfalt des Kulturerbes der Länder der Seidenstraße zu einem gemeinsamen Forschungsgebiet erklären und zusammen mit den Museen der Länder entlang der Seidenstraße Ausstellungen mit Exponaten des Kulturerbes der Seidenstraße veranstalten. Man könnte mit Wissenschaftlern und Diplomaten der Länder entlang der Seidenstraße, die sich mit Problemen des Kulturerbes beschäftigen, ein diesbezügliches Forum gründen.

118   (e) Organisationen oder Plattformen der Information

Der vom Industrie- und Informationsministerium gemeinsam ausgearbeitete „Plan für einen Ausbau der Infrastruktur der digitalen Vernetzung mit den Nachbarländern", in welchem dies Vorhaben mit dem Ziel der Etablierung einer „digitalen Seidenstraße" ausführlich beschrieben ist, wird bald herausgegeben. Es sollen noch mehr Webseiten für die Verbreitung von Informationen eingerichtet werden. Ein gutes Beispiel dafür ist die Webseite der chinesischen Zusammenarbeit mit den arabischen Ländern (http://www.china-arab.com). Man kann durch solche Webseiten die Verständigung fördern und für alle Länder ein positives Image pflegen.

(3) Den Ausbau der chinesischen Projekte verstärken.

In den letzten Jahren wurden in China verschiedene Projekte für den Ausbau der Seidenstraße ins Leben gerufen.

(a) Projekte für einen offenen und freien Handel.

Zurzeit gibt es vier Projekte für einen offenen und freien Handel: die Plattform der offenen und freien Handelszone in Shanghai, in Guangdong, in Tianjin und in Fujian. Shaaxi und Xinjiang haben gerade vor, solche offenen und freien Handelszonen zu gründen.

(b) Regierungen auf Provinzebene und darunter entwerfen Projekte mit charakteristischen Eigenarten.

Jede Region, ob im Binnenland oder in Grenzgebieten, versucht ihre Vorzüge optimal zur Geltung zu bringen, um für den Ausbau der Seidenstraße perfekt vorbereitet zu sein. Beispielsweise versucht die Provinz Yunan wegen der großen Anzahl der hier wohnenden Überseechinesen mithilfe ihrer Exportmesse im Süden als einer besonderen Brücke eine weitere Öffnung des Landes zu beschleunigen. Die Stadt Tianjin hat eine „Gesellschaft der Überseechinesen" gegründet, um das Interesse von mehr Überseechinesen für den Ausbau der Seidenstraße zu gewinnen. In Zukunft müssen die lokalen Regierungen noch weitere neue Organisationen ins Leben rufen, um die Zusammenarbeit voranzutreiben.

(c) Organisationen für verschiedenartigen Handel gründen.

Die Guang Messe und Yibo Messe sind inzwischen großformatige, international bekannte Handelsmessen. Jedes Jahr kommen zu den Messen von Guangzhou und Yiwu Geschäftsleute aus allen Ländern der Welt. Jedes Jahr finden in China mehr als 200 verschiedene Messen statt. Alle diese Messen haben den Handel zwischen den Ländern ungemein beflügelt. In Zukunft sollte man gezielt noch andere Messen gleichen Formates organisieren, aber auch Veranstaltungen für Projektausschreibungen, für den Handel und für jeglichen anderen Austausch.

119

Kapitel 8

Die verschiedenen Regionen Chinas

Beim Ausbau „Ein Gürtel, Eine Straße" wird China die komparativen Vorzüge unterschiedlicher Landesteile voll zur Geltung bringen, eine noch aktivere Öffnungsstrategie verfolgen und die Interaktion und die die Zusammenarbeit zwischen Ost-, Zentral- und Westchina intensivieren. um das Entwicklungsniveau der offenen Wirtschaft umfassend zu steigern (aus „Visionen und Aktionen", VI. Öffnung der verschiedenen Regionen Chinas, Abs.1).

Das Konzept „Ein Gürtel, Eine Straße" soll als Richtlinie künftiger wirtschaftlicher Zusammenarbeit zwischen China und anderen Ländern dienen. Davon werden alle chinesischen Provinzen und Regionen betroffen, denn die Projekte beziehen sich auf das ganze Land. Bei diesem gigantischen Vorhaben sollten alle Provinzen, autonomen Gebiete und Städte entschieden die Vorzüge ihrer Lage demonstrieren und die Chancen nutzen, die die Ausbauprojekte von „Ein Gürtel, Eine Straße" bieten, in Kooperation mit allen anderen betroffenen Regionen die eigene wirtschaftliche Entwicklung voranzubringen.

8.1. Die nordwestlichen und nordöstlichen Gebiete

Nordwesten und Nordosten. China wird den geografischen Vorteil von Xinjiang als ein wichtiges Tor nach Westen ausschöpfen, den Austausch und die Zusammenarbeit mit den zentral-, süd- und westasiatischen Ländern verstärken, um Xinjiang zum wichtigen Verkehrsknotenpunkt, zum Handels-, Logistik-,

Kultur-, Wissenschafts- und Bildungszentrum sowie zum Kerngebiet des Wirtschaftsgürtels entlang der Seidenstraße auszubauen. China wird aufgrund der umfassenden wirtschaftlichen und kulturellen Vorteile von Shaanxi und Gansu sowie der kulturellen Vorteile von Ningxia und Qinghai Xi'an (Hauptstadt von Shaanxi) zu einem neuen Stützpunkt für die Reform und Öffnung im Binnenland machen, die Erschließung und Öffnung von Lanzhou (Hauptstadt von Gansu) und Xining (Hauptstadt von Qinghai) beschleunigen und den Ausbau des Pilotgebiets der offenen Wirtschaft im Binnenland in Ningxia vorantreiben, um schließlich Verkehrs- und Transportwege, Handels- und Logistikknotenpunkte sowie wichtige Industrie- und Kulturaustauschzentren zu schaffen, die sich den zentral-, süd- und westasiatischen Ländern zuwenden. China wird den geografischen Vorteil der Inneren Mongolei – ihre Nähe zur Mongolischen Republik und zu Russland – entfalten, die Eisenbahnstrecken zwischen der Provinz Heilongjiang und Russland sowie das regionale Eisenbahnnetz in Heilongjiang vervollständigen, die Transportkooperation zwischen Heilongjiang, Jilin, Liaoning und dem Osten Russlands fördern, den Bau eines Euroasiatischen Hochgeschwindigkeitsnetzes zwischen Beijing und Moskau voranbringen und den Ausbau von wichtigen nach Norden geöffneten Städten fördern (aus „Visionen und Aktionen", VI. Öffnung der verschiedenen Regionen Chinas, Abs.2).

8.1.1. Xinjiang

Das Autonomiegebiet Xinjiang als das Zentrum des Wirtschaftsgürtels der Seidenstraße grenzt im Osten an viele Provinzen des Innenlandes. Im Westen durchqueren Xinjiang die Durchgangswege für den Handel mit Zentralasien, Südasien und Westasien bis hin nach Europa. Deshalb nennt man Xinjiang auch das wichtigste Fenster Chinas nach Westen. Xinjiang grenzt an die acht Länder Mongolei, Russland, Weißrussland, Kasachstan, Kirgisistan, Tadschikistan, Afghanistan, Pakistan und Indien und hat eine mehr als 5.600 km lange Grenze. So kommt Xinjiang mit seiner besonders günstigen geographischen Lage beim Ausbau von „Ein Gürtel, Eine Straße" unbedingt eine Sonderstellung zu. Darüber hinaus bietet Xinjiang mit seinen reichen Bodenschätzen, seiner flächenmäßigen Ausdehnung und mit zahlreichen Grenzübergängen eine ideale Basis für Handel und Austausch mit Zentral-, Süd- und Westasien. Beim Ausbau von „Ein Gürtel, Eine Straße" wird deshalb Xinjiang seinen den Ausbau der Infrastruktur nach Westen mit großen Tunneln nach Zentral-, West- und Südasien und nach Europa beschleunigen und sich noch mehr öffnen. Im Brennpunkt von Xinjiang sollten weiterhin der Ausbau der zwei Wirtschaftszonen und der Grenzübergänge stehen sowie eine Verwaltungsreform, undbaldige Reform des Kontrollsystems an den Grenzübergängen mit dem Ziel, die Formalitäten der Grenzkontrollen zu vereinfachen. Darüber hinaus sollte Xinjiang als wirtschaftlicher Korridor zwischen China und Pakistan die Entwicklung der internationalen modernen Logistik und eine Verbesserung des regionalen grenzüberschreitenden Internethandels vorantreiben, um schließlich der vielleicht wichtigste Verkehrsknotenpunkt, das schlechthinnige Zentrum des Handels, der Logistik, Kultur und Bildung in dem wirtschaftlichen Gürtel entlang der Seidenstraße zu werden.

8.1.2. Shaanxi

Die Provinz Shaanxi war ursprünglich der Ausgangspunkt der traditionellen Seidenstraße und das Zentrum der Kultur und des Handels. Shaanxi liegt im Grenzgebiet zwischen dem Osten und Westen Chinas und hat deshalb bei der koordinierten Entwicklung des östlichen und des westlichen China und auch Zentralchinas wie beim Prozess der weiteren Öffnung zu den westlichen Gebieten eine besonders wichtige Position. Shaanxi hatte schon immer bei der Ausrüstungsproduktion, in der Rohstoffverarbeitung, Technik und Bildung im ganzen Land eine Vorrangstellung. Shaanxis Hauptstadt Xian sollte zum Zentrum des Wirtschaftsgürtels der Seidenstraße avancieren. Es sollte der Verkehrsknotenpunkt für alle Verkehrsmittel, das Zentrum der internationalen Logistik des Handels, das Zentrum der Energiegewinnung und des Finanzwesens, das Zentrum des Tourismus und der Kultur und Bildung sowie der Technologie werden. Schließlich sollte Xian zur Hochburg der Öffnung und der Reformen im Innenland werden. In Zukunft sollte Xian durch vier umfangreiche Projekte des freien Handels, d. h. durch gemeinsame Projekte Chinas mit Singapur, internationale Binnenhäfen, einen Industriepark als gemeinsames Projekt des Europäischen und Asiatischen Forums zu einer internationalen Metropole mit historischer und kultureller Prägung, zu einer wirtschaftlich offenen und innovativen Musterstadt der Zusammenarbeit zwischen Europa und Asien werden.

8.1.3. Gansu

Die Provinz Gansu befindet sich in der geographischen „goldenen" Lage des Wirtschaftsgürtels der Seidenstraße und ist eines der wichtigen Tore Chinas zum Westen. Seine günstige Lage und lange Geschichte, seine reichen Energiequellen und seine solide Industriebasis stellen Gansus Vorzüge dar. Dies prädestiniert die Provinz Gansu dazu, die drei Megaprojekte zu realisieren wie den Ausbau der neuen Wirtschaftszone Lanzhou und der international berühmten Touristenstadt Dunhuang sowie die chinesische Messe der Seidenstraße zu etablieren. Schwerpunkte von Gansu sollten die dichtere Vernetzung der Infrastruktur, eine Belebung des Handelsaustausches für die Technik, ein Verdichtungsnetz für verschiedene Branchen und schnelleres wirtschaftliches Wachstum sein. Schließlich sollte Gansu ein goldener Tunnel der Seidenstraße nach Westen werden, das regionale Zentrum der Logistik des Handels, das Musterbeispiel für produktive Zusammenarbeit und eine Brücke für den kulturellen Austausch.

8.1.4. Ningxia

Das Autonomiegebiet Ninxia zeichnet sich durch eine günstige geographischen Lage und eine moderne Agrarlandwirtschaft aus. Neben den nach dem Modell der freien Marktwirtschaft experimentell verwalteten Gebieten in Ningxia sollte man noch das zollfreie Gebiet in Yinchuan konstruktiv ausbauen. Inzwischen hat man schon die chinesische und die arabische Messe etabliert, und sie sind ein Aushängeschild von Ganxu geworden. Dazu werden natürlich Aussteller und Besucher erwartet, weshalb die Notwendigkeit besteht, das Netz der Seidenstraße in allen Dimensionen, in der Luft wie auf dem Kontinent möglichst schnell auszubauen. Vor allem müssen die Eisenbahnlinien und Straßen erweitert werden. Der internationale Hafen Yinchuan sollte zum Eingangs- und Ausgangstor für die arabischen Länder werden.

8.1.5. Qinghai

Die Provinz Qinghai hat historisch als Begegnungsort der vom Westen kommenden islamischen, der vom Osten kommenden buddhistischen und der von Mittelchina kommenden konfuzianischen Zivilisationen gedient. Da Qinghai ungefähr in der Mitte zwischen den Produktionsgebieten des Inlandes und des Hauptmarktes des Konsums liegt, werden die Güter aus den Produktionsgebieten in Mittel- und Westchina über Qinghai weiter nach Westen transportiert.

Qinghai sollte die Vorzüge der günstigen Lage, den Reichtum an Bodenschätzen und Mineralien, die gut ausgebaute Infrastruktur und das harmonische Zusammenleben vieler ethnischen Gruppen in die Waagschale werfen und in dem Wirtschaftsgürtel entlang der Seidenstraße einige Gebiete und Märkte wie Xining, Haidong, Geermu schwerpunktmäßig für einen Ausbau ausersehen. Diese sollten dann als Anlaufstationen für einige Provinzen im Binnenland dienen.

8.1.6. Die Innere Mongolei

Das Autonomiegebiet der Inneren Mongolei hat acht Provinzen als direkte Nachbarn im Nordosten, Norden und Nordwesten Chinas und grenzt an Russland und die Republik Mongolei. Diese besondere geographische Lage verleiht der Inneren Mongolei im Konzept „Ein Gürtel,

Eine Straße" mit vier Hauptwirtschaftszonen, von denen eine die Länder Chinas, Russlands und der Mongolei verbindet, eine wichtige Position. Chinas Grenzgebiete zu Russland und der Republik Mongolei sind reich an Bodenschätzen, ins besonders hinsichtlich des Bestandes an Mineralien, von Anbauflächen, Wäldern und Viehzucht. Damit bietet sich eine unschätzbare Basis für eine fruchtbare Zusammenarbeit dieser drei Länder. Die Innere Mongolei wiederum ist technisch besser ausgerüstet, was die Förderung von Bodenschätzen, das Forstwesen, die Agrarlandwirtschaft oder auch die Viehsucht betrifft. Dies verspricht für die Zusammenarbeit mit seinen Nachbarn Russland und der Republik Mongolei eine rosige Zukunft, zumal schon seit eh und je ein reger Handel und kultureller Austausch an den Grenzen zwischen der Mongolei und seinen zwei Nachbarn geherrscht hat. Auch im Wirtschaftsbereich sind diese Länder ziemlich voneinander abhängig. Und die vorhandenen gut ausgebauten Verkehrswege bieten eine ideale Voraussetzung für die künftige Fortentwicklung.

Das Schwergewicht sollte hierbei auf dem Ausbau der beiden experimentellen Freihandelszonen im Blick auf eine offene Marktwirtschaft liegen und sich auf Manchuria und Erlianhaote konzentrieren. Auch der Ausbau der chinesischen, russischen und mongolischen Wirtschaftszone in Hulunbeier müsste beschleunigt werden. Zudem sollte die chinesische und mongolische Messe bald eröffnet werden. Außerdem müssen die Grenzübergänge zu Russland und der Republik Mongolei mit den entsprechenden Verkehrswegen noch modernisiert und erweitert werden.

8.1.7. Heilongjiang

Die Provinz Heilongjiang ist eine wichtige Verbindung zwischen Ost und West im Konzept „Ein Gürtel, Eine Straße". Man kann vom Bohai-Meer, von Küsten Südasiens oder von fernöstlichen Häfen Russlands über Dalian, Harbin, Jiamusi, Tongjiang und Hahei über vier Eisenbahnlinien die Grenzübergänge erreichen, wo die weißrussischen Transiteisenbahnlinien sich an die chinesischen anschließen, mit denen man dann weiter nach Westen kommt und schließlich Europa erreichen kann. Nach dem Konzept „Ein Gürtel, Eine Straße" sollte man die Errichtung „des chinesischen, mongolischen und russischen Wirtschaftskorridors" beschleunigen, die Zusammenarbeit und den Austausch mit Russland intensivieren, die Vernetzung der Eisenbahnlinien, der Straßen, der Grenzübergänge, der E-Ports (digitalen Häfen) ausweiten und baldigst für Erleichterungen der Kontrollen in den Übergängen und eine Vereinfachung der Formalitäten sorgen. Frachten sollten möglichst durch russische fernöstliche Häfen vom Land aufs Meer transportiert werden. Man sollte möglichst bald Industrieviertel für die Verarbeitung der Exportgüter für Russland aufbauen. Mit Russland und in Russland sollten Industrieparks entstehen, um grenzüberschreitende Produktionsketten bilden zu können. China sollte sich außerdem an der russischen Förderung von Bodenschätzen im fernen Osten, am Aufbau industrieller Produktionsketten, an einer Belebung der Agrarlandwirtschaft und an der Bearbeitung ihrer Produkte, an Finanzgeschäften, an der Logistik und an einer Verwirklichung des grenzüberschreitenden Internethandels nachhaltig beteiligen.

8.1.8. Jilin

Die Provinz Jilin befindet sich in der Mitte von Chinas Nordosten. Im Süden liegt Liaoning, im Westen die Innere Mongolei, im Norden Heilongjiang, im Osten grenzt es Russland, im Südosten schaut man über den Yalu- Fluss nach Nordkorea. In Jilin beginnt die neue Seidenstraße im nordöstlichen Asien. Viele Städte Jilins liegen nah am Meer. Jilin wird beim Aufbau des chinesischen, russischen und mongolischen Wirtschaftskorridors eine entscheidende Rolle spielen. Jilin sollte den Ausbau der Verbindungen zur Außenwelt beschleunigen, neue Eisenbahnlinien für Hochgeschwindigkeitszüge bis nach Wladivostok in Russland bauen und Fracht- Durchgangswege für den Transport vom Land übers Meer bis nach Busan in Südkorea einrichten. Eine Erschließung neuer Seefahrtlinien kann vom Tumen-Fluss aus möglich werden und ist deshalb zu verwirklichen. Auch sollte Jilin die Chancen russischer Erschließung von Energiequellen im fernen Osten Russlands nicht verpassen, die Zusammenarbeit in der Förderung dieser Energiequellen in den Grenzgebieten zu vertiefen. Ein Industriepark mit Südkorea sollte möglichst bald eröffnet werden können. Auch sollte die Wirtschafts- und Handelszone Luoxian gemeinsam mit Nordkorea aufgebaut werden.

8.1.9. Liaoning

Liaoning ist die einzige Provinz, die nicht nur am Meer, sondern auch an andere Länder grenzt und deshalb als das Tor zur asiatischen und europäischen „Brücke" gilt und den wichtigen Durchgang zwischen dem Nordosten Chinas und dem Binnenland bildet. Dank dieser geographischen Lage hat Liaoning schon gleich nach Bekanntwerden des Konzepts „Ein Gürtel, Eine Straße" eine wesentliche Rolle gespielt. Liaoning ist gerade dabei den chinesischen, russischen und mongolischen Wirtschaftskorridor aufzubauen, wobei Liaoning bereits mit dem Ausbau der Häfen von Dalin und Yingkou als dessen Ausgangspunkten begonnen hat. Von hier aus sollten Transportwege der Eisenbahn und Seefahrt über Shenyang, Changchun, über die Mandschurei und Moskau bis nach Hamburg führen. Im Westen plant man weitere Eisenbahnlinien bis in die Republik Mongolei. Im Osten plant man Hochgebirgseisenbahnstrecken durch die Republik Mongolei und Russland bis nach Europa. Inzwischen ist der Transport von Frachtgütern mit Containern von dem Hafen Yingkou und dann mit der Eisenbahn bis nach Europa schon in Betrieb genommen worden. Im Südosten hat der Ausbau der Seefahrtseidenstraße des 21. Jahrhunderts begonnen. Die geplanten und zu erschließenden Seefahrtlinien sollten Südkorea, Japan, die Asean-Staaten und die Küstengebiete Chinas verbinden. Im Nordwesten sollten die Wege bis zur asiatischen und europäischen „Brücke" und schließlich über den ganzen europäischen Kontinent führen. Liaoning mobilisiert die Unternehmer im Ausland zur Investition, damit diese die Ausschreibung der internationalen Bauprojekte gewinnen.

8.2. Die südwestlichen Gebiete

Guangxi grenzt an die ASEAN-Länder entweder auf dem Festland oder über das Meer hinweg. China wird diesen geografischen Vorteil nutzen, die Öffnung und Entwicklung der Wirtschaftszone um den Golf von Tonkin und die des Wirtschaftsgürtels im Einzugsgebiet des Perl- und des Xinjiang-Flusses beschleunigen, internationale Verkehrs- und Transportwege nach den ASEAN-Ländern errichten, neue strategische Stützpunkte für die Öffnung und Entwicklung in Südwest- und Südchina schaffen, und so Guangxi zum wichtigen Verbindungszentrum zwischen der maritimen Seidenstraße des 21. Jahrhunderts und dem Wirtschaftsgürtel entlang der Seidenstraße aufbauen. China wird auch den geografischen Vorteil von Yunnan zur Geltung bringen und den Ausbau von internationalen Transportwegen in die umliegenden Länder fördern, um Yunnan zum neuen Stützpunkt für die Wirtschaftszusammenarbeit im Rahmen der Großen Mekong Subregion (GMS) sowie zu einem Zentrum mit weitreichendem Einfluss auf süd- und südostasiatische Länder zu machen. Darüber hinaus wird die Zusammenarbeit in den Bereichen Handel, Tourismus und Kultur zwischen Tibet und Nepal sowie anderen Ländern vorangetrieben (aus „Visionen und Aktionen", VI. Öffnung der verschiedenen Regionen Chinas, Abs.3).

8.2.1. Guangxi

Die Provinz Guangxi liegt im Brennpunkt zwischen dem Osten, der Mitte und dem Westen und zwischen drei Wirtschaftszonen Südchinas, Mittelchinas und Westchinas und der Wirtschaftszone der Asean-Staaten. So fungiert Guanxi als strategisches Durchgangsgebiet von Chinas Südwesten, Mittel- und Südchina zum Meer und als die Verbindung zwischen China und den Asean- Staaten, ebenso als große Brücke des Austausches wie als große Plattform der Zusammenarbeit. Die Beibuwan-Wirtschaftszone und der Zhujiang-Xinjiang-Wirtschaftsgürtel sollten der Schwerpunkt des

Ausbaus der Seidenstraße werden. Die Öffnung zu den Asean-Staaten und zu Hongkong, Macau und Taiwan ist ein weiterer Schwerpunkt und Desiderat. Der Ausbau der internationalen Tunnels zwischen China und den Asean-Staaten und der Aufbau des chinesischen und singapurischen Wirtschaftskorridors sind als Säulen für die Seidenstraße zu betrachten, die vollständige wirtschaftliche Öffnung als die leitende Strategie. Schließlich soll Guangxi eine Hochburg der Zusammenarbeit mit den Asean-Staaten werden und die wichtige Verbindung zwischen der Seefahrtseidenstraße des 21. Jahrhunderts und der kontinentalen Seidenstraße.

8.2.2. Yunnan

Die Provinz Yunnan galt schon auf der legendären Seidenstraße als ein bedeutender Teilabschnitt und grenzt an Südasien und Südostasien. Seit eh und je sind die Menschen in diesen Grenzgebieten miteinander verwandt, können sprachlich miteinander kommunizieren, und hier herrscht schon immer ein reger Handel zwischen und mit allen Nachbarländern. Die freundschaftlichen, geradezu brüderlichen Beziehungen zwischen den Bevölkerungen haben eine lange Tradition. Alle diese Faktoren kommen dem Konzept „Ein Gürtel, Eine Straße" zugute, denn sie bilden eine gute Basis. Die Provinz Yunnan sollte ihre günstige Lage mit ihrer Nähe zu den südasiatischen und südostasiatischen Ländern gut nutzen, um beim Ausbau der Infrastruktur wie beim Verkehr, bei der Stromversorgung, der Logistik des Gütertransports mit den Nachbarländern eine enge Verbindung herstellen. Yunnan sollte aktiv am Aufbau des chinesischen, bangladeschen, indischen und myanmarischen Wirtschaftskorridors und an der wirtschaftlichen Zusammenarbeit der Großen Mekong Region teilnehmen, sollte noch intensiver mit Myanmar, Laos und Vietnam zusammenarbeiten, sollte diese Kooperation auf ein noch höheres Niveau steigern.

8.2.3. Tibet

Das Autonomiegebiet Tibet grenzt an Indien, Nepal, Myanmar, Bhutan und einige weitere südasiatische Länder und ist ein wichtiger Verkehrsknotenpunkt zwischen dem Binnenland Chinas und der Außenwelt. Schon seit früher Zeit verbinden alte Pferdewege Tibet mit dem chinesischen Binnenland, und der Handel auf diesen Wegen hat eine lange Tradition. Der Ausbau der Seidenstraße wird der Entwicklung Tibets einen kräftigen Anschub geben und bietet Tibet eine Chance wie noch nie zuvor. In Tibet soll demnächst ein Verkehrsnetz für die Luftfahrt und für kontinentale Verkehrsmittel entstehen. Darüber hinaus werden die Grenzübergänge für den Handel zwischen Grenzen modernisiert. Tibet soll und wird tatkräftig am Aufbau des chinesischen, bangladeschen, indischen, myanmarischen Wirtschaftskorridors mitwirken, den Aufbau eines wirtschaftlichen Gürtels um den Himalaya vorantreiben, die Infrastruktur für den Tourismus verbessern, Lhasa zu einer attraktiven internationalen Metropole des Welttourismus machen und bestimmte Gebiete als Naturparks für den Tourismus erschließen.

8.3. Chinesische Küstengebiete und Hongkong, Macao, Taiwan

Die chinesischen Küstengebiete wie auch Hongkong, Macao und Taiwan demonstrieren eine beinahe konkurrenzlose wirtschaftliche Kompetenz, und die Öffnung ihrer Wirtschaftssysteme ist hier weiter als in anderen Gegenden vorangekommen. Die Metropole Shanghai sollte als künftiges Experiment für den freien Handel dienen. Fujian sollte beim Ausbau der maritimen Seidenstraße des 21. Jahrhunderts ein Zentrum werden. Die Zusammenarbeit mit Hongkong, Macao und Taiwan sollte intensiviert werden. Zhejiang sollte zu einem Mustergebiet für die maritimen Wirtschaftszweige werden. Man wollte noch mehr Inseln im südchinesischen Meer für Tourismus erschließen, den Ausbau der Seehäfen beschleunigen, die internationalen Flughäfen in Shanghai und Guangzhou erweitern, mutig mit dem freien Wirtschaftssystem experimentieren, mehr in die Forschungen und Innovationen investieren, um auf der internationalen Bühne konkurrenzfähig zu sein und zu bleiben. Letztlich sollten die Küstengebiete als Lokomotive und Hauptstreitkräfte des Ausbaus von „Ein Gürtel, Eine Straße", vor allem der Maritimen Seidenstraße des 21. Jahrhunderts fungieren. Hongkong, Macao und Taiwan sollten ihre Stärken als Sonderhandelszonen einbringen und die Überseechinesen für die aktive Teilnahme am Ausbau der Seidenstraße gewinnen (aus „Visionen und Aktionen", VI. Öffnung der verschiedenen Regionen Chinas, Abs.4).

8.3.1. Fujian

Die Provinz Fujian hat mit Ländern und Regionen in Südostasien, Zentralasien und Ostasien enge Kontakte. Und Fujian blickt auf eine lange Geschichte beim Austausch mit dem Ausland zurück und auf viel Erfahrungen in der Seefahrt und Fischerei. Xiamen, Zhangzhou, Quanzhou und Fuzhou könnten zu wichtigen Knotenpunkten der Vernetzung entlang der Seefahrtseidenstraße ausgebaut werden. Diese vier Städte sollten auch als Plattformen des Handels dienen und Brücken für den Austausch über die Maritime Seidenstraße werden. Man muss den Bau der Hochgeschwindigkeitsbahnen, Autobahnen, Häfen und Flughäfen noch beschleunigen. Fuxian ist der wichtigste

Ausgangspunkt Richtung Südostasien, weshalb Fujian möglichst schnell das internationale Luftfahrtzentrum in Xiamen fertigstellen muss. Vor allem muss es den Bau des neuen Flughafens von Xiamen beschleunigen, weitere Routen nach Südostasien und Südasien erschließen und andere internationalen Routen. Gemeinsame Projekte zwischen China und den Asean-Staaten und der Aufbau von Stützpunkten für die Hochseefischerei muss man vorantreiben. Man sollte die Arbeit mit Überseechinesen, vor allem mit der jungen Generation der Überseechinesen intensivieren, da es in dieser Provinz viele Kontakte mit ihnen gibt.

8.3.2. Guangdong

Die Provinz Guangdong ist von drei Seiten vom Meer umgeben, hat die längste Küste von ganz China, und man kann von hier aus in die Nachbarländer schauen. Guangdong hat fünf große Häfen und ist vielleicht das wichtigste Tor zur Maritimen Seidenstraße. Guangdongs Warenhandel mit den Ländern entlang der Seidenstraße liegt an der Spitze von ganz China. Auch der Personenverkehr mit dem Ausland erreicht in Guangdong den höchsten Stand. Viele Branchen wie Elektrotechnik, elektrische Geräte, Kraftfahrzeuge oder Textilien sind in Guangdong etabliert. Die benachbarten Länder und Guangdong, vor allem aber die Asean-Staaten und Guangdong ergänzen sich gegenseitig und bieten damit für die Transformation von Branchen und für eine Aufwertung der Produkte viel Spielraum. Guangdong sollte sich aktiv am Ausbau wichtiger Komponenten der Infrastruktur wie Häfen in den Asean-Staaten beteiligen, die Errichtung einer Freihandelszone zwischen Guangdong, Hongkong und Macao beschleunigen, sollte Partnerschaften mit den Hafenstädten entlang der Seidenstraße schließen, planmäßig mehr Handelsvertreter in die benachbarten Ländern schicken, die Zusammenarbeit im Handel auch mit den entwickelten Ländern in Europa und in den USA und mit den wirtschaftlich aufsteigenden Ländern vertiefen. Die Provinz Guangdong sollte ferner ihre mittelgroßen Städte, die oft auf eine Branche spezialisiert sind, weiter ausbauen, die Verträge der Zusammenarbeit mit Hongkong und Macao in die Tat umsetzen, und mit diesen zwei wirtschaftlichen Sonderzonen im Finanzwesen, in der Logistik, in der Bildung und bei Fachdienstleistungen kooperieren. Guangdong sollte den Bau der Brücken und Tunnels zwischen der eigenen Region, Hongkong und Macao beschleunigen, aber auch die Zusammenarbeit mit Taiwan nicht vernachlässigen. Außerdem sollte diese Provinz den Ausbau der wirtschaftlichen und kulturellen Versuchsgebiete der Überseechinesen in Shantou voranbringen und die Überseechinesen noch mehr ermutigen, in ihrer ursprünglichen Heimat China Investitionen zu tätigen. Man sollte die Bedeutung der Partnerstädte im Ausland gewichten und nicht zuletzt dadurch die internationale Zusammenarbeit beleben.

8.3.3. Zhejiang

Zhejiang ist eine Provinz, die überwiegend mit Exportgütern handelt. Sie ist inzwischen der neue Ausgangspunkt für „Ein Gürtel, Eine Straße" geworden. Zhejiang sollte die Zhoushan Inselgruppen möglichst schnell erschließen und die Musterzone der Seewirtschaft baldigst ausbauen. Beim Ausbau der neuen Gebiete der Zhoushan Inselgruppen sollte man von den wertvollen Erfahrungen Shanghais mit dem System des freien Handels lernen und bei den Reformen des vorhandenen Systems und der bisherigen Strukturen unter bestimmten Rahmenbedingungen dank neuer Erfahrungen mit dem Experiment des freien Handels noch mutiger voranschreiten. Die Zusammenarbeit zwischen den Häfen und Grenzübergängen entlang der Seidenstraße sollte intensiviert, das Transportnetz für die Frachten per Schiff oder mit kontinentalen Verkehrsmitteln perfektioniert und ausgeweitet werden.

Schließlich sollten alle Straßen mit Mittel- und Westchina verbunden werden, desgleichen alle Seefahrtwege mit Südasien, alle Luftlinien mit Ost- und Mitteleuropa. Zhejiang sollte die schon in Betrieb genommenen Transit-Eisenbahnlinien bis nach Europa optimal nutzen. Diese Provinz sollte ihre dort heimischen Unternehmer durch attraktive Bedingungen ermutigen, „ins Ausland hinaus zu gehen" und in wichtigen Metropolen und Hafenstädten entlang der Seidenstraße gemeinsam mit den jeweiligen Ländern Industrieparks aufbauen, womit die Handelsmasse und die Handelsbreite beträchtlich gewinnen würde.

8.3.4. Jiangsu

Die Provinz Jiangsu repräsentiert eine Verkehrsbrücke von „Ein Gürtel, Eine Straße". Der Hafen Lianyun stellt das Tor des Wirtschaftsgürtels der Seidenstraße Richtung Osten dar. Von dort kann man nach Japan und Südkorea schauen. Im Westen kann man durch die neue asiatische und europäische Brücke wie durch Mittel- und Westchina Zentralasien, Westasien und letztendlich Europa erreichen. Deshalb ist Jiangsu eine wichtige Zwischenstation für Güter auf ihrem kontinentalen Transportweg. Jiangsu sollte künftig ein Wegenetz für den maritimen und den kontinentalen Transport zwischen den Ländern am Pazifik und Europas sowie ein Verkehrsnetz der Luftfahrt werden. Diese Provinz sollte beide Linien für Hochgeschwindigkeitszüge, einerseits für den Gütertransport, andererseits für Passagiere über die neue asiatische und europäische Brücke ausbauen, ebenso das Luftfahrtnetz zwischen den Städten innerhalb der Provinz und die Transportkapazität auf wichtigen Straßen erhöhen sowie, wenn nötig, an Flüssen Schleusen einrichten. Die grenzüberschreitenden Investitionen in den Bereichen der Energieversorgung, der Agrarlandwirtschaft, der Hochtechnologie, der modernen Industrie und in Dienstleistungen sollten verstärkt werden. Die Provinz muss versuchen, ihre gewinnbringenden Branchen ins Ausland zu verlegen, um damit den Ausbau der Handelszonen und Industrieparks voranzutreiben.

8.3.5. Shanghai

Die regierungsunmittelbare Stadt Shanghai liegt im Mündungsgebiet des Yangzi Flusses, grenzt im Osten an das Chinesische Meer, im Süden an den Hangzhou Golf, grenzt überdies an die Provinzen Jiangsu und Zhejing und gilt als der Drachenkopf der Yangzi Wirtschaftszone und also als ein wichtiger Ort von „Ein Gürtel, Eine Straße". Shanghai hat viele Vorzüge, ergiebige Märkte, viel Industrie, ein bedeutendes Finanzwesen und Wirtschaftssystem. Shanghai spielt in der internationalen Wirtschaft und in der regionalen wirtschaftlichen Zusammenarbeit die Rolle eines Vorreiters oder eines Herdentiers. Auf der Basis der „vier Zentren" und der freien Wirtschaft hat Shanghai bei den Reformen der Investition, des Handels und des Finanzwesens wertvolle Erfahrungen gesammelt. Shanghai wird sein internationales Netz der Investitionen und des Handels ausbauen, damit die Bereitschaft der chinesischen Unternehmer, „ins Ausland hinauszugehen" zunimmt. Shanghai muss noch mit anderen Ländern im Bereich effizienter Zollkontrollen und im Bereich der regionalen Grenzübergänge zusammenarbeiten, die Transformierung von Industriebranchen der Verarbeitung für Exportgüter vorantreiben, den Dienstleistungshandel, Technologiehandel, grenzüberschreitenden Digitalhandel und andere neue Handelsmodelle entwickeln und für eine Verbreitung der neuen ausländischen Betriebskultur fürs Management sorgen. Shanghai sollte aktiv an dem Ausbau der Yangtze-Flussdelta Wirtschaftszone teilnehmen, die Zusammenarbeit mit anderen Provinzen und Städten, auch mit den Weltgipfel-Forschungsinstitutionen intensivieren, um auf diese Weise das größte und modernste Bildungs- und Forschungszentrum in der Yangtze-Flussdelta Wirtschaftszone und damit in den Wirtschaftszonen von „Ein Gürtel, Eine Straße" überhaupt zu etablieren.

8.3.6. Beijing

Die Hauptstadt Beijing befindet sich im Zentrum des internationalen Austausches. Beim Ausbau von „Ein Gürtel, Eine Straße" muss Beijing die diplomatische Zusammenarbeit und den Austausch mit dem Ausland noch vertiefen, einen beständigen Zuwachs des Außenhandels garantieren, weitere politische Maßnahmen für eine Vereinfachung der Handelsformalitäten treffen, den grenzüberschreitenden digitalen Handel fördern, das Dienstleistungswesen ausweiten, die gesunde Entwicklung des Dienstleistungshandels fördern, umsetzbare Pläne für die Förderung grenzüberschreitender Investitionen entwerfen, die Unternehmer ermutigen, „ins Ausland hinausgehen", die Kooperation mit Hongkong, Macao und Taiwan vertiefen, die jährlichen Hilfsprojekte gut organisieren, vor allem und nicht zuletzt die gleichzeitige Hilfe für Tibet, Xinjiang und Qinghai in die Tat umsetzen.

Stadt Tianjin hat den größten Hafen Chinas. Um die Stadt Tianjin liegen viele wirtschaftlich starke Regionen und Städte wie Beijing. Tianjin ist von vielen Städten und dem Wirtschaftskreis um Bohai umgeben und deshalb ein Verkehrsknotenpunkt für die Seefahrt wie die Luftfahrt und für die Eisenbahn. Von hier kann man direkt Länder wie Kasachstan, Turkmenistan, die Republik Mongolei und andere Länder erreichen. Was den Eisenbahntransport betrifft, so erweisen sich hier Tianjins besondere Vorzüge. Denn in ganz China wird nur der Hafen Tianjins gleichzeitig von vier Eisenbahnlinien angesteuert, die ihn mit europäischen Häfen verbinden. Das neue Konzept einer gemeinsamen Entwicklung von Beijing, Tianjin und der Provinz Hebei wird viel dazu beitragen, dass eine rationale Planung der Verteilung von Industriebranchen, der Stadteinrichtungen, der Komplettierung der Ausrüstung und des komplexen Verkehrssystems der drei Regionen erfolgen kann. Tianjin als internationaler Hafen und als das Zentrum der Wirtschaft im Norden wird künftig immer stärkere Konturen gewinnen.

8.3.7. Hebei

Die Position der Provinz Hebei war früher für die alte Seidenstraße von großer Bedeutung. Der Ausbau von „Ein Gürtel, Eine Straße" wird Hebei dazu verhelfen, ihre Probleme mit überflüssiger Produktion und mit der zu knappen Energieversorgung lösen. Die mit der Shuohuang Eisenbahnlinie verbundenen neu erschlossenen Gebiete Bohais und Xinhais sind der Ausgangspunkt für die neuen asiatischen und europäischen Wegstrecken und gleichzeitig für die Wirtschaftszonen der Seidenstraße. Dadurch wird Hebei zum wichtigen Durchgangsort zur Seefahrtseidenstraße. Hebei sollte eine asiatische und europäische Transportlinie für Hochgeschwindigkeitszüge zwischen Beijing und Moskau ausbauen. Diese Eisenbahnlinie sollte dann als das entscheidende Tor Chinas zum Norden fungieren. Die Provinz Hebei sollte den Ausbau der Infrastruktur und die Förderung der Investitionen sowie eine Belebung des Handels als Hauptaufgaben ihrer Arbeit ansehen. Hebei sollte die Unternehmer der bevorzugten Eisen- und Stahlbranchen, der Glas- und Zementbranchen ermutigen, im Ausland einige Industrieanlagen aufzubauen, um den Export der Ausrüstungs- und Technologieprodukte, die Investition von Kapital und den Einsatz der Arbeitskräfte anzukurbeln.

8.3.8. Shandong

Von der an der östlichen Küste liegenden Provinz Shandong aus kann man am leichtesten aus der Gegend des Gelben Flusses ans Meer gelangen.

Shandong ist ein wichtiger Teil des nordostasiatischen Wirtschaftskreises. Das Konzept „Ein Gürtel, Eine Straße" sieht vor, dass alle Häfen von Shandong mit den Häfen und Flughäfen der Länder entlang der Seidenstraße eine enge Verbindung eingehen und miteinander vernetzt werden. Da viele Baufirmen oft Bauprojekte in anderen Provinzen übernehmen, könnten diese Firmen auch in den benachbarten ausländischen Küstengebieten Ausschreibungen für Bauprojekte akzeptieren und so am Ausbau der Infrastruktur der Seidenstraße teilnehmen. Shandong ermutigt Unternehmer der traditionellen Branchen, in den Ländern entlang der Seidenstraße zu investieren. Shandong sollte Projekte grenzüberschreitender Konzerne mit hohem Technologiestandard und hochwertigen Produkten der entwickelten Länder entlang der Seidenstraße einführen. Die Provinz Shandong sollte ihre Vorzüge in der Marinetechnik gut nutzen, um den Ausbau der Häfen entlang der Seidenstraße, die Seefahrt, Hochseefischerei, die Industrie an den Küsten, den Schutz der Tiervielfalt im Meer, den Schutz vor und die Bekämpfung der Naturkatastrophen zu forcieren und auch die Entwicklung der Meerestechnologie voranzutreiben. Schließlich sollte Shandong ein Mustergebiet für wirtschaftliche Zusammenarbeit der Marine mit den Ländern entlang der Seidenstraße und ein paradigmatisches Versuchsgebiet für die allgemeine und umfassende Entwicklung der Marine werden. Man sollte schwerpunktmäßig einige größere Städte wie Qingdao, Yantai, Rizhao, Jinan und einige mittelgroße Städte zu Bahnbrechern der Öffnung und Reformen und zugleich damit zur Vorhut der freien Wirtschaft machen.

8.3.9. Hainan

Die Provinz Hainan mit ihrer bevorzugten geographischen Lage als Insel hat in der Außenpolitik mit ihrer beträchtlichen Anzahl von Überseechinesen, sodann als wirtschaftliche Sonderzone und im Hinblick auf ihren Inseltourismus viele Vorteile. Nach dem Konzept „Ein Gürtel, Eine Straße" sollte der Ausbau der Städte Haikou und Sanya als Eckpfeiler für das Projekt „Hainan auf der Insel" fungieren. Man sollte die großen Projekte der Infrastruktur und der öffentlichen Anlagen konzentriert verwirklichen, sollte die Hochseefischerei und den Tourismus auf dieser Insel weiter fördern mit dem Ziel, durch besondere Attraktionen Hainan zu einer internationalen Tourismushochburg von Weltniveau zu erheben. Hainan sollte den Austausch mit Hongkong, Macao und Taiwan intensivieren. Es ist geplant, Hainan in die Freihandelszone zwischen China und den Asean-Staaten zu integrieren und die Insel damit zu einem entscheidenden Brückenpfeiler der Seidenstraße zu machen.

8.3.10. Küstengebiet, Hongkong, Macao und Taiwan

China wird die Vorteile des hohen Öffnungsgrades, der wirtschaftlichen Stärke und des weitreichenden Einflusses der Wirtschaftszonen des

Jangtse-Deltas, des Perlfluss-Deltas, auf der westlichen Seite der Taiwan-Straße und um das Bohai-Meer nutzen, das Pilotgebiet für den Freihandel in Shanghai beschleunigt ausbauen und Fujian bei der Entwicklung zum Kerngebiet der maritimen Seidenstraße des 21. Jahrhunderts unter-stützen. Die Funktion der Öffnungs- und Kooperationszonen Qianhai (Shenzhen), Nansha (Guangzhou), Hengqin (Zhuhai) und Pingtan (Fujian) wird zur Entfaltung gebracht, die Zusammenarbeit mit Hongkong, Macao und Taiwan intensiviert, ein integriertes Wirtschaftsgebiet Guangdong-Hongkong-Macao um die Dayawan-Bucht errichtet, der Aufbau des Vorzeigegebiets für die Entwicklung der maritimen Wirtschaft in Zhejiang, des Pilotgebiets für die maritime Wirtschaft in Fujian und des neuen Bezirks auf dem Archipel Zhoushan in Zhejiang vorangetrieben sowie die Entwicklung und Öffnung von Hainan als ein internationales Reiseziel ge-fördert. China wird den Ausbau der Küstenhäfen von Shanghai, Tianjin, Ningbo-Zhoushan, Guangzhou, Shenzhen, Zhanjiang, Shantou, Qingdao, Yantai, Dalian, Fuzhou, Xiamen, Quanzhou, Haikou und Sanya verstär-ken und die Funktion von Shanghai und Guangzhou als wichtige inter-nationale Luftfahrt-Drehkreuze verbessern. China wird die Reformen auf allen Ebenen durch erweiterte Öffnung vorantreiben, die Systeme und Mechanismen der offenen Wirtschaft erneuern und die wissenschaftlich-technische Innovation stärken. Mit diesen Maßnahmen werden neue Vorteile in der internationalen Zusammenarbeit und Konkurrenz geschaffen, damit sich die Küstengebiete zu Pionieren und Hauptkräften für den Ausbau von „Ein Gürtel, Eine Straße", insbesondere für den Ausbau der mariti-men Seidenstraße des 21. Jahrhunderts, entwickeln können. China wird die besonderen Vorteile der Auslandschinesen, der Sonderverwaltungszonen Hongkong und Macao nutzen und sie mobilisieren, aktiv am Ausbau von „Ein Gürtel, Eine Straße" teilzunehmen bzw. Unterstützung zu gewähren. Für die Beteiligung der Provinz Taiwan werden angemessene Maßnahmen ergriffen.

Macao als Sonderverwaltungszone kann seiner Vorzüge wegen, die in einer Diversität von Sprachen, in einer hohen Anzahl von Fachkräften und in reichlichen Kapitalreserven bestehen, den chinesischen Unternehmern die Märkte der portugiesisch sprechenden Länder zugänglich machen. Dem Konzept der Seidenstraße zufolge soll Macao internationale Freizeitparks einrichten. Der Ausbau der Seidenstraße wird den Handel zwischen China und den portugiesisch sprechenden Ländern kräftig beleben und Macao dazu führen, eine Vielfalt wirtschaftlicher Faktoren zu realisieren. Da Macao mit den portugiesisch sprechenden Ländern gute Beziehung pflegt, kann Macao die Vermittlerrolle zwischen China und diesen Ländern spie-len, womit zugleich die zwei Freihandelszonen von Hangqin und Nansha dynamisiert werden.

Taiwan befindet sich an einer wichtigen Ausgangsstelle der Seefahrtseidenstraße und kann mit der Fujiang Freihandelszone gegenüber Taiwan eine partnerschaftliche Beziehung aufbauen. Auch kann es seine Handelsbeziehungen weiter bis hinein in die Mündungsdreiecke der Flüsse Zhu und Yangzi ausdehnen. So können Taiwan mit China zusammen und Hand in Hand internationale Märkte eröffnen. Die beiden Wirtschaftssysteme des Festlands und Taiwans können sich gegenseitig befruchten und kooperierend wechselseitig voneinander profitieren. Hier ruht doch ein enormes Potenzial. Weder das Festland noch Taiwan können die gegenwärtigen Tendenzen der Welt unbeachtet lassen. Beide müssen gemeinsam auf die Herausforderung des Auslands reagieren, jeder auf seine Weise und mit den eigenen Möglichkeiten. Außerdem hofft man, dass die wirtschaftliche Kooperation beider Seiden systematisiert wird, um gemeinsam die Konkurrenzfähigkeit des chinesischen Volks in der Welt zu verstärken.

8.4. Das Binnenland

Die Vorteile des großflächigen Binnenlands mit reichlichen Arbeitskräften und relativ guter industrieller Basis werden zur Geltung gebracht. Gestützt von wichtigen Regionen, dazu zählen städtische Agglomerationen am Mittel- und Unterlauf des Jangtse, Chengdu-Chongqing, in Zentralchina, Hohhot-Baotou-Ordos-Yulin und Harbin-Changchun, wird China die interaktive Zusammenarbeit zwischen verschiedenen Regionen und die integrierte Entwicklung der Industrie vorantreiben, Chongqing zum wichtigen Stützpunkt für die Erschließung Westchinas sowie Chengdu, Zhengzhou, Wuhan, Changsha, Nanchang und Hefei zu Stützpunkten der offenen Wirtschaft im Binnenland aufbauen. China wird die Zusammenarbeit zwischen dem Gebiet am Mittel- und Unterlauf des Jangtse und den russischen Föderationskreisen entlang der Wolga energisch fördern. Darüber hinaus werden Koordinationsstrukturen für Eisenbahntransporte und Zollkontrollen bei Grenzübergängen zwischen China und Europa etabliert und Schnelleisenbahnlinien für den Gütertransport zwischen China und Europa angelegt, um Transportwege zu schaffen, die sowohl China mit dem Ausland als auch die östlichen, zentralen und westlichen Landesteile Chinas verbinden. China wird Städte im Binnenland wie Zhengzhou und Xian beim Ausbau von Flughäfen und internationalen Handels- und Logistikparks unterstützen, die

Zusammenarbeit zwischen Binnenland, Küstenstädten und Grenzgebieten bei der Zollkontrolle verstärken und darüber hinaus Pilotversuche für Dienstleistungen beim grenzüberschreitenden E-Commerce durchführen. Ferner wird China die Standortverteilung der Regionen unter spezieller Zollaufsicht optimieren, das Modell des Verarbeitungshandels erneuern und die industrielle Zusammenarbeit mit den Ländern entlang der Route „Ein Gürtel, Eine Straße" vertiefen (aus „Visionen und Aktionen", VI. Öffnung der verschiedenen Regionen Chinas, Abs.5).

8.4.1. Chongqing

Die regierungsunmittelbare Stadt Chongqing liegt am Kreuzweg zwischen dem Wirtschaftsgürtel der Seidenstraße, dem Wirtschaftskorridor der mittleren chinesischen Südhalbinsel und dem Wirtschaftsgürtel des Yangzi-Flusses. Chongqing verbindet sozusagen den Osten mit dem Westen und den Norden mit dem Süden. Dank dieser besonderen Lage ist Chongqing beim Ausbau der Seidenstraße eine wichtige Station. Hier in der Obermündung des Yangzi-Flusses muss der Ausbau der Knotenpunkte für die unterschiedlichen Verkehrsmittel beschleunigt werden. Man muss viele Binnenstädte als neue Stützpunkte der freien Wirtschaft und des freien Handels konzentriert erbauen. Man muss die Urbanisierung vorantreiben. Die zentrale Rolle Chongqings für den Transport mit Flussfahrzeugen in der Obermündung des Yangzi-Flusses und seine zentrale logistische Bedeutung für China sollte nachdrücklich bedacht werden. Hinsichtlich der kommunikativen Verbindung sollte Chongqing noch enger mit den Regionen entlang des Yangzi-Flusses kooperieren mit der Zielsetzung von Kettenproduktionen und der Ermöglichung von Transformationen der Branchen, damit am Ufer des Yangzi-Flusses Industrieviertel mit technologischer Weltgeltung entstehen. Mit Deutschland, Russland und dem Mittleren Osten sollte man in den Branchen hochentwickelter Ausrüstungen, der neuen Energiequellen und neuen Materialien künftig enger zusammenarbeiten, damit Chongqing und seine Vorstädte Produkte ihrer hochqualifizierten Branchen in der Auto- und Motorradindustrie, in der Chemie- und Baumaterialindustrie wie auch in der Energieindustrie nach Südasien und Südostasien exportieren können.

8.4.2. Sichuan

Die Provinz Sichuan ist der Kreuzungspunkt zwischen der kontinentalen und der maritimen Seidenstraße, repräsentiert einen wichtigen Korridor zwischen dem Südwesten und dem Nordwesten und verbindet dadurch Zentralasien, Südasien und Südostasien. Diese Provinz stellt das sich zum Binnenland hin öffnende Frontgebiet dar und bildet den markanten Stützpunkt für die große Erschließung der westlichen Gebiete Chinas. In

Sichuan wird in einem bemerkenswert hohen Tempo ein dreidimensionales Verkehrssystem ausgebaut: ein Autobahn- und Eisenbahnnetz, ein Seefahrtnetz und ein Luftfahrtnetz. Der goldene Wasserweg des Yangzi-Flusses wird Sichuan die Aufnahme in den Pazifischen Wirtschaftskreis erleichtern.

Die Provinz Guizhou sollte schwerpunktmäßig ausführlich mit der Schweiz und mit Südkorea zusammenarbeiten. Auch mit den Asean-Staaten, mit den Ländern im Mittleren Osten sowie mit Europa sollte Guizhou eine Zusammenarbeit aufbauen. Die vorhandene Kooperation mit Hongkong und Macao sollte noch weiter vertieft werden. In Guizhou sollten dreidimensionale Verkehrswege bis ins Ausland gebaut werden. Der Ausbau der Infrastruktur ist weiter fortzusetzen. Dabei darf man die zu bewahrende ökologische Umwelt nicht hintanstellen. Von der Hauptstadt Guiyang kann man in absehbarer Zukunft mit direkten Flügen Singapur, Phnom Penh, Rangun und Vientiane erreichen. Die Schnelleisenbahnlinien sollten sich von Guiyang aus in die Regionen Südostasiens erstrecken. Auch Guiyang soll zu einer Vorhut der freien Wirtschaft im Binnenland werden.

8.4.2. Hubei

Hubei ist eine Provinz, die im Zentrum des „Yangzi Wirtschaftsgürtels" liegt. Westlich von Hubei befindet sich der Wirtschaftsgürtel der Seidenstraße, östlich tangiert sie den Weg zur maritimen Seidenstraße. Die geographische Lage dieser Provinz hat demnach große Vorzüge. Auch die Infrastruktur wie das Verkehrs-Transportnetz und das Postwesen sind hier ziemlich gut ausgebaut. Das Industriesystem hat hier ebenfalls eine lange Tradition. Hubei hat schon längst mit dem Yangzi-Delta, dem Perlfluss-Delta sowie mit Beijing, Tianjin und Hebei zusammengearbeitet, wobei sie mit der Transformation der Produktionsbranchen und mit der Transformation der Dienstleistungen schon beträchtliche Erfolge erzielt haben. Momentan wird am Ausbau der Fluglinien von „Wuhan-Asean- Staaten" und Wuhan-Japan, Wuhan-Südkorea" energisch gearbeitet. Die Transportkapazität der neuen internationalen Eisenbahnlinie Hanxiou sollte noch erhöht werden. Mit französischer Hilfe wird gerade die Hauptstadt Wuhan zu einer ökologischen Musterstadt ausgebaut. Viele Unternehmen in Hubei haben den Ehrgeiz, weltbekannte Markenprodukte herzustellen. Hubei sollte wichtige Schlüsseltechnologien, moderne Maschinen und Geräte importieren, um damit wirtschaftliche Transformationen und eine Herstellung hochwertiger Produkte zu ermöglichen. Die Provinz Hubei stimuliert ihre Unternehmer, im Ausland Industrieanlagen zu gründen, damit dadurch entsprechende Maschinen und Geräte wie bestimmte Technologien exportiert und Probleme der Überproduktion gelöst werden können.

8.4.3. Hunan

Die Provinz Hunan liegt zwischen dem östlichen Küstengebiet und dem mittleren Westen Chinas, zwischen dem offenen Yangzi-Wirtschaftsgürtel und der offenen Wirtschaftszone an der Küste. Hunan eine weitreichende Erschließung westlicher Gebiete vorantreiben. Hunan sollte einige Städte als Musterstädte der Transformation überflüssiger Branchen, der Armutsbekämpfung und der ökologischen wirtschaftlichen Entwicklung aufbauen. Die Exportkapazität sollte erheblich erweitert werden. Hunan sollte weitere Anlagen der Weiterverarbeitung von Gütern für den Export aufbauen. Andererseits sollte Hunan noch mehr Energiequellen und Schlüsseltechnologien importieren. Auch Hunan mobilisiert ihre Unternehmer, „ins Ausland hinaus zu gehen" und ihre etablierten Branchen ins Ausland verlegen. Die Provinz Hunan sollte ihre internationalen und nationalen Luftverbindungen noch ausweiten.

8.4.4. Jiangxi

Die Provinz Jiangxi grenzt an das Yangzi Mündungsdelta und das Mündungsdelta des Perlflusses und ist eine wirtschaftlich hochwertige Provinz. Ihre geografische Lage ist von besonderer Bedeutung, weil Jiangxi den Westen mit dem Osten, sowie den Norden mit dem Süden verbindet. Jiangxi sollte den Ausbau ihres Verkehrsnetzes beschleunigen, hauptsächlich damit ihre regionalen Eisenbahnstrecken rasch den Anschluss an die internationalen Eisenbahnlinien bis nach Europa finden. Jiangxi sollte ihren Transport von Frachten bis nach Ningbo, Xiamen und Chenzhen erweitern. Jiangxi sollte den Ausbau des Yangzi-Wirtschaftsgürtels und die Urbanisierung entlang des mittleren Mündungsdeltas des Yangzi-Flusses energisch voranbringen. In den neu erschlossenen Gebieten Changjius sollte ein offenes Wirtschaftssystem eingeführt werden, damit es sich den Freihandelszonen von Shanghai, Guangdong und Fujian anschließen kann. Man sollte die Vorzüge Jiangxis mit reichen Ressourcen und einer intakten ökonomischen Umwelt nutzen, um neue Branchen wie Bioprodukte, neue Energiequellen, neue Materialien, einen Ökotourismus zu etablieren und den Export von Arbeitskräften zu ermöglichen. Jiangxi sollte dem Prinzip „einführen und hinaus gehen" treu bleiben und ihre hochqualifizierten Branchen in Länder der Seidenstraße verlegen, die „das chinesische Konzept" im Blick hat. Jiangxi sollte auch die Zusammenarbeit verschiedener Branchen intensivieren, ihre Luftfahrtindustrie perfektionieren, die Industrieanlagen für Kraftfahrzeuge erweitern, die Industrie neuer Energien und Industrie der Bioprodukte aufbauen. Jiangxi sollte ein internationales Ziel für den Ökotourismus werden.

8.4.5. Anhui

Die Provinz Anhui verspricht dank ihrer Vorzüge wie ergiebiger Wasserressourcen und lang ausgebreiteter Ufergebiete gute Voraussetzungen für die Entwicklung. Die Hauptstadt Hefei kann zum Paradigma der offenen Wirtschaft werden. Die Stadt sollte durch eine schnelle Öffnung und Reformen die Formalitäten des Handels mit dem In- und Ausland vereinheitlichen und erleichtern. Anhui ist bemüht um neue gesetzliche Bestimmungen zugunsten der wirtschaftlichen Zusammenarbeit mit den Yangzi-Regionen. Momentan werden die Hauptader des Yangzi-Flusses und die Seefahrtwege des Huai-Flusses reguliert. Außerdem werden ein Autobahn- und Eisenbahnnetz, ein Luftfahrt- und Gaspipelinenetz sowie ein Informationsnetz ausgebaut. Dies geschieht mit dem Ziel, möglichst bald ein digitalisiertes, standardisiertes, mit Hochtechnologie gesteuertes, dreidimensionales Verkehrsnetz für alle Transportmittel zu bewerkstelligen. Auch die Leistungskraft der Häfen in Tongling, Chizhou, Huainan sollte effizienter genutzt werden, indem man das Wassertransportsystem perfektioniert. Außerdem sollte der Frachttransport auf dem Weg vom Fluss zum Meer gesteigert werden. Die Provinz Anhui soll an den neuen euroasiatischen Wirtschaftskorridor angeschlossen werden, mit ihm zusammenarbeiten und ihre Durchgangswege zum Westen erweitern. Darüber hinaus sollen neue strategische Branchen entstehen. Auch Anhui ist am Aufbau grenzüberschreitender Industrieviertel und an einer Dynamisierung der Zusammenarbeit mit den staatlichen und etablierten privaten Betrieben interessiert.

8.4.6. Henan

Die Provinz Henan verbindet den Osten mit dem Westen und Norden mit dem Süden. Dank ihrer ziemlich zentralen Lage ist das Verkehrsnetz in dieser Provinz vorzüglich ausgebaut. Henan verfügt über zwei Strecken für Hochgeschwindigkeitszüge, die sich in den Formen der chinesischen Zeichen „十" und "米" durch das Land ziehen. Der Flughafen der Hauptstadt Zhengzhou ist der erste Flughafen, der in das staatliche Pilotprojekt der offenen Wirtschaft integriert worden ist. Auch sind die Autobahnstrecken dieser Provinz die längsten in ganz China. Henan ist charakterisiert durch eine lange Geschichte mit dem Ursprung der chinesischen Zivilisation. Henan pflegt schon seit eh und je Kontakt mit den Ländern der Seidenstraße und kann sich deshalb in dieser Hinsicht schon auf eine kontinuierliche Tradition berufen. Die drei Pilotprojekte der offenen Wirtschaft Henans, der Getreideanbau in ihrer Hauptregion, Henans Wirtschaftsgebiet Zhongyuan und der Flughafen von Zhengzhou sollen in das Konzept der Seidenstraße integriert werden. Henan sollte das asiatische und europäische Zentrum der Logistik des Großhandels, das Zentrum des kulturellen Austausches und das Zentrum des Handels werden, um ihre im Konzept vorgesehene Schlüsselrolle einzunehmen. Die wichtigen Städte von Henan Zhengzhou, Luoyang und einige weitere Städte sollten ihre Branchen miteinander verketten. Die Zusammenarbeit und den Austausch in der Agrarlandwirtschaft sollen dynamisiert und der Tourismus angekurbelt werden. Henan wird die bereits vorhandenen Eisenbahnlinien, die weiter nach Europa führen noch erweitern und das Transportnetz zwischen dem Osten und Westen noch verdichten. Henan wird überdies weitere Flughäfen, internationale Grenzübergänge und ein Versuchsgebiet für den grenzüberschreitenden Internethandel aufbauen.

8.4.7. Shanxi

Die Provinz Shanxi zählt zum wichtigen Terrain des neuen euroasiatischen Wirtschaftskorridors. Sie grenzt an viele wirtschaftlich starke Regionen wie Henan, Beijing, Tianjin und Hebei und auch an die beiden wichtigen Provinzen Henans und der Inneren Mongolei. So liegt Shanxi in einem wichtigen wirtschaftlichen Zentrum. In der Kohleförderung, in der Maschinenbau- und Eisenbahnindustrie nimmt Shanxi in ganz China eine Spitzenposition ein. Shanxi sucht jetzt neue Wege kontinuierlicher wirtschaftlicher Entwicklung, beispielsweise mit dem Bau eines „Hafens ohne Wasser" in Taiyuan, Datong und Linfen, um möglichst bald von der Branche der Kohleförderung unabhängig zu werden. Außerdem sollte man mit anderen Provinzen und anderen Ländern entlang der Seidenstraße in Fragen des Handels, der Grenz-, Zoll- und Gesundheitskontrollen im Sinne einer Vereinfachung solcher Kontrollen noch enger zusammenarbeiten. Auch sollte man den internationalen Handel mit Zentralasien, mit Russland und Europa ausweiten.

8.5. Überseechinesen

Unter den Millionen Überseechinesen im Ausland gibt es zahlreiche hochqualifizierte Fachleute und erfolgreiche Unternehmer. Diesen sind die Geschichte, die Sprache und Kultur, die Gesellschaftsstruktur, Gesetze, Sitten und Gebräuche der Länder, in denen sie leben, in der Regel vertraut. Der Ausbau der Seidenstraße bietet auch diesen im Ausland lebenden Fachkräften etliche Entwicklungschancen. China versucht die Überseechinesen mit ihren unschätzbaren Vorzügen und ihrem Potenzial für das Konzept der Seidenstraße als mögliche Berater, Förderer und Investoren zu gewinnen. Das Potenzial der Überseechinesen, das ein reiches Kapital, eine Fülle von Fachkenntnissen und gesellschaftlichen Einflussmöglichkeiten umfasst, sollte optimal genutzt werden. In dieser Hinsicht sollte man keine Mühe scheuen, initiativ zu werden. Schließlich vermag China mithilfe ihrer Landsleute, die im Ausland leben, die Qualität und die Effektivität der Projekte der Seidenstraße zu steigern und die politischen Handelsverbindungen mit anderen Ländern voranzutreiben. China begrüßt eine effektive Beteiligung der Überseechinesen am Ausbau der Seidenstraße. China ist stark daran interessiert, dass die Überseechinesen ihre privaten und geschäftlichen Aktivitäten mit den Projekten der Seidenstraße zu verbinden. Man sollte deshalb die Überseechinesen über das Konzept der Seidenstraße unbedingt näher aufklären, damit noch mehr Landsleute an der Realisierung der damit verbundenen Projekte mitwirken können. Die Überseechinesen könnten in der Tat als eine Brücke zwischen China und der Welt fungieren.

Kapitel 9

Chinas Engagement

Seit 2013 treibt die chinesische Regierung das Konzept „Ein Gürtel, Eine Straße" energisch voran. Die Kommunikation, Rücksprache und die pragmatische Zusammenarbeit mit den betroffenen Ländern entlang der Seidenstraße sind erheblich verstärkt worden. Die chinesische Regierung hat eine ganze Reihe von Maßnahmen getroffen und viele politische Bestimmungen herausgegeben. Inzwischen können die ersten, die frühesten Früchte geerntet werden.

9.1. Führung und Förderung durch Spitzenpolitiker

Staatspräsident Xi Jinping und Ministerpräsident Li Keqiang und viele andere Regierungsfunktionäre haben mehr als 20 Länder nacheinander besucht, darüber hinaus an zahlreichen Dialogen zur Verstärkung der kooperativen Partnerschaften teilgenommen. Bei jeweiligen Zusammentreffen mit den Regierungschefs bzw. Staatsoberhäuptern haben sie im Zusammenhang mit den bilateralen Beziehungen und der regionalen Entwicklung den wesentlichen Inhalt und die positive Bedeutung des Konzepts „Ein Gürtel, Eine Straße" eingehend dargelegt, sodass ein breiter Konsens über den gemeinsamen Ausbau der Seidenstraße erzielt werden konnte. Auch auf Ministerebene hat es zahlreiche Treffen gegeben, darunter die 6. Konferenz der Minister des Chinesischen und Arabischen Forums der Zusammenarbeit. Bei all diesen Treffen haben die chinesischen Funktionäre Sinn und Bedeutung dieses Konzepts

„Ein Gürtel, Eine Straße" erläutert, um auf diese Weise allgemeine Zustimmungen zu diesem Unternehmen zu gewinnen
(aus „Visionen und Aktionen", VII. Chinas aktiver Einsatz,
Abs.2).

Im September und Oktober 2013 hat der Präsident Xi Jinping nacheinander vier Länder in Zentralasien und einige Länder in Südostasien besucht und während seines Aufenthaltes in diesen Ländern mehrfach das
Konzept des gemeinsamen Ausbaus der kontinentalen Seidenstraße und
der Seefahrtseidenstraße des 21. Jahrhunderts („Ein Gürtel, Eine Straße")
entschieden vertreten.

Im Oktober 2013 hat der Ministerpräsident Li Keqiang offiziell Brunei,
Thailand und Vietnam besucht. Im Palast von Brunei hat Li Keqiang betont, China sei sehr daran interessiert, die Zusammenarbeit mit Brunei
zu beleben. China möchte die Zusammenarbeit mit Brunei auf ein höheres Niveau bringen. China plant mit Brunei zusammen den Ausbau
der Infrastruktur in Brunei voranzutreiben und mit Brunei gemeinsam
das Südchinesische Meer zu erschließen. Während seines Aufenthalts
in Thailand hat der Ministerpräsident Li Keqiang hervorgehoben, die
Verdichtung des Netzes der Infrastruktur sei ein entscheidender Faktor der
wirtschaftlichen Zusammenarbeit zwischen China und den Asean Staaten.
Er hoffe auf eine Zusammenarbeit beim Ausbau der Eisenbahnlilien. Die
Kooperation zwischen China und den Asean Staaten sollte das Ziel anstreben, eine Beziehung gegenseitiger Gewinnbeteiligung zu verwirklichen. In
Hanoi hat Li Keqiang mit seinem vietnamesischen Amtskollegen Nguyễn
Tấn Dũng über die partnerschaftlichen Beziehungen und die umfassende
Zusammenarbeit zwischen beiden Ländern diskutiert, und beide sind nach
ausführlichem Meinungsaustausch zu gemeinsamen Erkenntnissen ge-
kommen. Beide Länder werden demnächst hinsichtlich der maritimen, der
kontinentalen Probleme wie und in Finanzfragen, d.h. in allen diesen drei
Bereichen noch enger zusammenarbeiten.

Im Juni hat der Präsident Xi Jinping beim Treffen mit seinem russischen
Amtskollegen Putin in Sotchi erklärt, dass China für eine Beteiligung des
gemeinsamen Ausbaus der Wirtschaftszone der Seidenstraße Russland
willkommen heißt und hat mit seinem Appell Erfolg gehabt und die
Zustimmung Russlands gefunden.

Im März 2014 hat der Präsident Xi Jinping Holland, Frankreich,
Deutschland und Belgien nacheinander besucht. In Den Haag hat man
die „Gemeinsame Deklaration über den Aufbau einer partnerschaftlichen Beziehung für eine umfassende Zusammenarbeit zwischen China
und Belgien" verkündet. Belgien wird seinen Vorzug als Tor von Europa
nutzen und den kulturellen Austausch zwischen den beiden Ländern

vorantreiben. In Paris wurde „die Gemeinsame Deklaration zwischen China und Frankreich—eine neue langfristige, enge, strategische und partner-schaftliche Beziehung zwischen China und Frankreich" proklamiert. Beide Seiten haben beschlossen, die wirtschaftliche Zusammenarbeit zwischen beiden Ländern zu vertiefen, zu erweitern und zu bilanzieren. In Berlin haben der Präsident Xi Jinping und die Kanzlerin Merkel über die chinesi-schen und deutschen Beziehungen, über wichtige internationale und regio-nale Fragen, die im Interesse beider Länder liegen, ihre Meinungen ausge-tauscht und haben letztlich zu gemeinsamen Erkenntnissen gefunden. Beide Seiten haben beschlossen, die beiderseitige Beziehung zu einer in jeder Hinsicht strategischen und partnerschaftlichen Beziehung auszubauen. Alle oben genannten europäischen Länder sind bereit, mit China gemeinsam den großen euroasiatischen Markt aufzubauen, das Fluktuieren von euroasiati-schen Fachkräften, von Betrieben, des Kapitals und der Technologie zu er-möglichen. Man ist erfreut darüber, dass China und Europa in Gesprächen und in einer fruchtbaren Kommunikation ihre Divergenzen in Fragen des Handels haben beilegen können.

Im Juni 2014 fand in der Volkskongresshalle die 6. Tagung der Minister des Chinesischen und Arabischen Forums statt. Bei der Eröffnungsfeier hat der Präsident Xi Jinping eine Rede gehalten mit dem Titel „Den Geist der Seidenstraße entfalten, die Zusammenarbeit mit den arabischen Ländern vertiefen", in der er betont hat, dass das Konzept „Ein Gürtel, Eine Straße" durchaus einen gemeinsamen Profit verspreche. China und die arabischen Länder sollten auf die Prinzipien des gemeinsamen Handels, des gemein-samen Aufbaus und des gemeinsamen Genusses von Profit vertrauen und eine enge Interessen- und Schicksalsgemeinschaft begründen. Die Zusammenarbeit in der Energieversorgung sollte dabei eine Hauptsäule sein. Ein Zusammenwirken beim Ausbau der Infrastruktur und hinsichtlich der Erleichterung des Handels und der Investitionen, die als die zwei Flügel fungieren sollten, sei anzustreben. Kernenergie und Raumfahrt sowie er-neuerbare Energie und andere Branchen der Hochtechnologien sollten der Kooperation zum Durchbruch verhelfen. Man sollte die Vorbereitung des Ausbaus der Freihandelszone zwischen China und Cooperation Council for the Arab States of the Gulf (GCC) beschleunigen. Man sollte versuchen, die arabischen Länder für die Asiatische Infrastruktur-Investitionsbank (AIIB) zu gewinnen. Xi Jinping betonte, beide Seiten sollten den Geist der alten legendären Seidenstraße wiederbeleben und fortbilden, den Ausbau des Wirtschaftsgürtels und der maritimen Seidenstraße des 21. Jahrhunderts als große neue Chance für einen Neubeginn begreifen, die umfassende Zusammenarbeit vertiefen und die chinesischen und arabi-schen Kooperationsverhältnisse strategisch verstehen und erweitern.

Im Juni 2014 hat der Premierminister Li Keqiang nacheinander offiziell Großbritannien und Griechenland besucht. In London haben der Premierminister Li Keqiang und sein Amtskollege David Cameron Gespräche geführt, in denen beide Seiten die Position vertreten haben, ihre bilaterale Zusammenarbeit zu vertiefen. Beide Seiten werden das Handelsniveau erhöhen. Vor allem werden beide Länder in der Kernkraft, in der Bereitstellung von Hochgeschwindigkeitszügen und im Ausbau der Infrastruktur noch enger kooperieren. Darüber hinaus sollte die Kooperation im Finanzwesen und im kulturellen Austausch den kontinuierlichen und gesunden bilateralen Beziehungen eine neue Vitalität geben. In Fragen internationaler Angelegenheiten sollten beide Länder noch mehr kooperieren. Beide Seiten treten für eine offene internationale Wirtschaft ein und wollen den globalen Freihandel vorantreiben.

In Athen haben Li Keqiang und sein griechischer Amtskollege Alexis Tsipras gemeinsam an dem chinesischen und griechischen maritimen Kooperationsforum teilgenommen, auf dem Li Keqiang eine Rede zum Thema „Gemeinsamer Aufbau einer friedlichen, harmonischen maritimen Kooperation" gehalten hat. In seiner Rede brachte Li Keqiang die Verstärkung der praktischen, bilateralen maritimen Kooperation zum Ausdruck.

146 Im Juli 2014 hat der Präsident Xi Jinping Südkorea besucht. In Seoul haben beide Länder eine „Gemeinsame Erklärung Chinas und Südkoreas" verabschiedet, in der die bilaterale Kooperation in den Bereichen politischer Sicherheit und kulturellen Austausches betont wurde. Beide Länder werden sich anstrengen, um eine wirtschaftliche Standardisierung in Ostasien voranzutreiben. Darüber hinaus haben beide Länder ihren Standpunkt gegen eine Entwicklung der Atomwaffen auf der Halbinsel bekräftigt im erklärten Interesse einer Förderung der Stabilität und des Friedens auf der koreanischen Halbinsel und in Ostasien.

Im August 2014 hat der Präsident Xi Jinping die Republik Mongolei besucht. In Ulan Bator wurde er von seinem mongolischen Amtskollegen Elbegdordsch empfangen. Beide Staatsoberhäupter haben weitere Kooperationspläne entworfen, und sind zu gemeinsamen Erkenntnissen in wichtigen Fragen gekommen. Beide Seiten haben beschlossen, ihre Beziehung strategisch umfassend und partnerschaftlich zu gestalten und auszubauen. China denkt daran, gemeinsam mit der Republik Mongolei weiterhin den grenzüberschreitenden asiatischen und europäischen Transport und den Ausbau des Wirtschaftsgürtels der Seidenstraße zu verstärken und mit der Infrastruktur-Investitionsbank (AIIB) mit der Mongolei zu kooperieren. China hofft, dass die Republik Mongolei den chinesischen Unternehmern gute Investitionsbedingungen ermöglicht.

Im September 2014 hat der Präsident Xi Jinping Tadschikistan, Malediven, Sri Lanka und Indien besucht. In Duschanbe ist er von seinem tadschikischen Amtskollegen Rahmonov empfangen worden. Beide Seiten betrachten den gemeinsamen Ausbau des Wirtschaftsgürtels als gute Chance für ihre Kooperation, und beide Länder werden sie hinsichtlich der Pipelines und der Stromerzeugung intensivieren. Außerdem werden die chinesischen und zentralasiatischen Gasleitungen ausgebaut.

In Male ist der Präsident Xi Jinping von seinem maledivischen Amtskollegen Yameen empfangen worden. Xi Jinping hat betont, dass der Inselstaat der Malediven vormals eine wichtige Station auf der alten maritimen Seidenstraße war. Deshalb haben beide Länder eine gemeinsame Geschichte. China begrüßt es, dass die Malediven am Ausbau der maritimen Seidenstraße des 21. Jahrhunderts aktiv teilnehmen. China will mit den Malediven Hand in Hand die gemeinsamen Entwicklungsprojekte verwirklichen.

In Sri Lanka hat der Präsident Xi Jinping einen Artikel mit dem Titel „Partner mit dem gleichen Traum und auf demselben Boot" veröffentlicht, in dem er versichert hat, China und Sri Lanka würden ihre Kooperation in dem maritimen Bereich, im Handel, im Ausbau der Infrastruktur, in der Sicherheit und auch im Tourismus intensivieren. Beide Länder werden die Wiederbelebung der legendären alten Seidenstraße vorantreiben. Beide Seiten werden auch beim Ausbau von Häfen und Industrievierteln an den Küsten kooperieren.

In Indien ist der Präsident Xi Jinping vom indischen Premierminister Modi empfangen worden. Beide Seiten sind gewillt, den Aufbau des Bangladeschen, Chinesischen, Indischen und Myanmarischen Wirtschaftskorridors, den Ausbau des Wirtschaftsgürtels der Seidenstraße, den Ausbau der maritimen Seidenstraße des 21. Jahrhunderts, die Kooperation mit der Asiatischen Infrastruktur-Investitionsbank, die wirtschaftliche Normierung und die Vernetzung voranzutreiben. Außerdem hat Xi Jinping in seiner Rede im indischen Komitee der internationalen Angelegenheiten hervorgehoben, China hoffe, dass das Konzept „Ein Gürtel, Eine Straße" wie ein Instrument mit zwei Flügeln fungieren könnte und die südasiatischen Länder bei ihren Entwicklungen beflügeln könnte.

Im November 2014 hat der Dialog der partnerschaftlichen Vernetzung im staatlichen Gästehaus Diaoyu in Beijing stattgefunden. Der Präsident Xi Jinping hat hier bei der Eröffnung eine Rede gehalten mit dem Titel „Die Vernetzung leitet die Entwicklung und partnerschaftliche Kooperation", worin er betont hat, China unterstütze und favorisiere die Entwicklung der asiatischen Länder, konkreter gesagt: den Ausbau des Wirtschaftsgürtels, den Ausbau der Infrastruktur und den kulturellen Austausch. Dadurch sollte die partnerschaftliche Vernetzung zwischen den asiatischen Ländern verdichtet werden und auf diese Weise schließlich hinsichtlich der Entwicklung eine Schicksalsgemeinschaft entstehen.

Im November 2014 hat der Premierminister Li Keqiang einen offiziellen Besuch in Myanmar abgestattet. In Nay Pyi Daw ist er von dem Präsidenten Myanmars Thein Sein empfangen worden. Li Keqiang hat hier dazu aufgerufen, die Führungskräfte beider Länder sollten ausführlicher kommunizieren und dadurch das beiderseitige politische Vertrauen verstärken. Überdies sollte man die Funktionen der schon vorhandenen Institutionen wie der chinesischen und myanmarischen Kommission kooperativer Stromversorgung und der chinesischen und myanmarischen Kommission kooperativer Agrarlandwirtschaft noch mehr intensivieren. Beide Seiten werden weiterhin in der Energieversorgung und in der Agrarlandwirtschaft zusammenarbeiten. Beide Länder werden beim bilateralen Handel beiderseits in der jeweiligen Landeswährung abrechnen. Der Austausch auf Kultur- und Personalebene sollte weiterhin gefördert werden, damit gute Voraussetzungen für eine chinesisch-myanmarischen Freundschaft schaffen könne.

Im November 2014 hat Präsident Xi Jinping auch Australien, Neuseeland und die Fidschiinseln besucht. In Canberra ist Xi Jinping vom australischen Premierminister Andrews empfangen worden. Beide Führungskräfte haben beschlossen, die bilaterale Beziehung aufs Niveau einer strategisch umfassenden partnerschaftlichen Beziehung hochzuschrauben. China wird in Sydney eine RMB Clearing Bank stationieren und damit die Kooperation im Finanzwesen erweitern. In Wellington ist Xi Jinping von dem neuseeländischen Premierminister John Key empfangen worden. Beide Seiten haben beschlossen, ihre bilaterale Beziehung auf eine neue und höhere Ebene einer strategisch umfassenden partnerschaftlichen Konnexion anzuheben. Xi Jinping hat darauf hingewiesen, beide Länder könnten den Freihandel mit wechselseitigen Begünstigungen einführen. Beide Seiten werden den Prozess wirtschaftlicher Vereinheitlichung in Asien und in den Ländern am Pazifik vorantreiben. Der Südpazifik markiert geographisch die Strecke der von China initiierten maritimen Seidenstraße des 21. Jahrhunderts. Deshalb begrüßt China, dass Neuseeland an deren Ausbau teilnimmt. Im Grunde hat die chinesische und neuseeländische Kooperation im Handel schon große Erfolge errungen. In Nadi ist der Präsident Xi Jinping vom Premierminister der Fidschiinseln Frank Bainimarama empfangen worden. Xi Jinping hat erklärt, China und die Fiji-Inseln werden gemeinsam ihre bilateralen Beziehungen vorantreiben.

Im Dezember 2014 ist Li Keqiang in Belgrad von seinem tschechischen Amtskollegen Bohuslav Sobotka empfangen worden. Li Keqiang hat seiner Hoffnung Ausdruck verliehen, beide Länder könnten die Kooperation in der Kernenergie, im Finanzwesen und in der Raumfahrt intensivieren. China unterstützt chinesische Unternehmer bei der Gründung von Industrievierteln und Forschungsparks in Tschechien. China begrüßt es, wenn Tschechien an der großen Erschließung westlicher Gebiete Chinas teilzunehmen bereit ist.

Im Januar 2015 hat der Premierminister Li Keqiang bei seinem Treffen mit dem Vorsitzenden des pakistanischen Parlaments Nawaz Sharif deklariert, die Basis für den Aufbau des chinesischen und pakistanischen Wirtschaftskorridors sei beidseitig erreicht. Er hoffe auf eine weitere praktische Kooperation zwischen beiden Ländern. Man sollte gemeinsam den Aufbau des Wirtschaftskorridors vorantreiben, damit mehr Menschen davon profitieren können. Er hoffe, dass Pakistan noch weitere Maßnahmen ergreift, um die Sicherheit der chinesischen Mitarbeiter und der chinesischen Projekte in Pakistan zu garantieren. China ist bereit, mit Pakistan zusammen die regionale Stabilität und den Frieden zu sichern. Im April 2015 hat Xi Jinping in Jakarta den Myanmarischen Präsidenten Thein Sein getroffen. Xi Jinping hat die Unterstützung Myanmars für die Kooperation beim Ausbau des bangladeschischen, chinesischen, indischen und myanmarischen Wirtschaftskorridors gelobt. Myanmar ist bereit, im Rahmen der oben genannten Kooperation den Bau der chinesischen und myanmarischen Straßen, den Frachttransport auf dem Land- und auf dem Wasserweg voranzutreiben.

9.2. Unterzeichnung von Rahmenabkommen

Zur Unterzeichnung von Rahmenabkommen gehören die Kooperationsmemoranden mit einigen Ländern über den Aufbau von „Ein Gürtel, Eine Straße", Memoranden mit einigen Nachbarländern über die regionale und grenzüberschreitende Zusammenarbeit sowie mittel- und langfristig Entwicklungsplanungen für die Wirtschafts- und Handelskooperation. Zudem hat man Programme der regionalen Zusammenarbeit zwischen China und seinen Nachbarländern ausgearbeitet (aus „Visionen und Aktionen", VII. Chinas aktiver Einsatz, Abs.3).

Seit 2013 versucht die chinesische Regierung den gemeinsamen Ausbau von „Ein Gürtel, Eine Straße" voranzutreiben. Bis heute hat China mit Tadschikistan, Kasachstan, Katar und einigen weiteren Ländern im Hinblick auf einen gemeinsamen Ausbau der Seidenstraße Memoranden für eine Kooperation in der Energieversorgung, im Ausbau der Infrastruktur, im Finanzwesen und Kulturaustausch unterzeichnet. Mit Kuwait hat China eine Denkschrift über die gemeinsame Mobilisierung des Ausbaus eines Wirtschaftsgürtels und des Aufbaus einer Stadt an der Seidenstraße veröffentlicht. Mit Russland hat China eine entsprechende Deklaration für die regionale Kooperation und für eine Kooperation in den Grenzgebieten unterzeichnet. Außerdem hat China eine Reihe von Dispositionen langfristiger Kooperation in der Wirtschaft und im Handel sowie Grundrisse einer regionalen Kooperation entworfen. Dazu zählen der „Grundriss der chinesischen und kasachischen partnerschaftlichen Kooperation 2015-2020", die „Strategische Planung der Kooperation zwischen China und Europa 2020", der „Grundriss der chinesischen und pakistanischen Zukunftsplanung des Wirtschaftskorridors", der „Grundriss von Bukarest" und der „Grundriss von Belgrad". China hat mit Tadschikistan ein Memorandum der Kooperation beim gemeinsamen Ausbau des Konzepts „Ein Gürtel, Eine Straße" unterzeichnet. Die Kooperation zwischen den beiden Ländern betrifft die Sektionen Handel, Agrarlandwirtschaft, Energieversorgung, Ausbau der Infrastruktur und andere Bereiche. Darüber hinaus haben die beiden Länder noch den „Grundriss der chinesischen und tadschikischen strategischen und partnerschaftlichen Beziehung 2015 bis 2020" verabschiedet und weitere 16 wichtige Vereinbarungen getroffen. Nach diesen bilateralen Vereinbarungen werden das Projekt der chinesischen und zentralasiatischen Pipelines, das Projekt der Renovierung der Stromleitungen in Tadschikistan, die Projekte der Infrastruktur der Grenzübergänge, der Aufbau von Industrievierteln, der Aufbau von Mustergebieten der agrarlandwirtschaftlichen Technologie und weitere Projekte der Zusammenarbeit vorangebracht.

China und Kasachstan haben das „Memorandum der Kooperation beim gemeinsamen Ausbau von „Ein Gürtel, Eine Straße", „Das Memorandum der Kooperation in Produktionen und Investitionen", „Das Memorandum der Kooperation zwischen dem chinesischen und kasachischen Außenministerium 2014 bis 2016" und „Das Memorandum der Kooperation bei der Aufsicht der Wertpapiere" unterzeichnet. Nach diesen Memoranden werden beide Länder in Bereichen wie Stahl, Flachglas, Buntmetalle, Ölraffinerie, Wasserkraft und der Autoindustrie noch enger zusammenarbeiten. Beide Länder werden bei der Kontrolle des Handels mit Wertpapieren kooperieren, damit die Kapitalmärkte beider Länder sich gesund entwickeln. Darüber hinaus präparieren gerade beide Länder die Verabschiedung eines „Memorandums der Kooperation in den Grenzgebieten zwischen China und Kasachstan".

„Das Memorandum der Kooperation beim gemeinsamen Ausbau des Wirtschaftsgürtels der Seidenstraße und der maritimen Seidenstraße des 21. Jahrhunderts zwischen China und Katar" behandelt hauptsächlich das Finanzwesen und die Energieversorgung. China und Katar haben außerdem „Das Memorandum der Kooperation beim Abrechnen mit RMB" unterzeichnet. Dieser Denkschrift zufolge wird China die experimentelle Region der RMB Qualifizierter Ausländischer Institutioneller Investoren[*] (RQFII) bis nach Katar ausweiten.

---

[*] Mit der Vergabe der QFII Lizenzen begann die Volksrepublik China im Jahr 2002. Es stellt einen sehr wichtigen Meilenstein in der Öffnung des chinesischen Finanzmarktes dar. Lizenzinhabern war es durch dieses Programm erstmals gestattet in beschränkten Kontingenten direkt in den chinesischen Aktienmarkt zu investieren.

Beide Länder haben sich über den Wechsel der eigenen Währung in dem anderen Land verständigt. Was die Energieversorgung angeht, so haben China und Katar im Jahr 2008 ein „Memorandum der Kooperation der Energieversorgung" unterzeichnet. Die Punkte dieser Vereinbarung in diesem Memorandum werden weiter Geltung haben.

China und Kuwait haben „Das Memorandum der Kooperation beim gemeinsamen Ausbau von ‚Ein Gürtel, Eine Straße' und beim Aufbau einer Stadt der Seidenstraße in Kuwait" unterzeichnet. Kuwait plant 1320 Milliarden Dollar zu investieren, um an der nördlichen Sifia Küste eine neue Stadt an der Seidenstraße erstellen.

Diese Stadt soll plangemäß im Jahr 2033 aufgebaut sein und 700.000 Einwohner sollen hier leben können. Diese ganz neue Stadt wird durch eine breite Straße direkt mit der Hauptstadt von Kuwait verbunden. Diese neue Stadt an der Seidenstraße soll mit dem Mittleren Osten, mit Europa und mit China durch die Eisenbahn verbunden sein.

Auch mit Russland hat China eine ganze Reihe von Memoranden der Kooperation in Grenzgebieten unterzeichnet. Darunter das „Memorandum der Verständigung über die Unterstützung des chinesischen wie des russischen Bildungsministeriums für die Gründung der chinesischen und russischen Hochschulgemeinschaften", „Das Memorandum der Verständigung über Preissenkung der chinesischen und russischen Internet Roaming Service", „Das Memorandum der Verständigung über die gemeinsame Veranstaltung der chinesischen und russischen Messe", „Das Memorandum der Kooperation der Seuchenvorbeugung zwischen der chinesischen Kommission für Gesundheit und Familienplanung und dem russischen Gesundheitsministerium", „Das Memorandum der gemeinsamen Bekämpfung illegaler Luftfahrttransporte zwischen der chinesischen Zentrale des Zollamtes und dem russischen Zollamt", „Das Memorandum über das Einverständnis in der Vorauszahlung der Exportgüter zwischen dem chinesischen Konzern Sinopec und dem russischen staatlichen Ölkonzern", „Das Memorandum der Kooperation zwischen der chinesischen Postgesellschaft und dem russischen Fedex". Alle diese Memoranden betreffen Bildung, Kultur, Medizin, Zoll, Energie, Verkehr und einige andere Bereiche.

Gemeinsam mit der EU hat China einen strategischen „Plan der chinesischen und europäischen Kooperation 2020" abgeschlossen. Dies ist der erste Plan einer langfristigen Zusammenarbeit zwischen China und Europa und für die Entwicklung der chinesischen und europäischen Beziehung deshalb von großer Bedeutung. Dieser Plan bezieht sich auf vier Dimensionen: erstens auf „Frieden und Sicherheit, zweitens auf den Wohlstand, drittens auf eine kontinuierliche Entwicklung und viertens auf den Kulturaustausch" und deckt damit mehr als hundert Bereiche der Zusammenarbeit ab. Was

„Frieden und Sicherheit" betrifft, so haben sich beide Seiten hinsichtlich ihrer beiderseitigen Interessen über bilaterale, regionale und internationale Fragen intensiv und effektiv verständigt. Die Dimension „Wohlstand" betrifft vier Bereiche: Handel und Investition, die Industrie und Medien, Agrarlandwirtschaft und Verkehr sowie den Ausbau der Infrastruktur. Die Sektion „kontinuierliche Entwicklung" betrifft technologische Innovationen, die Luft- und Raumfahrt, die Energie, die Urbanisierung, den Klimawandel und den Umweltschutz. Die Dimension „Kulturaustausch" hat mit der Bildung und der Jugend zu tun, betrifft Erleichterungen bei der Ein- und Ausreise.

Der von China und Pakistan gemeinsam entworfene „Grundriss der Zukunftsplanung des chinesischen und pakistanischen Wirtschaftskorridors" ist das erste und älteste Dokument für den Ausbau der Vernetzung von „Ein Gürtel, Eine Straße". Diesem Grundriss zufolge beginnt der chinesische und pakistanische Wirtschaftskorridor in Kashi. Der Korridor erstreckt sich dann im Süden bis zum Gwadar-Hafen. Im Norden schließt dieser Korridor an den Wirtschaftsgürtel der Seidenstraße an, im Süden verbindet er sich mit dem Wirtschaftskorridor der maritimen Seidenstraße des 21. Jahrhunderts. Deshalb ist dieser Korridor ein wichtiger Knotenpunkt zwischen der südlichen und nördlichen Seidenstraße und ist ein Handelskorridor mit Straßen, Eisenbahnlinien, Pipelines und Glasfaserkabeln. Beide Seiten wollen gemeinsam den Hafen Gwadar aufbauen und ihre Kooperation in der Energie- und Stromversorgung intensivieren wie auch den Aufbau der Industrieviertel im Wirtschaftskorridor rational planen. Zurzeit haben beide Länder gemeinsam erste Planungen von Straßenbau, Eisenbahnlinien, Pipelines und Glasfaserkabeln von der Stadt Kashi in Xinjiang bis zum südwestlichen pakistanischen Hafen Gwadar entworfen.

Der gemeinsam von chinesischen, mittel- und osteuropäischen Führungskräften konzipierte „Bukarester Grundriss – eine Kooperation zwischen China, Mittel- und Osteuropa" und die „Belgrader Grundriss – Kooperation zwischen China, Mittel- und Osteuropa" haben der bereits traditionellen Freundschaft zwischen China, Mittel- und Osteuropa ein neues Leben eingehaucht. Und die beiden Grundrisse haben für die Kooperation zwischen China und 16 europäischen Ländern eine neue Plattform geboten. In diesen beiden Grundrissen ist betont worden, dass China, Mittel- und Osteuropa an den Grundprinzipien des gegenseitigen Respektes, der Gleichberechtigung, des gemeinsamen Nutzens und Profits festhalten. Außerdem hat man hinsichtlich einer Kooperation in der Investition, im Handel und Finanzwesen, im Ausbau der Vernetzung, der erneuerbaren Energien und des Kulturaustausches konkrete und subtile Planungen vorgelegt. Darüber hinaus wird momentan an der „Planung der mittelfristigen Kooperation zwischen China, Mittel- und Osteuropa" gearbeitet.

„Das Memorandum gemeinsamer Mobilisierung des Ausbaus des Wirtschaftsgürtels der Seidenstraße und der maritimen Seidenstraße des 21. Jahrhunderts zwischen China und Ungarn" gehört zu einem der ersten vergleichbaren Dokumente zwischen China und einem europäischen Land.

9.3. Verstärkung der gegenseitigen Verständigung

China hat die Kommunikation und Rücksprache mit den betroffenen Ländern verstärkt, um eine Reihe von Schlüsselprojekten in Bereichen der Infrastruktur, der Ressourcen, der Wirtschaft und des Handels, des Finanzwesens, der Kultur, des Umweltschutzes und der maritimen Kooperation, die für eine Umsetzung die notwendigen Bedingungen erfüllen und für eine Realisation reif sind, energisch vorangetrieben (aus „Visionen und Aktionen", VII. Chinas aktiver Einsatz, Abs.4).

Seit 2013 hat China dank intensiver Kommunikationen mit den Ländern entlang der Seidenstraße eine Reihe schwerpunktmäßiger Kooperationsprojekte in acht Bereichen auf den Weg gebracht.

(1) Vernetzung der Infrastruktur

Seit 2013 bauen China und Russland gemeinsam im Grenzgebiet zwischen beiden Ländern die Brücke Tongjiang. Der Karakoram-Kunlun-Highway, der China und Pakistan verbindet, ist erfolgreich renoviert und modernisiert worden. Der Aufbau des Hafens Gwadar läuft reibungslos. Die Pipelines zwischen China und Myanmar funktionieren tadellos. Die Pipeline C zwischen China und Zentralasien ist inzwischen in Betrieb genommen und die Linie D gerade gebaut worden. Die neue asiatische und europäische kontinentale Brücke, der chinesische und singapurische Wirtschaftskorridor, der bangladeschische, chinesische, indische und myanmarische Wirtschaftskorridor zeigen bereits ihre Grundstruktur. Das erste chinesische Projekt des Hochdruckstromnetzes im Ausland und der Bau der Hochspannungsgleichstrom-Leitungen (HVDC) in Brasilien laufen in der wünschenswerten Rasanz.

(2) Produktionskooperation

Zurzeit kooperiert China in der Produktion in mehr als 70 Gebieten in den Ländern entlang der Seidenstraße. Hierzu zählen beispielsweise die Wirtschaftszone Khorgos, die neue Wirtschaftssonderzone Astana in Kasachstan, das im chinesischen und russischen Wirtschaftskorridor liegende Pilotprojekt der offenen Wirtschaft Manzhouli, die Pilotprojekte der offenen Wirtschaft Erlianhaote und Yanji, das in dem chinesischen und singapurischen Wirtschaftskorridor liegende Industrieviertel Qianzhou der chinesischen und malaysischen Kooperation, der chinesische und malaysische

Industriepark, der chinesische und indonesische Industriekomplex, das singapurische Industrieviertel Yurong und der am pakistanischen Hafen Gwadar liegende chinesische und pakistanische Industriepark haben für den gemeinsamen Ausbau des Unternehmens „Ein Gürtel, Eine Straße" eine stabile Basis geschaffen.

(3) Erweiterung der Energiequellen

Die Kooperation der Energieversorgung zwischen China, Russland, den Ländern in Zentralasien und im Mittleren Osten geht sicheren Schrittes voran. Im Jahr 2013 haben China und Russland über die langfristige Lieferung des Rohöls und die Zusammenarbeit mit Tianjin Ölraffinerie eine Vereinbarung getroffen. Der Erdgashandel zwischen China und Turkmenistan, Kasachstan und einigen anderen Ländern in Zentralasien wächst ständig. Die vier Linien der Pipelines A, B, C, D nach China werden entweder gerade gebaut oder sind schon fertig und inzwischen in Betrieb genommen. Der Handel mit den herkömmlichen Energiequellen von Öl und Gas mit den Ländern im Mittleren Osten zeigt eine steigende Tendenz. China und die arabischen Länder haben inzwischen eine Gemeinschaft der Kooperation in der Energieversorgung gegründet. Momentan will China die Kooperation in der Energieversorgung mit den direkten und indirekten Nachbarländern erweitern.

154   (4) Die Kooperation des Handels hat Priorität.

China und Russland haben gemeinsam versucht, das Ausmaß des Handels zu vergrößern. Wegen einer Freihandelszone hat China mit Südkorea und Australien lange Verhandlungen geführt. Inzwischen sind die drei Länder in dieser Hinsicht zu gleichen Einsichten gekommen. China hat Freihandelszonen eingerichtet. Mit Frankreich hat China ein „Abkommen über die Kooperation der Erschließung des Marktes im dritten Land" geschlossen. China hat mit den meisten Ländern der Asean Staaten für die meisten Güter einen zollfreien Handel realisiert. Dies hat die Handelskosten erheblich gesenkt und den Handel zwischen China und Asean Staaten nachhaltig gefördert. Momentan sind China und Der Golf-Kooperationsrat** (GCC) gerade dabei, eine Freihandelszone zu gründen. Auch die wirtschaftliche Kooperation mit den Amanda-Inseln wird beschleunigt. Schließlich sollte eine Vernetzung des Freihandels entstehen und die freie Ein- und Ausreise von Personen möglich werden.

** Der Golf-Kooperationsrat (englisch Gulf Cooperation Council, GCC; offiziell Kooperationsrat der Arabischen Staaten des Golfes; englisch Cooperation Council for the Arab States of the Gulf, CCASG), bzw. verkürzt Golfrat, ist eine internationale Organisation, die sechs der sieben Staaten der Arabischen Halbinsel umfasst.

(5) Die Kooperation im Finanzwesen ist vorbereitet.

Seit 2013 bemüht sich China, die grenzüberschreitende Verrechnung mit RMB voranzutreiben. Inzwischen plant China in einigen Regionen Finanzzentren zu gründen. Außerdem wird China in den Ländern entlang der Seidenstraße Bankfilialen etablieren. Die Vorbereitung auf die Gründung der Asiatischen Infrastruktur-Investitionsbank läuft auf Hochtouren. Darüber hinaus wird China für den Fonds der Seidenstraße 400 Milliarden Dollar als Kapital bereitstellen.

(6) Der Kultur- und Personenaustausch

Seit 2013 haben China und viele Länder entlang der Seidenstraße gegenseitig zahlreiche Kulturjahre eingerichtet und Kunsttage, Buchmessen, Filmfeste und Tourismusfeste veranstaltet. In Sri Lanka, Laos, Pakistan, Nepal wurden chinesische Kulturzentren gegründet. China vergibt auch viele staatliche Stipendien für die entsprechenden Länder. Mit allen diesen Maßnahmen versucht China mehr Sympathie für den gemeinsamen Ausbau der Seidenstraße zu gewinnen.

(7) Ökologischer Schutz bekommt immer mehr Beachtung

Seit 2013 hat China mit Indien, Russland, Laos, Kambodscha, Turkmenistan, Polen, Iran, Rumänien, Singapur nacheinander Memoranden einer Kooperation bei der Sicherung der grenzüberschreitenden Flüsse, Wälder, Moorlandschaften, Tiere und bei der Vorbeugung des Hochwassers unterzeichnet.

(8) Die maritime Kooperation geht akkurat voran

Mit Vietnam hat China gemeinsame eine maritime Arbeitsgruppe gegründet, um gemeinsam die Tiefsee-Ressourcen zu fördern und mit dem Ziel, durch eine freundschaftliche Kommunikation maritime Streitigkeiten zu schlichten. Mit den Malediven wird China einige Koralleninseln touristisch erschließen und einige Seefahrtrouten von China, Ostasien und Südasien bis in den Mittleren Osten und nach Europa neu beleben.

China wird Sri Lanka beim Aufbau des Hafens Hambantota helfen und die Kooperation in der Hafenverwaltung zwischen den beiden Ländern steigern. Darüber hinaus wird China mit allen Ländern entlang der maritimen Seidenstraße in Bereichen wie der Agrarlandwirtschaft, Fischerei, des Schutzes der Meeressphäre, der Sicherheit der Seefahrtrouten, der maritimen Rettung sowie der Vorbeugung und Bekämpfung von Naturkatastrophen kooperieren. Inzwischen hat man eine Reihe maritimer Wirtschaftsmusterzonen, maritimer Technologieparks und Ausbildungslager für maritime Fachkräfte gebaut.

9.4. Bessere politische Umsetzung

Die chinesische Regierung hat für die Realisierung des Konzepts verschiedene Ressourcen in Betracht gezogen und ihr politisches Engagement dafür verstärkt. China hat sich für die Errichtung der Asiatischen Infrastruktur-Investitionsbank eingesetzt und den Seidenstraßen-Fonds aufgelegt. Die Investitionsfunktion des Fonds für die chinesische-euroasiatische Zusammenarbeit in der Wirtschaft ist effizienter geworden. Der grenzüberschreitende Zahlungsausgleich ist für die Bankabrechnungsstellen erleichtert worden. Man hat chinesische Zahlungsinstitute animiert, grenzüberschreitende Zahlungsgeschäfte zu tätigen. Die Belastungen für Handel und Investitionen sind erheblich verringert und die Reform der regional integrierten Zollabfertigung ist effektiv vorangetrieben worden (aus „Visionen und Aktionen", VII. Chinas aktiver Einsatz, Abs.5).

Seit 2013 hat die chinesische Regierung die Gründung der Asiatischen Infrastruktur-Investitionsbank, den Fonds der Seidenstraße, den Fonds der chinesischen und eurasischen Wirtschaftsgemeinschaft nachhaltig unterstützt.

Im Oktober 2014 haben Länder wie Indien, Singapur und 21 weitere Gründungsmitglieder einschließlich China in Beijing das „Memorandum der Vorbereitung der Gründung der Asiatischen Infrastruktur-Investitionsbank (AIIB)" unterzeichnet. Bis April 2015 zählt die AIIB schon 57 Gründungsmitglieder, darunter befinden sich 37 Länder entlang der Seidenstraße. Außer den USA, Japan und Kanada sind viele wichtige westliche Länder dabei, und die meisten asiatischen Länder gehören dazu. Die Mitglieder erstrecken sich über fünf Kontinente. Nach der Unterzeichnung des „Memorandums" haben die Vertreter der Mitgliedstaaten in fünf aufeinander folgenden Verhandlungen über Probleme der Verwaltungsstruktur und Fragen des sozialen Rahmens ausführlich diskutiert und beraten. Schließlich hat man sich Positionen, die in den „Bestimmungen der AIIB" fixiert sind, verständigt. Im Juni 2015 ist in Beijing die Unterzeichnung der „Bestimmungen der AIIB" erfolgt, und Ende 2015 ist die AIIB offiziell eröffnet worden.

Der Fonds der Seidenstraße geht auf einen Vorschlag des Präsidenten Xi Jinping zurück, der auch angekündigt hat, 400 Milliarden Dollar dafür locker zu machen. Dieser Fonds sollte die Projekte der Vernetzung der Infrastruktur, der Ressourcenförderung und der Kooperation in der Produktion entlang der Seidenstraße finanziell ermöglichen. Im Dezember

2014 ist die Fonds GmbH der Seidenstraße in Beijing mit einem eingetragenen Kapital von 100 Milliarden Dollar gegründet und offiziell eröffnet worden. Der Fonds der Seidenstraße bietet allen bilateralen und multilateralen Projekten des Konzepts „Ein Gürtel, Eine Straße" eine wichtige finanzielle Unterstützung. Das erste der von diesem Fonds unterstützten Projekte ist ein Projekt in Pakistan.

Der chinesische und eurasische Fonds der wirtschaftlichen Kooperation ist vom Premierminister Li Keqiang bei einer Tagung der Shanghaier Kooperationsorganisation erläutert worden. Dieser Fonds mit anfangs 10 Milliarden Dollar ist bereits seit einiger Zeit in Betrieb genommen worden. Inzwischen ist sein Kapital auf 50 Milliarden angewachsen. Momentan beginnt man mit der Selektion der zu investierenden Projekte.

Das Konzept „Ein Gürtel, Eine Straße" hat für Abrechnungen Kreditkarten und ein grenzüberschreitendes Interbank-Zahlungssystem (CIPS) ermöglicht. Inzwischen gilt die Union-Kreditkarte in mehr als 50 Ländern und Regionen entlang der Seidenstraße. Mit der Kreditkarte China Union Pay (CUP) kann man in den Vereinigten Arabischen Emiraten alle Geschäfte erledigen. In der Republik Mongolei akzeptieren fast alle Einkaufs- und Verkaufsstellen (POS und ATM) die chinesischen Kreditkarten CUP. Die Kreditkarte China Union Pay (CUP) wird auch in Russland, der Türkei, Aserbaidschan und weiteren Ländern akzeptiert. Die Bevölkerungen der meisten direkten und indirekten Nachbarn Chinas benutzen die chinesische Währung als internationale Abrechnungswährung für ihren Handel.

Im Juli 2014 hat man einheitliche Grenzkontrollen zwischen den Regionen und Provinzen Chinas eingeführt. So können die regionalen überschreitenden Gütertransporte schneller die Grenzen passieren, nicht zuletzt dank effektiverer Zollkontrollen. Zurzeit ist diese Reform der Grenzkontrolle in den nordöstlichen Gebieten Chinas und in dem Wirtschaftsgürtel entlang der Seidenstraße bereits durchgeführt worden. In absehbarer Zukunft werden weitere Regionen folgen. Das staatliche Zollamt denkt daran, bei Zollkontrollen weitere Reformvorschläge auf dieser Basis zu berücksichtigen. In allen Häfen der Küsten wird man ferner die Formalitäten für die Zollabfertigung an Grenzübergängen vereinfachen, die Einführung des „Ein-Schalter-Service" beschleunigen, womit man alle notwendigen Formalitäten ausschließlich an einem Schalter erledigen kann, um die Zollabfertigungskosten zu reduzieren und die allgemeine Leistungsfähigkeit der Zollkontrolle zu erhöhen. Zur Sicherstellung und Erleichterung der Versorgungsketten wird die Koordinierung grenzüberschreitender Kontrollverfahren perfektioniert, die internationale Online-Überprüfung von Test- und Quarantänebescheinigungen ermöglicht und die gegenseitige Anerkennung der AEO-Unternehmen (Authorised Economic Operator) verwirklicht. Auch die Seuchenkontrolle wird vereinheitlicht.

9.5. Schaffung von Kooperationsplattformen

Verschiedene internationale Gipfel, Foren, Symposien und Messen zum Thema „Ein Gürtel, Eine Straße" sind inzwischen veranstaltet worden. Diese haben viel dazu beigetragen, das gegenseitige Verständnis zu verbessern, weitgehend Konsens zu ermöglichen und die Zusammenarbeit zu vertiefen (aus „Visionen und Aktionen", VII. Chinas aktiver Einsatz, Abs.6).

Seit 2013 kooperiert man auf allen Gebieten eng mit der Zentralregierung. Das Konzept „Ein Gürtel, Eine Straße" findet allgemein Zustimmung. Inzwischen hat man eine ganze Reihe internationaler Gipfelkonferenzen, Kolloquien und Messen zum Thema „Ein Gürtel, Eine Straße" veranstaltet. Hierzu gehören die chinesische und arabische Expo, die Conference of Interaction and Confidence-Building Measures in Asia (CICA), das Asien-Europa-Meeting, das Boao-Asienforum, das Europäische und Asiatische Wirtschaftsforum, die China-Asean Staaten-Expo, die China Eurasien-Expo und die China-Südasien-Expo, die Westliche chinesische internationale Expo, die China-Russland-Expo, die Messe der Seidenstraße, die Jianghai internationale Expo, die Messe der importierten Güter 2015, die China-Mittlerer Osten und Europa-Messe und Handelsmesse.

158 Im September 2013 ist die China-Arabische Länder-Expo in Yinchuan im Autonomiegebiet Ningxia eröffnet worden. Diese chinesische und arabische Expo ist vom Staatsrat, vom chinesischen Handelsministerium und von der chinesischen Kommission der Förderung des internationalen Handels genehmigt und von der Regierung des Autonomiegebiets Ningxia veranstaltet worden. Xi Jinping hat dem Expo seine Gratulation per Fax geschickt, in dem deklariert hat, dass China auf der Basis des gegenseitigen Respekts und gegenseitigen Nutzens mit den arabischen Ländern in allen Bereichen umfassend zu kooperieren bereit ist. Die chinesische und arabische Expo findet alle zwei Jahre statt. 2015 lautete das Motto der Expo „Den Geist der Seidenstraße entfalten, die chinesische und arabische Kooperation vertiefen".

Im Mai 2014 hat die Conference of Interaction and Confidence-Building Measures in Asia (CICA) in Shanghai stattgefunden. Alle beteiligten Länder sind schließlich zu gemeinsamen Erkenntnissen über Sicherheit, Kooperation, langfristige Planungen und gemeinsame Entwicklungen gekommen. Der Präsident Xi Jinping hat die Konferenz eröffnet und dabei eine Rede mit dem Titel „Die neue asiatische Lage der Sicherheit und Kooperation schaffen" gehalten.

Das Asien und Europa-Meeting hat im Oktober 2014 in der italienischen Stadt Mailand stattgehabt. Das Ziel dieser Konferenz bestand darin, die partnerschaftlichen Beziehungen zwischen den beteiligten Ländern zu verbessern und eine kontinuierliche wirtschaftliche Entwicklung und Sicherheit zu fördern. Zuletzt war die „Vernetzung" das meistdiskutierte Thema. Der Premierminister Li Keqiang hat auf der Konferenz drei Vorschläge gemacht: Die asiatischen und europäischen Länder sollten die bilaterale und multilaterale Kooperation unterstützen, um damit die regionale Sicherheit, den Frieden und die Fortentwicklung zu garantieren. Zweitens sollte man die Vernetzung verdichten und einen einheitlichen asiatischen und europäischen Markt aufbauen. Und drittens sollte der Kulturaustausch intensiviert werden.

2014 hat das Boao-Asienforum Veranstaltungen unter dem Titel „neue asiatische Zukunft" organisiert, auch Tagungen zum Thema „Renaissance der Seidenstraße" veranstaltet. Die wichtigen Führungskräfte aus China, Laos, Pakistan, Timor-Leste, Thailand und Russland haben über das Konzept „Ein Gürtel, Eine Straße" lebhaft diskutiert. Der Staatsrat Yang Jiehu hat darauf hingewiesen, dass der gemeinsame Ausbau des Wirtschaftsgürtels der Seidenstraße und der maritimen Seidenstraße nicht nur die legendäre Seidenstraße neu beleben, sondern zugleich auch den wirtschaftlichen Aufschwung von ganz Asien beflügeln wird. Die Veranstaltung des Asiatischen Forums Boao im Jahr 2015 hatte den Titel „Die neue asiatische Zukunft mit dem Eintreten in die Schicksalsgemeinschaft". Brennpunkte dabei waren die Vorbereitung der Asiatischen Infrastruktur-Investitionsbank und das Konzept „Ein Gürtel, Eine Straße". Auch das asiatische und europäische Wirtschaftsforum hat im Jahr 2015 Veranstaltungen zum Hauptthema des gemeinsamen Ausbaus der Seidenstraße organisiert.

Im Jahr 2014 hat es eine ganze Reihe von Expos und Messen zum Thema „Ein Gürtel, Eine Straße" gegeben, darunter u.a. die China-Asean Staaten-Expo, die China-Asien und Europa-Expo, die China-Südasien-Expo, die China-Russland-Expo und die Internationale Messe der westlichen Gebiete Chinas u.a.m. Die 11. China-Asean Staaten-Expo hatte den Titel „Gemeinsamer Ausbau der maritimen Seidenstraße des 21. Jahrhunderts". Der Titel der vierten China-Asien und Europa-Expo lautete „Offene Kooperation und gemeinsamer Ausbau des Wirtschaftsgürtels der Seidenstraße". Die zweite China-Südasien-Expo hat am Prinzip der „Förderung der umfassenden Kooperation zwischen China und Südasien" festgehalten und unter dem Hauptthema „Erweiterung des Handelsservice, Förderung der Kooperation der Investitionen, Beschleunigung der Vernetzung, gemeinsamer Ausbau des Wirtschaftskorridors" stattgefunden. Die erste China-Russland-Expo hat man in Harbin veranstaltet.

Dies war der erste Versuch einer bilateralen und von beiden Seiten ausdrücklich begrüßten Handelskooperation. Die 15. Internationale Expo der westlichen Gebiete Chinas ist in Chengdu veranstaltet worden. Sie diente als das Fenster der westlichen Gebiete Chinas zur Außenwelt und hat den Handel zwischen den westlichen Gebieten Chinas und allen anderen

Ländern der Welt gefördert und wesentlich zur Entwicklung der wirtschaftlichen und gesellschaftlichen Situation in diesen Gebieten beigetragen.

In der ersten Hälfte des Jahres 2015 haben die Jianghai Internationale Jianghai-Messe, die Messe der importierten Waren, die China-Mittlerer Europa und Osten Europa-Expo stattgefunden. Alle hatten „Ein Gürtel, Eine Straße" zum Hauptthema.

Die 12. China-Asean Staaten-Expo ist im September 2015 in der Stadt Naning in der Provinz Guangxi abgehalten worden. Hier ging es hauptsächlich um die Grundlegung einer elektronischen Plattform zwischen China und den Asean Staaten, um damit eine Brücke für bilaterale und multilaterale Kooperationen der Betriebe errichten zu können.

Im September 2015 wird das Asiatische und Europäische Wirtschaftsforum in Xian tagen. Das Thema dieser Tagung lautet „Bereitstellung neuer Modellen der Kooperation und gemeinsames Auskosten des Wohlstands der Seidenstraße". Man will in Dialogen zwischen den politischen und wirtschaftlichen Experten neue Modelle der Kooperation zwischen den asiatischen und europäischen Ländern beim Ausbau der Seidenstraße erkunden, um auf diese Weise die regionale Kooperation mobilisieren zu können. Die zahlreichen privat organisierten Kongresse zum Thema „Ein Gürtel, Eine Straße" in den Ländern entlang der Seidenstraße betreffen Fragen der Wirtschaft, des Handels, der Investition, Kultur und Sicherheit. Beispielsweise die internationale Tagung über die Entwicklung der chinesischen Unternehmen im Mittleren Osten, die internationale Tagung zum Problem der Seuchenkontrolle im Zusammenhang mit dem Konzept „Ein Gürtel, Eine Straße", die Tagung über Möglichkeiten der Kooperation bei Fragen der Sicherheit, der Kongress über die maritime Kultur. Darüber hinaus haben regionale Regierungen ähnliche Diskussionsrunden veranstaltet und über solche Themen beim Ausbau der Seidenstraße beraten, die mit der spezifisch lokalen Situation zu tun haben, um eine adäquatere Anbindung ans Konzept „Ein Gürtel, Eine Straße" zu ermöglichen. Man verfolgt dabei das Ziel, die regional besonderen wirtschaftlichen und sozialen Entwicklungen mit dem Konzept des Ausbaus der Seidenstraße zu verbinden. Alle solche Veranstaltungen werden für das Verständnis und die Akzeptanz des Konzepts „Ein Gürtel, Eine Straße" von weitreichender Bedeutung sein.

Kapitel 10

Gemeinsames Streben nach einer schönen Zukunft

10.1. Der chinesische Appell und die internationale Beteiligung

Der gemeinsame Ausbau des Konzepts „Ein Gürtel, Eine Straße" geht auf die Initiative Chinas zurück, ist aber zugleich auch ein gemeinsamer Wunschtraum Chinas und der anderen Länder entlang der Seidenstraße. Unter dieser Voraussetzung sieht China eine gute Chance und Gelegenheit darin, mit den betreffenden Ländern zusammen Beratungsgespräche über das genannte Projekt durchzuführen und die Interessen und Ansprüche aller zu berücksichtigen, offen zu sein für den Meinungsaustausch, und eine Integration von anderen Positionen auf Regierungsebene wie auch auf Ebenen darunter zu beherzigen (aus „Visionen und Aktionen", VIII. Gemeinsam eine herrliche Zukunft schaffen, Abs.1).

Das Ziel des Konzepts liegt darin, eine geordnete und freie Zirkulation von Wirtschaftsfaktoren, eine hocheffiziente Verteilung von Ressourcen und eine weitreichende Integration von Märkten zu fördern. Die betroffenen Länder sollen mobilisiert werden, ihre Wirtschaftspolitik zu koordinieren, die regionale Zusammenarbeit in weiteren Bereichen und auf einem höheren Niveau zu entfalten und gemeinsam eine offene, tolerante und harmonische Struktur für die wirtschaftliche Kooperation auf regionaler Ebene zu etablieren, die allen Beteiligten zugutekommt. Das Konzept entspricht den grundlegenden Interessen der internationalen Gemeinschaft, spiegelt das gemeinsame Ideal und den schönen Wunschtraum der menschlichen Gesellschaft wider, stellt eine nachhaltig in Angriff genommene Erprobung eines neuen Modells internationaler Zusammenarbeit und globaler Regulierung dar, wird dem Frieden dienen und einen neuen und positiven Energieschub für die Entwicklung der Welt bedeuten.

Die Initiative fördert einen geordneten und freien Fluss wirtschaftlicher Faktoren, die effiziente Zuteilung von Ressourcen und die Integration von Märkten durch günstigere Verbindungen von Asien, Europa, Afrika und über die angrenzenden Meere. Plangemäß soll sich die weltpolitische und wirtschaftliche Landschaft durch die Entwicklung von Ländern entlang „Ein Gürtel, Eine Straße" verändern, von denen die meisten ein neues Wachstum erwarten.

Um das Konzept „Ein Gürtel, Eine Straße" voranzubringen, der alten Seidenstraße eine entschieden neue Vitalität zu verleihen und um die eurasischen und afrikanischen Länder durch neue Projekte enger miteinander zu verbinden und ihre Zusammenarbeit zum gegenseitigen Nutzen auf ein höheres Niveau zu bringen, erstellt und veröffentlicht die chinesische Regierung die Visionen und Aktionen zum gemeinsamen Aufbau des Wirtschaftsgürtels entlang der kontinentalen und der maritimen Seidenstraße des 21. Jahrhunderts. Das Konzept zeichnet sich aus durch Offenheit und Inklusion, zumal man alle Länder der Welt und alle internationalen und regionalen Organisationen willkommen heißt, sich an dessen Umsetzung zu beteiligen. Damit gewinnen die drei alten Zivilisationen, d.h. die chinesische, die indische und die islamische die historische Chance, ihre alten Kulturen wieder aufleben zu lassen. Heute ist die chinesische Wirtschaft in hohem Maße mit der Weltwirtschaft verbunden. China wird unbeirrt an seiner grundsätzlichen nationalen Öffnungspolitik festhalten, eine neue Struktur noch umfassenderer Öffnung favorisieren und sich noch intensiver in das Weltwirtschaftssystem integrieren. Der Ausbau des Projekts „Ein Gürtel, Eine Straße" ist für China notwendig, um sowohl die Öffnung nach außen zu erweitern und ihr ein noch größeres Gewicht beizumessen; notwendig aber auch, um die Zusammenarbeit zum gegenseitigen Nutzen mit allen Ländern der Welt zu verbessern. China will größere Verantwortung übernehmen und – soweit es in seinen Kräften steht – der Pflicht nachkommen, einen noch größeren Beitrag zum Frieden und für die Entwicklung der Menschheit zu leisten.

10.1.1. Die chinesische Initiative

Heute gehen in der Welt gerade komplexe und tief greifende Veränderungen vor sich. Denn große Auswirkungen der internationalen Finanzkrise sind weiterhin spürbar, hinsichtlich einer Wiederbelebung der

Weltwirtschaft zeigt sich noch keine nachhaltig positive und kontinuierliche Tendenz. Die Struktur der Investition und des Handels in der Welt und ihre Regeln im multilateralen Rahmen werden durch einschneidende Regulierungen beeinträchtigt; aber die Wirtschaftsglobalisierung, die kulturelle Vielfalt und Demokratisierung der internationalen Beziehungen sind nicht aufzuhaltende Tendenzen. Doch restliche gegenseitige Blockierungen als Nachwirkungen des Kalten Krieges trüben noch immer die internationalen Beziehungen. Da die wechselseitige politische und wirtschaftliche Abhängigkeit zwischen den Ländern immer mehr zunimmt, gibt es ständig regionale Unruhen. All diese Provokationen überfordern die einzelnen Länder, können von ihnen allein nicht bewältigt werden. Alle Länder sind mehr oder weniger gezwungen, sich zusammen zu schließen, um diese Probleme gemeinsam zu lösen. Seit der chinesischen Öffnung in Verbindung mit wichtigen Reformen haben die chinesische Wirtschaft und Gesellschaft einen enormen Erfolg errungen. Inzwischen ist China die zweitgrößte Wirtschaft in der Welt und der größte Handelsstaat, verfügt über die meisten Devisen und ist, was die Investitionen angeht, der drittgrößte Staat geworden und zugleich das Produktionszentrum der Welt. Das rasante Aufstreben Chinas und der ihm zu verdankende zunehmende internationale Einfluss beeinflusst die Entwicklungsstruktur der ganzen Welt. Auch das Verhältnis China zur Welt hat einen historischen Wandel erfahren. China ist zu einem wichtigen Motor des heutigen wirtschaftlichen Wachstums in der Welt geworden und zu einem entscheidenden Initiator der internationalen Ordnung. Zahlreiche den afrikanischen Ländern und den Nachbarländern Chinas erwiesene aufrichtige, freundschaftliche, tolerante Maßnahmen wie Chinas Verhalten gegenüber der Welt überhaupt demonstrieren, dass China ein durchaus verantwortungsbewusstes großes Land ist. Die Initiative des Ausbaus der Seidenstraße verrät Chinas entschiedenen Einsatz für den internationalen Frieden. China will seine Erfahrungen für die Regelung der internationalen Beziehungen nutzen und sein Konzept präsentieren als Zeichen einer möglichen perfekteren Regulierung der Welt. Anders und n Kürze gesagt: China hat die verschiedenen Herausforderungen des 21. Jahrhunderts begriffen und will der Menschheit damit seinen besonderen Beitrag leisten.

Der Appell für das Konzept der Seidenstraße ist aufgrund des Trends einer Multipolarisierung der Welt entstanden. Das Konzept der Seidenstraße reflektiert eine neue Regulierung der wirtschaftlichen Position Chinas angesichts offensichtlicher Strukturveränderungen in der Welt. Das zeigt auch die Zuversicht Chinas, durch eine umfassende Öffnung in allen Bereichen das Entwicklungsniveau weiter zu steigern. Das Konzept hat die neuen Ziele und die Entwicklungsrichtung für eine weitere Öffnung des Binnenlandes wie der Grenz- und Küstengebiete determiniert. Momentan werden die chinesischen Reformen des Inlandes und Chinas Öffnung zur Welt mit einer ganz neuen Situation konfrontiert. Denn die USA und einige EU-Staaten haben das aufstrebende China mit vielen Hindernissen blockiert. Die USA kehren in den Pazifik zurück und haben mit Südkorea und Japan ein Bündnis geschlossen, mischen sich in die Konflikte zwischen China und einigen Nachbarländern an der Küste des südchinesischen Meeres ein und schaffen China neue Probleme. Die USA verfolgen offensichtlich das Ziel, Chinas Einfluss auf Asien einzuschränken. Die USA wollen bei den von ihnen initiierten Verhandlungen von TPP und TTIP die Oberhand haben und die Verhandlungen in der Weise beeinflussen, dass die internationalen Regeln für den Handel zu ihren Gunsten festgelegt werden. Wenn dies jedoch geschieht, stünde China vor noch größeren und bedrohlichen Herausforderungen. Gleichzeitig gilt: Wenn China wirtschaftlich weiterhin kontinuierlich wachsen will, muss es sich dringend noch mehr zur Welt hin öffnen, nicht nur nach Osten, sondern auch nach Norden, nach Süden und Westen, nicht nur gegenüber Asien und den Ländern am Pazifik, sondern auch gegenüber den Nachbar- und Entwicklungsländern. Mit dem Konzept „Ein Gürtel, Eine Straße" wird China sich der ganzen Welt gegenüber vollends öffnen und das offene und freie Wirtschaftssystem einführen, um in Anbetracht der neuen internationalen Lage noch konkurrenzfähiger zu werden. Mit Verwirklichung des Ausbaus der Seidenstraße können die westlichen Gebiete und Grenzgebiete Chinas sich noch mehr öffnen. Schließlich sollte eine neue Situation von umfassender Öffnung zur Welt entstehen auf den maritimen und kontinentalen Gebieten, im Osten wie im Westen, im Binnenland wie an der Peripherie.

10.1.2. Offen für alle

Ein chinesisches Sprichwort lautet: „Ein großes Land muss großzügig mit anderen kleineren Ländern umgehen". In der Geschichte, gleich ob es sich hier um die mächtige Han-Dynastie oder um die große Tang-Dynastie handelt, ist China mit seinen Nachbarländern stets großherzig und großzügig umgegangen. Das Konzept der Seidenstraße wird diese alte chinesische Tradition solidarischen Verhaltens fortsetzen. Und dieses Konzept berücksichtigt die gemeinsamen Interessen und Wunschvorstellungen der Länder entlang der Seidenstraße.

„Die Entwicklungsprogramme werden offen und inklusiv sein, nicht exklusiv. Sie werden einen echten Chor bilden, bestehend aus allen Ländern entlang den Seidenstraßenrouten, keinen Solopart Chinas darstellen", so der chinesische Staatspräsident Xi Jinping auf dem Boao-Asienforum (BFA) 2015 in der südchinesischen Inselprovinz Hainan. Der Ausbau der Seidenstraße sollte als ein pluralistischer und offener Prozess flexibler Kooperation betrachtet werden. Und diese Kooperation basiert auf dem Respekt und der Anerkennung anderer Kulturen. Man respektiert die gemeinsame Existenz mehrerer Zivilisationen. Das Konzept spiegelt den

Geist des Friedens, des Austausches, Verständnisses und gemeinsamen Gewinns wider. Alle Länder, egal ob groß oder klein, stark oder schwach, sollen beim Ausbau der Seidenstraße tatkräftig beteiligt werden. Der Wirtschaftsgürtel der Seidenstraße erfasst mehr als 60 Länder. Das wird dann der längste Wirtschaftsgürtel mit dem größten Potenzial werden. Dieser Wirtschaftsgürtel betrifft etliche Länder im Inneren des Kontinents und an den Küsten sowie mittelbare und unmittelbare Nachbarländer Chinas. Kein Land, das an diesem Ausbau der Seidenstraße teilnehmen möchte, wird abgewiesen. Die intendierte Zusammenarbeit ist für alle offen, für die schon vorhandenen Institutionen wie für die in Zukunft möglicherweise neu entstehenden oder auch für private Personen. Kurzum, jegliche Art und Weise der Kooperation ist erwünscht. Die Zusammenarbeit betrifft nicht nur den Bereich des Handels und der Wirtschaft, sondern auch die Sektionen der Kultur, der Sicherheit, des Umweltschutzes und alle Versuche einer Erhöhung des Lebensstandards.

Die Grundprinzipien der Seidenstraße sind die Koexistenz mit allen anderen vorhandenen Organisationen und Gemeinschaften. China hat nicht die Absicht, die vorhandenen regionalen Gremien herauszufordern oder gar diese zu ersetzen. China strebt nur auf der Basis solcher verschiedener Gremien eine Kooperation mit allen Ländern entlang der Seidenstraße und damit eine Erweiterung an. Im Unterschied zu traditionellen Modellen der regionalen Zusammenarbeit favorisiert man jetzt die größere Flexibilität, sowohl die bilaterale als auch die multilaterale Zusammenarbeit der Regionen und Länder. Und man verbindet damit keine bestimmten politischen Bedingungen.

Es gelten die Regeln einer freiwilligen Beteiligung, ein Verbot gegenseitiger Blockierung, das Gebot gemeinsamen Handels und gemeinsamer Aufbauarbeit und das Prinzip eines wechselseitigen Nutzens und Gewinns. Man soll die Interessen und Anliegen aller Beteiligten berücksichtigen, man soll die übereinstimmenden Interessenbereiche entdecken und den größten gemeinsamen Nenner für eine sinnvolle Zusammenarbeit finden. Alle Beteiligten sollten ihr Wissen, ihre Kreativität sowie ihre Stärken und ihr Potenzial voll zur Geltung bringen können.

10.2. Vielfalt und Flexibilität sowie gemeinsame Planung

Als Mittel für den Ausbau des Projekts „Ein Gürtel, Eine Straße" spielen die Zielkoordination und die politische Kommunikation eine Hauptrolle. Dabei intendiert das Konzept hohe Flexibilität und Elastizität, und seine Umsetzung ist ein pluralistischer und offener Kooperationsprozess. China ist bereit, mit allen Ländern entlang der Route ständig die

Aspekte und Formen der Zusammenarbeit im Rahmen dieses Konzeptes zu vervollständigen und zu verbessern, gemeinsam den Zeit- und den Fahrplan auszuarbeiten und praktisch den Entwicklungs- und den regionalen Kooperationsplänen der betroffenen Länder anzupassen (aus „Visionen und Aktionen", VIII. Gemeinsam eine herrliche Zukunft schaffen, Abs. 2).

Die Visionen und Aktionen des Ausbaus von „Ein Gürtel, Eine Straße" haben eigentlich keinen chinesischen Plan des Ausbaus der Seidenstraße vor Augen, sondern reden von einem nachdrücklichen chinesischen Appell für den Ausbau der Seidenstraße. Ob dies gigantische Vorhaben gelingt, hängt ab von der gemeinsamen Anstrengung Chinas und der Länder entlang dieser Strecke. Eine einheitliche Planung der Entwicklung aller Länder der Seidenstraße und eine gemeinsame Planung der regionalen Zusammenarbeit sind erforderlich.

10.2.1. Vielfalt und Flexibilität

China hat wohl die Initiative für das Konzept „Ein Gürtel, Eine Straße" ergriffen, aber nur wenn alle Länder sich daran beteiligen und dabei kooperieren, kann dieses Konzept verwirklicht werden. Die meisten betroffenen Länder sind Entwicklungsländer, und China ist deren größter Handelspartner, deren Hauptmarkt und Herkunftsland für ihre Investitionen. Entlang der Seidenstraße bestehen große Unterschiede im Sozialsystem, in der Wirtschaft, in der Religion, in der Kultur. Zu dieser Frage äußerte sich Chinas Präsident Xi Jinping: „China heißt alle willkommen, in den chinesischen Entwicklungszug einzusteigen, gleich ob es sich hier um einen Schnellzug oder um einen gewöhnlichen Personenzug handelt."

China sollte beim Vorantreiben des Ausbaus von „Ein Gürtel, Eine Straße" die unterschiedlichen Entwicklungsniveaus und die jeweiligen Belastbarkeiten in Rechnung stellen. Vor allem die Entscheidung für größere Projekte und deren Durchführung müssen unter der Voraussetzung einer sachlich hinreichenden Absprache mit den betroffenen Ländern erfolgen. Man muss mit den betroffenen Ländern gemeinsam kommunizieren, Maßnahmen ergreifen. Man muss dabei flexibel sein, und bei allen Handlungen die Vorstellungen und Absichten der Bevölkerungen der betroffenen Länder berücksichtigen. Es darf auf keinen Fall in der Welt der Eindruck erweckt werden, China würde immer die führende Rolle spielen. Denn im Falle dieses Eindrucks einer möglichen übertriebenen Vormachtstellung Chinas könnten viele Schwierigkeiten entstehen und die Begeisterung wie auch die Bereitschaft zur Beteiligung am Ausbau der Seidenstraße der Länder entlang dieser Strecke einen schweren Dämpfer erhalten.

10.2.2. Gemeinsame Planung

Der Präsident Xi Jinping hat vor kurzem auf der Jahrestagung des Boao-Asienforums 2015 betont: „Eine alleinige Handlung hat zwar den Vorteil eines potentiell raschen Vollzugs, doch mit einem gemeinsamen Vollzug solcher Handlung kommt man viel weiter." Deshalb sollte man bei der Durchführung des Ausbaus der Seidenstraße immer auf Prinzipien der Nachsichtigkeit, Ausgeglichenheit und des gegenseitigen Nutzens achten, damit man in der Zusammenarbeit der Wirtschaft und des Handels wie bei der Energieverteilung ein höheres Niveau und eine noch größerem Expansion erreichen kann.

Wenn man die glorreiche Zivilisation der Seidenstraße wiederbeleben und die kontinentale und maritime Brücke zwischen dem Osten und Westen ausbauen will, dann muss man zuerst die Kommunikation und Verständigung mit den Ländern vorantreiben. Man muss dabei das Ziel anstreben, mit diesen Ländern zu gleichen Vorstellungen über Ideen und Themen wie Frieden, Entwicklung, Zusammenarbeit, gemeinsamen Nutzen und gemeinsame Gewinnbeteiligungen zu kommen. Erfreulicherweise haben China und Russland ein Memorandum über eine Zusammenarbeit in bestimmten Regionen und an ihren Grenzgebieten unterzeichnet. Inzwischen sind China, Kasachstan und Kirgisistan gerade dabei, jeweils Kooperationsprogramme zu entwerfen. Das dürfte für die weitere Zusammenarbeit günstige Voraussetzungen schaffen. Außerdem haben in dieser Hinsicht viele Länder entlang der Seidenstraße selbst die Initiative ergriffen und Entwürfe für die künftige Entwicklung vorgelegt. Beispielsweise hat die Republik Mongolei ein Projekt mit dem Namen „die Straße der Steppe" entworfen. Dabei soll es sich um den grenzüberschreitenden Ausbau der Eisenbahnlinien, Pipelines und Öltransportleitungen handeln, die auch die Mongolei durchqueren. Der indonesische Präsident Joko Widodo hat gleich nach seinem Amtstritt im Oktober 2014 seinen Plan des Aufbaus „einer maritimen Autobahn" vorgestellt. Afghanistan hat einen entsprechenden Plan für die zehn Jahre von 2015-2024 entworfen. In Zukunft kann sich das Konzept „Ein Gürtel, Eine Straße" den Planungen dieser Länder anschließen und sinnvoll mit ihnen kooperieren.

Es war im Übrigens auch eigentlich die Intention des Konzepts der Seidenstraße, die gemeinsamen regionalen Planungen der Länder entlang der Seidenstraße zu dynamisieren und voranzutreiben. Heutzutage hat die rasante Globalisierung alle Länder auf eine gemeinsame Bühne geschoben. Doch solange die Länder unterschiedliche Wege beschreiten und ihrem eigenen Interesse die Priorität zumessen, bringt das für die eigene Fortentwicklung und für die Außenpolitik allmählich nur Hindernisse mit sich. Ein typisches Zeichen dafür ist, dass jedes Land bei der regionalen

Zusammenarbeit eigene Interessen favorisiert und oft mit ganz unterschiedlichen Vorschlägen und Ideen aufwartet. Allein in den asiatischen und pazifischen Gegenden gibt es mit der TPP, RCEP, APEC, der Asiatischen und Pazifischen Gemeinschaft, den Asean-Staaten („10+3") und dem Wirtschaftskorridor, der aus Bangladesch, China, Indonesien und Myanmar besteht, und der Organisation der großen Mekong–Subregion u.a.m. viele Institutionen, die unzählige solcher Ideen vertreten. Deshalb ist es höchste Zeit, das chinesische Plankonzept auf die Pläne der Länder, mit denen China zusammenarbeiten wird, abzustimmen und damit zu verbinden. Es müsste eine Vernetzung der Entwicklungsplanungen zustande kommen, wodurch die bilaterale Kooperation gefördert wird und im wahrsten Sinn des Wortes eine Schicksalsgemeinschaft mit großen Zukunftsperspektiven entstehen kann.

10.3. Der umfassende Austausch und die Förderung der gegenseitigen Anerkennung

China ist bereit, mit allen Ländern entlang der Seidenstraßenroute im Rahmen der bestehenden bi- und multilateralen sowie regionalen und subregionalen Kooperationsstrukturen gemeinsam einschlägige Studien, Foren, Ausstellungen, Personalausbildungen und Austausch- und Besuchsaktionen durchzuführen in der Absicht, das Verständnis und die Akzeptanz der Sachgehalte wie der Zielsetzungen mit den damit verbundenen Aufgaben beim Ausbau des Projekts „Ein Gürtel, Eine Straße" unter den betroffenen Ländern zu verbessern (aus „Visionen und Aktionen", VIII. Gemeinsam eine herrliche Zukunft schaffen, Abs.3).

Das Konzept „Ein Gürtel, Eine Straße" umfasst zahlreiche Länder mit ganz unterschiedlichen kulturellen Hintergründen und unterschiedlichen Entwicklungsniveaus. Daraus ergibt sich eine große Herausforderung für alle beteiligten Länder. Zurzeit ist der Ausbau der Seidenstraße in eine Etappe konkreter und praktischer Zusammenarbeit gekommen, ja in eine neue Phase des gemeinsamen Handels, gemeinsamer Ausbauarbeit und gemeinsamen Gewinns eingetreten. China wird mit den Ländern entlang der Seidenstraße ständig die gemeinsamen Zielsetzungen der Kooperation im Blick behalten, die Kommunikation mit allen betroffenen Ländern noch weiter verstärken und intensivieren, wodurch eine bessere gegenseitige Verständigung und Anerkennung möglich wird. Auf diese Weise können die geplanten Projekte reibungslos verwirklicht werden und schließlich alle davon profitieren.

10.3.1. Umfassender Austausch

Damit das Konzept „Ein Gürtel, Eine Straße" von allen Seiten anerkannt und akzeptiert wird, sollte mithilfe der Regierungen, der Medien und der Öffentlichkeit der betroffenen Länder ein umfassender Informationsaustausch stattfinden. In einer vielseitigen Kommunikation und Diskussion sollte der „Geist des Zusammenwirkens auf der Seidenstraße" zur Geltung kommen. So lässt sich gegenseitiges Vertrauen schaffen und vertiefen und können skeptische Auffassungen beseitigt werden.

Man muss sich noch mehr anstrengen, die sachlichen Inhalte des Konzepts, dessen Ziele und die damit verbundenen Aufgaben des Ausbaus von „Ein Gürtel, Eine Straße" international bekannt zu machen, damit dies Konzept immer mehr Anerkennung und Unterstützung findet. Beispielsweise können Ausspracheforen, Exkursionen, Messen und ähnliche Veranstaltungen in dieser Hinsicht viel beitragen. Besonders sollte betont werden, dass das Konzept der Bevölkerung der Länder entlang der Seidenstraße im Grunde viele unschätzbare Vorteile bringt. Man könnte gewöhnliche Bürger der betroffenen Länder nach China einladen, um den Austausch zwischen Völkern, vor allem zwischen den Jugendlichen und Studenten zu fördern. Denn positive Volksmeinungen können den Erfolg des Ausbaus der Seidenstraße nahelegen, wenn nicht garantieren.

Auch sollte der Austausch darüber hinaus zwischen den Parlamentariern und den Fachleuten stattfinden. Beispielsweise können öffentliche Webseiten über politische Forschungen gegründet werden. Außerdem sollten chinesische und ausländische staatliche Institutionen, Hochschulen und Forschungseinrichtungen die Zusammenarbeit zwischen Funktionären auf Regierungsebene, Hochschulen und Forschungsinstitutionen fördern, um durch internationale Webseiten Forschungsergebnisse, welche die Fortentwicklung des Konzepts „Ein Gürtel, Eine Straße" widerspiegeln, mitzuteilen. Übrigens sollten diese Webseiten auch über neue politische Bestimmungen und Entscheidungen hinsichtlich des Ausbaus der Seidenstraße informieren. Das Hauptziel liegt darin, international noch mehr Verständnis und Vertrauen für das Konzept der Seidenstraße zu gewinnen. Jedes Jahr könnte ein internationales Forum auf höherer politischer Ebene zum Thema des Ausbaus der Seidenstraße stattfinden, wo man Meinungen und Erfahrungen bezüglich des Ausbaus der Seidenstraße austauschen und über Fragen der internationalen Entwicklung diskutieren könnte. Dies würde die Möglichkeit bieten, möglichst schnell Erfahrungen über Schwierigkeiten, Probleme, Erwartungen und Klagen der Länder, die vom Ausbau der Seidenstraße betroffen sind, einzuholen und entsprechende gemeinsame Lösungen zu finden.

10.3.2. Förderung der Anerkennung

Seit der Bekanntmachung des chinesischen Konzepts des Ausbaus von „Ein Gürtel, Eine Straße" ist diese chinesische Initiative weltweit allgemein begrüßt worden. Doch die internationalen politischen Faktoren sind kompliziert, und manche Länder sind diesem Konzept gegenüber noch misstrauisch und verhalten sich reserviert. Manche Länder scheinen es auf ein bewusstes Missverständnis anzulegen oder das Konzept sogar willentlich zu verdrehen. Deshalb scheint es wichtig, sich auf die allgemeine internationale Anerkennung der alten Seidenstraße zu berufen und durch viele sachbezogene Aktionen das allgemeine Vertrauen für das Konzept der neuen Seidenstraße zu gewinnen. Man muss versuchen, das Misstrauen und die Skepsis auszuräumen und die Anerkennung der Bewohner aller Länder für das Konzept zu erreichen, die schließlich bei dessen Durchführung kooperieren sollen. Bei der Durchführung des Ausbaus von „Ein Gürtel, Eine Straße" darf man nicht zu kurzsichtig sein und nur nach schnellen Profit streben. Man muss vielmehr langfristig denken und weitsichtig sein. China plant seine rasante wirtschaftliche Entwicklung mit den Interessen der Länder entlang der Seidenstraße zu verbinden.

Seit 2014 haben zahlreiche führende Funktionäre der chinesischen Regierung mit den Staatsoberhäuptern vieler Länder sowie mit leitendem Personal der Shanghaier Kooperationsorganisation und der China-Asiatisch-Pazifische Wirtschaftsgemeinschaft (APEC) in der russischen Stadt Sochi, in Ulan Bator in der Republik Mongolei, in Indien, Sri Lanka und auf den Malediven über das Konzept des Ausbaus von „Ein Gürtel, Eine Straße" ausgiebig ihre Meinungen ausgetauscht. Dies hat erheblich zum Verständnis und zur Anerkennung dieses Konzepts beigetragen. Mittlerweile ist dies Konzept weltweit bekannt und immer mehr begrüßt worden. Bis jetzt hat China mit Tadschikistan, Kasachstan, Katar und einigen weiteren Ländern ein „Memorandum über den gemeinsamen Ausbau des Wirtschaftsgürtel der Seidenstraße und der maritimen Seidenstraße" unterzeichnet. Auch mit Kuwait hat China ein Memorandum über ein gemeinsames Vorantreiben des Ausbaus des Wirtschaftsgürtels der Seidenstraße und des Ausbaus einiger Städte der Seidenstraße verabschiedet. Mit Russland hat China Ein weiteres Memorandum über eine regionale Zusammenarbeit hauptsächlich in den Grenzgebieten zwischen beiden Ländern hat China mit Russland unterzeichnet. Noch wichtiger ist jedoch, dass die Zusammenarbeit der Institutionen innerhalb der Länder entlang der Seidenstraße noch weiter perfektioniert wird. Die Shanghaier Kooperationsorganisation, die China+Asien-Staaten („1+10"), und die Asiatisch-Pazifische Wirtschaftsgemeinschaft (APEC), das Asien- und Europa-Meeting, der Asien-Kooperationsdialog, das Chinesische und Arabische Kooperationsforum und viele vergleichbare multilaterale Institutionen haben das Konzept „Ein Gürtel, Eine Straße" ausdrücklich gutgeheißen.

10.4. Sicheren und effektiven Schrittes das Konzept voranbringen

China ist bereit, mit allen Ländern entlang der Seidenstraßenroute die Entwicklung von Vorzeigeprojekten zuverlässig voranzutreiben, eine Reihe von Projekten, die den bilateralen und multilateralen Interessen Rechnung tragen, zu fixieren, solche Projekte, die von den betroffenen Parteien anerkannt und deren Umsetzungsbedingungen erfüllt sind, rechtzeitig in Angriff zu nehmen, um so früh wie möglich Erfolge verbuchen zu können (aus „Visionen und Aktionen", VIII. Gemeinsam eine herrliche Zukunft schaffen, Abs. 4).

Beim Ausbau der Projektkette „Ein Gürtel, Eine Straße" handelt es sich um ein umfassendes, langfristiges, systematisches und gigantisches Unternehmen. Man hat wissentlich einen langen Weg und schwere Aufgaben vor sich. Die Erwartungen sind deshalb auch entsprechend hoch. Auch hoffen alle, möglichst bald dessen Blüten zu erleben und dessen Früchte ernten zu können. Deshalb muss man jetzt den regionalen gemeinsamen Handel schon effektiver vorantreiben, die Güterangebote vermehren, damit die Bewohner aller betroffenen Länder schon jetzt, also unverzüglich die Früchte dieses Handels schmecken können und dadurch ihre Motivation gesteigert wird, noch größere Projekte der globalen Wirtschaft zu betreiben.

10.4.1. Sicheren Fußes voranschreiten

Mit dem Konzept des Ausbaus der Seidenstraße denkt China nicht an eine Ausweitung seiner Herrschaftshoheit. China hat auch nicht die Absicht, mit diesem Konzept sein Territorium zu vergrößern oder Hegemonismus zu betreiben. Vielmehr wird sich China bei allen Projekten der Zusammenarbeit konsequent an die Prinzipien des gemeinsamen Handels, des gemeinsamen Ausbaus und der gemeinsamen Gewinnbeteiligung halten. Dabei sollten die Interessen und Wünsche aller betreffenden Länder Beachtung finden. Natürlich gehört die Planung der Entwicklung eines Landes zu dessen inneren Angelegenheiten und betreffen derartige Planungen in erster Linie die Interessen des fraglichen Landes. Und so ist es plausibel, dass es sich bei einer länderspezifischen Planung der Entwicklung um eine empfindliche Angelegenheit handelt, wo sehr leicht Auseinandersetzungen entstehen können. Deshalb muss man auch beim Vorantreiben des Ausbaus von „Ein Gürtel, Eine Straße" immer den Grundsatz der Koexistenz respektieren, miteinander geduldig, nachsichtig und friedlich umgehen, auf die gemeinsame Arbeit und die gemeinsame Gewinnbeteiligung sehen. Notwendige Voraussetzung dafür sollte eine zureichende wechselseitige

Kommunikation sein, die auf eine Verständigung und auf eine Abstimmung differenter Positionen abzielt. Besonders sollte man die Gemeinsamkeiten der Interessen erkunden, systematisch und Schritt für Schritt vorwärts gehen.

Im Jahr 2013 hat der chinesische Handelsumsatz mit den Ländern entlang der Seidenstraße 15% des gesamten Außenhandelsumsatzes betragen. Auch die chinesischen Investitionen in diesen Ländern beliefen sich auf 4.5% aller Investitionen Chinas im Ausland. Von allen den von chinesischen Unternehmen fürs Ausland vertraglich übernommenen Bauprojekten sind 45,4% in Projekte der Länder entlang der Seidenstraße gegangen. Die Mobilität der Zusammenarbeit gewinnt enorm an Tempo. China pflegt mit den Ländern der Asean-Staaten, mit Südasien, Indien, Pakistan u.a.m. immer engere Handelsbeziehungen. Inzwischen sind viele gemeinsame Projekte entstanden. Auf dieser Basis kann man eine Zusammenarbeit nur weiter gedeihen. Doch man sollte immer darauf achten, nicht zu schnell und nicht zu gierig nach dem fettesten Stück Fleisch zu greifen, um es metaphorisch auszudrücken. Denn bei einem übereilten Zugriff kann man sein Ziel auch verfehlen.

Beim Ausbauprozess der Seidenstraße hat man mit vielen Ländern zu tun, wobei man sich auf die unterschiedlichen Länder mit deren entsprechenden Besonderheiten angemessen einstellen muss. Im Falle einiger Länder ist es ratsam, in der Zusammenarbeit mit geringerem Umfang und mit kleineren Projekten zu beginnen. Allmählich kann man dann die Kooperation in größere Dimensionen ausweiten. Bei manchen anderen Ländern kann man von diesem Prinzip absehen und sofort in allen Bereichen mit der umfangreichen Zusammenarbeit beginnen. Nach welchem Modus man bei einem Land vorgeht, entscheidet sich erst einer genauen kritischen Überlegung. Hier spielen viele Faktoren eine Rolle, weshalb man nicht überstürzt handeln sollte. Beispielsweise ist für die Vorgehensweise beim Ausbau des Wirtschaftsgürtels der Seidenstraße die Vernetzung der Infrastruktur ein wesentlicher Gesichtspunkt, und darin erweist sich gerade Chinas Kompetenz. Man sollte an den Prinzipien festhalten: von einfachen Projekten zu schweren übergehen, von näheren zu weiter entfernten Strecken, und auf der Basis bereits vorhandener Objekte einen weiteren Ausbau beginnen. Zuerst sollte man mit allen Ländern entlang der Seidenstraße Handel treiben und erst dann zu einer Vereinbarung über mögliche Investitionsprojekte übergehen. Man sollte vorrangig die Länder als mögliche Partner zu gewinnen versuchen, die für das chinesische Konzept begeistert sind und eine gute Basis für den Handel mit China bieten, deren wirtschaftliche Potenz gut mit der chinesischen korreliert. Man sollte den Ländern, die am Ausbauprozess der Seidenstraße schon von Anfang an beteiligt sind, schon die Ernte reichlicher Früchte gönnen, zumal diese als Musterbeispiele für andere Länder fungieren und andere Länder animieren können, auch für das Konzept einzutreten. Man sollte Unternehmen ausführliche Informationen über mögliche Investitionen der betreffenden Länder vermitteln, damit sie von den fraglichen Zielorten möglicher Investitionen und des Handels erfahren und ihre Entscheidung dahingehend leichter treffen können.

10.4.2. Effektivität

Im November 2014 hat der Präsident Xi Jinping während der APEC Konferenz in Beijing allen anwesenden asiatischen und pazifischen Unternehmern und Geschäftsleuten angekündigt, China werde einen Fonds der Seidenstraße mit einem Kapital von 400 Milliarden Dollar gründen und für den Ausbau der Infrastruktur der Länder entlang der Seidenstraße Investitionsmittel für die Förderung von Ressourcen, für industrielle Zusammenarbeit und andere betroffene Projekte zur Verfügung stellen. China will dadurch demonstrieren, dass es sein Versprechen einlöst und hinsichtlich der Ausbauprojekte der Seidenstraße keine leeren Sprüche klopft. In der Tat haben chinesische Führungskräfte im vergangenen Jahr mehrfach Staatsoberhäupter der betreffenden Länder empfangen, und diese sind beim Thema des Ausbaus der Seidenstraße auch zu gemeinsamen Erkenntnissen gekommen. Mit manchen Ländern hat China Memoranden hinsichtlich der Zusammenarbeit beim Ausbau der Seidenstraße unterzeichnet, und einige schwerpunktmäßige und bereits abgesegnete Projekte der Zusammenarbeit beim Ausbau der Infrastruktur, der Kooperation bei Produktionsinvestitionen, im Handel, Finanzwesen und im Gesundheitswesen in Angriff genommen.

Darüber hinaus hat man eine Reihe internationaler Gipfelkonferenzen, Exkursionen, Messen usw. zum Thema „Ein Gürtel, Eine Straße" veranstaltet. Unter allseitiger Bemühung haben die Vorbereitungsarbeiten zur Gründung der Asiatischen Infrastruktur-Investitionsbank große Fortschritte gemacht. Zahlreiche Projekte der Vernetzung der Infrastruktur werden gerade mit Elan ausgeführt. Der Ausbau von „Ein Gürtel, Eine Straße" bringt allmählich den Ländern entlang der Seidenstraße tatsächlich Nutzen.

Um die schönen Visionen des Ausbaus der Seidenstraße tatsächlich umzusetzen, muss man vorrangig mit den in Frage kommenden Regionen, Ländern und Projekten anfangen. Schließlich sollten der Gütertransport, die Verteilung von Arbeitskräften, die Investition von Kapital und der Informationsfluss frei und flexibel vonstattengehen. Dies wird als eine bemerkenswerte Innovation beim Ausbau von „Ein Gürtel, Eine Straße" zu betonen sein. Was die oben genannten favorisierten Orte betrifft, so gehören der Chinesische und Pakistanische Wirtschaftskorridor, der Wirtschaftskorridor, der Bangladesch, China, Indien und Myanmar verbindet, der Chinesische, Mongolische und Russische Wirtschaftskorridor und der Wirtschaftskorridor

der Neuen Asiatischen und Europäischen Wirtschaftsbrücke zu den aller-
wichtigsten Schwerpunkten der Zusammenarbeit. Der Wirtschaftskreis der
Großen Mekong Subregion und einige weitere Wirtschaftskreise mit den
chinesischen Nachbarländern werden für die Stabilität und Entwicklung
der Grenzgebiete eine entscheidende Rolle spielen. China wird bei der
Partnerwahl für die Zusammenarbeit beim Ausbau der Seidenstraße die
Länder bevorzugen, die mit China ein gutes Verhältnis pflegen, deren politische Situationen stabil sind und die über reichhaltige Ressourcen verfügen. Denn das kann den chinesischen intakten und konkurrenzfähigen
Industriebranchen helfen, grenzüberschreitende Kettenproduktionen zu
etablieren, wodurch China noch mehr Spielräume für eine Erweiterung von
Industrie und Handel gewinnt. Was den Schwerpunkt der Projekte betrifft,
so müsste man mit der Vernetzung der Infrastruktur beginnen. Denn die
Infrastrukturen der Länder entlang der Seidenstraße befinden sich in einem maroden Zustand, der – metaphorisch geredet – wie ein Flaschenhals
wirkt und die Entwicklung blockiert. Deshalb müssen die Projekte einer
Vernetzung der Infrastruktur die führenden Projekte sein. Mit dem Ausbau
und der Vernetzung der Straßen sollten die meisten Hindernisse für den
Ausbau des Wirtschaftsgürtels der Seidenstraße beseitigt werden. Deshalb
zählen die Projekte der Infrastruktur zu den Schlüsselprojekten.

174 Bei der Auswahl der schwerpunktmäßigen Projekte muss man im Hinblick
auf die unterschiedlichen Situationen der Länder durchaus pragmatisch
vorgehen. Beispielsweise sollte man die Zusammenarbeit beim Handel
mit Zentralasien entschiedener in den Bereichen der Energieversorgung,
der Rohmaterialien Maschinen und der Agrarlandwirtschaft entschiedener an eine Ausweitung denken. Dagegen sollte man den Schwerpunkt der
Zusammenarbeit mit Osteuropa auf die Bereiche der Maschinenausrüstungen,
Agrarlandwirtschaft, Energieversorgung und des Finanzwesens legen. Was
die Zusammenarbeit mit Südostasien betrifft, so muss man hier mehr in den
Ausbau der Infrastruktur investieren usw.

10.5. Einander vertrauen, voneinander lernen und gemeinsam profitieren

**Das Konzept „Ein Gürtel, Eine Straße" beschwört einen Weg
des gegenseitigen Respekts und Vertrauens, einen Weg der
Kooperation mit der Zielsetzung des gemeinsamen Vorteils
sowie einen Weg des wechselseitigen Lernens verschiedener Kulturen. Solange alle Länder entlang der Seidenstraße
füreinander einstehen und ein gemeinsames Ziel verfolgen,
werden sie bestimmt ein neues Kapitel über den Ausbau des
Wirtschaftsgürtels entlang der Seidenstraße und der maritimen**

Seidenstraße des 21. Jahrhunderts aufschlagen und bewirken können, dass ihre Bewohner an den erzielten Früchten teilhaben (aus „Visionen und Aktionen", VIII. Gemeinsam eine herrliche Zukunft schaffen, Abs. 5).

10.5.1. Einander vertrauen

Wie kann eine Wiederholung der großen Katastrophe der menschlichen Zivilisation des 20. Jahrhunderts vermieden werden? Wie kann die internationale Gesellschaft einen Weg des Vertrauens und zu einer Verständigung finden, womit sich die Zivilisation der Menschheit kontinuierlich weiter entwickelt? Das Konzept „Ein Gürtel, Eine Straße" gibt der Welt hierauf eine Antwort. Der alte chinesische Philosoph Mozi hat einmal gesagt: „Wenn man in Liebe miteinander lebt, herrscht Frieden in der Welt, sonst nur noch Chaos". Die menschliche Zivilisation ließe sich in einem Verwirrung stiftenden, vielfarbigen Bild vieler tausend Blüten darstellen. Alle Länder mit ihren unterschiedlichen historischen Hintergründen, verschiedenen Kulturgeschichten und Sozialsystemen sollten gleichwohl versuchen, einander zu verstehen, ehrlich zu einander sein, fremde Auffassungen bereitwillig aufzunehmen, aufeinander zu hören, sich in die Situation der anderen zu versetzen und die Lebensbedingungen aus der Perspektive anderer zu betrachten. Die von China initiierten Visionen und Aktionen eines fortgehenden Ausbaus von „Ein Gürtel, Eine Straße" sind kein Notbehelf, auch keine vergeblichen diplomatischen Experimente. Vielmehr darf man darin Schlussfolgerungen einer objektiven und rationalen Analyse von Geschichten, der gegenwärtigen Realität und der Zukunft sehen. China ist davon überzeugt, dass ein wechselseitiges Kennenlernen und gegenseitiges Verstehen wesentliche Grundlagen für ein Gedeihen guter Beziehungen zwischen den Ländern sein können. Im Gegensatz dazu schaffen wechselseitiges Misstrauen und Ängste voreinander nur Brutstätten für Kriege und sind Gift für Frieden. Der Frieden führt zum Wohlstand, der Krieg aber bedeutet den Ruin für die Zivilisation.

Unsere Menschheit befindet sich gerade unterwegs in den 20er Jahren des 21. Jahrhunderts. Es ist immer erfreulich, wenn man einander ein wenig mehr Respekt zollt und ein wenig mehr Toleranz. Denn dann kann ein besseres Verstehen und Vertrauen entstehen und wachsen, und man kann den Frieden und die Stabilität in der Welt gemeinsam genießen.

„Die Zivilisation wird durch einen lebendigen Austausch mehr funkeln und glänzen und durch das Lernen voneinander noch mannigfaltiger." Das Konzept „Ein Gürtel, Eine Straße" impliziert einen Appell für einen intensiven Austausch zwischen unterschiedlichen Zivilisationen der Welt wie auch für das bereitwillige Lernen voneinander. Dieses Konzept intendiert eine freundschaftliche Brücke zwischen den Völkern aller Länder, ist eine energische Schubkraft für den sozialen Fortschritt, verbindet die Völker und gewährleistet eine Bewahrung des Friedens in der Welt. Die chinesische Zivilisation hat zwar ihre ureigenen Entstehungsvoraussetzungen und ihre eigene Geschichte, doch hat sie sich durch den ständigen Austausch mit anderen Zivilisationen bis zum heutigen Stand als eine vielgestaltige Erscheinungsform entwickelt und ist in dieser Ausprägung das Ergebnis eines tausend Jahre alten ständigen Austausches mit anderen Kulturen geworden.

Historisch bezeugt ist, dass der Gesandte Zhang Qian aus der Han-Dynastie zweimal in die westlichen Gebiete Chinas geschickt worden ist. In der Tang-Dynastie hatten sich Botschafter, Geschäftsleute und ausländische Studenten verschiedener Länder in Changan versammelt. In der Ming-Dynastie ist der Admiral Zhenghe siebenmal mit seinen Flotten siebenmal bis in den Pazifik und Indischen Ozean gesegelt usw. Damit sei in Kürze gesagt: Die chinesische Zivilisation schon früher viel von anderen Kulturen profitiert. Gleichzeit haben die chinesischen Errungenschaften in der Zivilisationsgeschichte, angefangen von der Philosophie über die Literatur, von der Medizin bis hin zur Kochkunst, von Produkten wie Seide über Porzellan und Tee das materielle und geistige Leben der Völker aller Länder der Welt bereichert. Die Deklaration „Visionen und Aktionen"

beurteilen und verstehen im Hinblick auf das Konzept „Ein Gürtel, Eine Straße" alle Zivilisationen unter den Aspekten Respekt, Toleranz und gegenseitiger Befruchtung. Schließlich verbindet China mit seinem Konzept die Idee, dass die Erde, auf der wir leben, bereichert und noch harmonischer wird.

10.5.2. Der gemeinsame Gewinn

Das Konzept des Ausbaus von „Ein Gürtel, Eine Straße" ist das Ergebnis eines großen Traums der chinesischen Nation und einer Traumvorstellung der Völker aller Länder auf der Welt. Denn nach dem weltweiten Frieden der Menschheit, nach dem Wohlstand eines Landes, dem Glück des jeweiligen Volkes und nach einer sozialen Stabilität streben alle Nationen; diesen Traum und diese Hoffnungen hegt nicht nur China.

Der Geist der alten Seidenstraße birgt schon die Zielvorstellungen gemeinsamen Aufbaus und gemeinsamer nutzenbringender Förderung. Das Konzept des Ausbaus der neuen Seidenstraße möchte diesen Geist der alten Seidenstraße fortleben lassen und weiter ausbreiten. Dies Konzept ist wohl von China initiiert und tatkräftig vorangetrieben worden, doch geht es hier im Prinzip nicht um selbstische Interessen, sondern um den gemeinsamen Handel, um gemeinsame Ausbauarbeiten, um gemeinsamen Nutzen und eine allseitige Gewinnbeteiligung. Und ob es hier nun um Fragen politischer Kommunikation oder um Probleme der Vernetzung der Infrastruktur, um

Probleme eines reibungslosen Handels, um die Kooperation bei Geld- und Kapitalfragen oder um grundsätzliche Probleme der Völkerverständigung geht, alle diesbezüglichen Entscheidungen müssen die beteiligten Länder gemeinsam beraten und treffen. Auch was Fragen der Praxis und der Methoden für die Durchführung der Projekte, die Fragen der Form und Sachverhalte der Zusammenarbeit und die Etappenziele betrifft, so müssen die betroffenen Parteien hier ausführlich miteinander kommunizieren, sich verständigen und letztlich zu vorteilhaften gemeinsamen Entscheidungen kommen. Das 21. Jahrhundert ist ein Jahrhundert der Zusammenarbeit. Wir müssen ein großes Herz haben. Je größer unser Herz, desto bereitwilliger sind wir für Kooperationen. Im gemeinsamen Gewinn liegt die wesentliche Motivation fürs Vorantreiben des Ausbaus der Seidenstraße. In der gegenwärtigen Zeit der Globalisierung kann jede regionale Zusammenarbeit nur durch eine Realisierung gemeinsamer Zwecke und Gewinne lebenskräftig fortbestehen und eine viel versprechende Zukunft haben. China richtet an alle Beteiligten des Ausbaus der Seidenstraße den Appell, ohne sich selbst dabei auszuschließen, hier nicht miteinander zu konkurrieren, nicht die eigenen Interessen in den Vordergrund zu stellen und nicht zu kolonialisieren. Niemand darf unter dem Deckmantel der Öffnung und des offenen und freien Handels seine Nachbarländer ausnutzen und seine Produkte zu Schleuderpreisen verkaufen. Es gilt die verbindliche Maxime als ein unbedingtes Gebot: dass alle Beteiligten mit ihren jeweiligen Vorzügen einander ergänzen, gemeinsam in den Genuss der Gewinne kommen und schließlich sich gemeinsam fortentwickeln. Letztlich bilden alle beteiligten Länder eine Gemeinschaft gemeinsamer Interessen, gemeinsamer Entwicklung und eines gemeinsamen Schicksals.

Das Konzept des Ausbaus der Seidenstraße bietet dem sich ständig weiter öffnenden China die Aussicht auf die Position eines großen Brückenbauers der Epoche. Denn China baut gerade eine Brücke zwischen dem Osten und Westen, zwischen der Vergangenheit und der Zukunft. Außerdem baut China weitere vier Brücken: 1.) die Brücke einer internationalen Gesellschaft, die Hand in Hand vorwärts geht; 2.) eine Brücke des Friedens und Wachstums; 3.) eine Brücke der Öffnung; 4.) eine Brücke der Zivilisation. China hegt die Hoffnung, dass noch mehr Länder von den Früchten des Ausbaus der Seidenstraße profitieren. Mit dem Ausbau der Seidenstraße will China dem Wachstum der Weltwirtschaft eine enorme neue Schubkraft verschaffen und damit eine nachhaltige Wirkung hervorrufen.

Quellen

Aus Zeitschriften

[1] Bao Jie, Guan Kejiang, Chen Xiaowei usw., „Die Unterzeichnung der
Gründung der Asiatischen Infrastruktur-Investitionsbank (AIIB)" gewinnt
internationale Anerkennungen [N], Volkszeitung 07.01.2015 (21).
[2] Chen Wenling, „Ausbau der 'doppelgleisigen Seidenstraße'"
[N], Guangming Tageszeitung 15.04.2015(16).
[3] Du Lan, Analyse der amerikanischen Bemühung
um partnerschaftliche Beziehung zum Pazifik [J],
Forschungen über internationale Fragen 2011(1).
[4] Interview des Büroleiters der Führungsgruppe für den Ausbau
„Ein Gürtel, Eine Straße" [N], Volkszeitung 30.03.2015(3).
[5] Li Houqiang, Deng Ziqiang, Fortsetzung des „Geistes
der Seidenstraße" [N], Volkszeitung 02.07.2014(11/3).
[6] Beim ersten Treffen von Li Keqiang mit sämtlichen Vertretern der
internationalen Industrie- und Handelskonferenz der Überseechinesen hat
dieser ausgerufen, dass die chinesischen Unternehmer ein „neues Image"
in der Welt gewinnen sollten [N], Xinhua Tagesnachricht, 07.07. 2015 (1).
[7] Li Lei, Die chinesische und indische Zusammenarbeit und
Konkurrenz in der global veränderten Energiestruktur [J],
Vierteljahresausgabe der Südasien-Forschung, 2014(3).
[8] Li Lifan, „EU, der neue strategische Mitspieler
Zentralasiens" [J], Forschungen über Russland, Zentral-
und Mittelasien und Osteuropa, 2008(4).
[9] Li Xing, Eurasische Gemeinschaft: Die neue
Strategie von Putin [J], Der Neue Blick, 2013(5).
[10] Liu Hua. Beim Treffen von Xi Jinping mit dem
türkischen Präsidenten har er betont, die beiden Länder

müssten die strategische Zusammenarbeit erweitern und vertiefen [N], Xinhua Tagesnachricht, 30.07. 2015(1).

[11] Quxing, Die klassische Diplomatie und die chinesischen Besonderheiten [J], Forschungen der internationalen Fragen 2010(6).

[12] Sun Haiyan, Huang Xin, Die diplomatische Zusammenarbeit hinsichtlich des Konzepts „Ein Gürtel, Eine Straße" im Lichte des Bangladeschen, Chinesischen, Indischen und Myanmarischen Wirtschaftskorridors gesehen [J], Zeitschrift für öffentliche Diplomatie 2014(20).

[13] Wang Jiangting, Die Veränderungen der japanischen Politik gegenüber Zentralasien und deren Gründe [J], Internationales Forum 2014(1).

[14] Wang Yiwei, Chinas umfassendes Vorantreiben des Konzepts „Ein Gürtel, Eine Straße", Volkszeitung 15.12. 2014(1).

[15] Xiaoxia, Die Eröffnung der 19. Verhandlung der Kooperation der öst- und westchinesischen Gebiete über gemeinsames Betreiben der Erschließung der entsprechenden Gebiete, der internationalen Messe der Seidenstraße und des Dialog zwischen den regionalen Führungskräften über das Konzept „Ein Gürtel, Eine Straße" [N], Shaanxi – Tageszeitung 23.05.2015(01).

[16] Xue Li, Die Diplomatie der fünf asiatischen Mächte unter dem Blickwinkel des Konzepts „Ein Gürtel, Eine Straße". Aus der Zeitsachrift „Weltwissen".

[17] Zhang Sichen, Der Einfluss der von den USA initiierten TPP auf die Kooperation von Nordostasien [J], Akademischer Austausch 2013(6)und in Mächten [J], und in Weltwissen 2015(6).

[18] Zhang Yiping, Die Internationalisierung der chinesischen Währung bewirkt den Ostwind-Strategische Forschung betreffend das Konzept „Ein Gürtel, Eine Straße" [J], Bankier 2015.

[19] Zhao Huasheng, Über Gemeinsamkeiten der chinesischen, russischen und amerikanischen Strategien in Zentralasien [J], Weltbeobachtung 2014(1).

Aus Webseiten

[1] Der Jahresbericht des Konfuzius-Instituts 2014 [D/OL], Webseite der Zentralverwaltung des Konfuzius-Instituts. http://www.hanban.edu.cn/report/pdf/2014.pdf.

[2] 2015 Europäisches und asiatisches Wirtschaftsforum: „Ein Gürtel, Eine Straße" [N/OL], Webseite von Xinhua- Agentur, 29.07.2015. http://news.xinhuanet.com/fortune/2015-07/29/c_1116081277.htm.

[3] Die Eröffnung der Internationalen Messe von Nantong und Jianghai 2015 [N/OL]. Chinesische Webseite der China Tageszeitung, 01.06.2015. http://cnews.chinadaily.com.cn/2015-06/01/content_20872819.htm.

[4] Cai Jianguo, Überseechinesen mit der Strategie von „Ein Gürtel, Eine Straße" [N/OL], Wenhui Zeitung, 12.03.2015. http://wenhui.news365.com.cn/html/2015-03/12/content–23htm.

[5] Chang Ailing, Hao Yalin, Gespräch zwischen Li Keqiang und dem vietnamesischen Außenminister Fabius [N/ OL]. Webseite der Xinhua-Agentur,13.10.2013. http://news.xinhuanet.com/2013-10/13/c_117697587.htm.

[6] Che Yuming, Liu Dongkai, Liu Hua usw., Beinahe 60 Länder haben das chinesische Konzept „Ein Gürtel, Eine Straße" unterstützt und wollen daran aktiv teilnehmen [N/ OL]. Webseite der Xinhua-Agentur, 03.02.2015. http://news.xinhuanet.com/world/2015-02/03/c_1114241622.htm.

[7] Che Yuming, Liu Dongkai, Liu Hua usw., Wer schwingt mit dem bunten Band und tanzt—Reportage über den Ausbau des Konzepts „Ein Gürtel, Eine Straße" [N/OL], Volkszeitung 04.02.2015. http://politics.people.com.cn/n/2015/0204/c1001-26502538.html.

[8] Chen Minling, Die von China und der Zentrale der Asean-Staaten gemeinsam gegründeten Plattformen und Webseiten für eine Zusammenarbeit in der Bildung [N/OL]. Webseite der China Tageszeitung, 29.12.2014. http://www.chinadaily.com.cn/hqgj/jryw/2014-12-29/content 12956600.html.

[9] Chen Zhi, Liu Hua, Wang Fengfeng, Gespräch zwischen Xi Jinping und dem indischen Premierminister Modi [N/OL]. Webseite der Xinhua-Agentur, 18.09.2014. http://news.xinhuanet.com/world/2014-09/18/c_1112539054.htm.

[10] Chenzhe, Tian Fan, Li Jianmin, Gespräch zwischen Xi Jinping und dem australischen Premierminister Abbott: Beide Seiten haben beschlossen, umfassende strategische partnerschaftliche Beziehungen aufzubauen [N/OL]. Webseite der Xihua-Agentur, 17.11.2014. http://news.xinhuanet.com/2014-11/17/c_1113284700.htm.

[11] Chenzhe, Tian Fan, Liu Hua, Gespräch zwischen Xi

Jinping und dem neuseeländischen Premierminister John Key [R/OL]. Webseite der Xinhua-Agentur 20.11.2014. http://news.xinhuanet.com/world/2014-11/20/c_1113336022.htm.
[12] Cheng Yong, Die Investitionen der chinesischen Unternehmer in dem Wirtschaftsgürtel entlang der Seidenstraße nimmt jedes Jahr um 54% zu [N/OL]. Webseite der Xinhua-Agentur 26.06.2014. http://www.chinanews.com/cj/2014/06-26/6324234.shtml.
[13] Chuyin, Die Verwirklichung der Strategie von „Ein Gürtel, Eine Straße" braucht besonnenes Nachdenken [N/OL]. Webseite Chinas 18.01.2015. http://opinion.china.com.cn/opinion_92_119792.html.
[14] Die 12. Konferenz des Handels und der Investitionen zwischen China und den Asean-Staaten hat zwei neue Aktivitäten [N/OL]. Webseite der chinesischen Regierung 29.07.2015. http://www.gov.cn/2015-07/29/content_2904726.htm.
[15] Du Lanxiao, Öffnung ist auch Reform [N/OL]. Volkstageszeitung 15.01.2014. http://theory.people.com.cn/n/2014/0115/c40531-24121118.html.
[16] Du Shangze, Chen Xiaowei, Xi Jinping empfing den russischen Präsidenten Putin [N/OL]. Volkszeitung07.02.2014. http://politics.people.com.cn/n/2014/0207/c1024-24286244.html.
[17] Du Shangze, Jiao Xiang, Xi Jinping hat an der Eröffnungsfeier der 6. Konferenz der Minister zwischen China und dem Arabischen Zusammenarbeitsforum teilgenommen und eine wichtige Rede gehalten [N/OL]. Volkszeitung 06.06.2014. http://politics.people.com.cn/n/2014/0606/c1024-25110595.html.
[18] Du Shangze, Xu Liqun, Liu Ge, Vier partnerschaftliche Beziehungen aufbauen [N/OL], Volkstageszeitung 01.04.2014. http://paper.people.com.cn/rmrbhwb/html/2014-04/01/content_1409413.htm.
[19] Guo Jinchao, Gespräch zwischen Xi Jinping und dem Präsidenten Sri Lankas Sirisena [R/OL], Webseite der Nachrichten Chinas, 26.03.2015. http://www.chinanews.com/gn/2015/03-26/7161384.shtml.
[20] Guo Jinchao, Li Keqiang, Den chinesischen und pakistanischen wirtschaftlichen Korridor vorantreiben [N/OL], Netz des Volkes 31.01.2015. http://js.people.com.cn/n/2015/01/31/c360300-23743569.html.
[21] Auf Grund von ausländischen technischen Barrieren hat der Export Chinas im vergangenen Jahr mehr als 685 Milliarden Dollar Verlust gemacht [N/OL], Webseite der chinesischen Nachrichten 29.07.2013. http://www.cqn.com.cn/news/zjpd/zjdt/zjdt/747866.html.
[22] Der Bericht des Ministerpräsidenten Li Keqiang über die Regierungsarbeit 2014 [R/OL], Webseite des Volks 5.03.2014.

http://live.people.com.cn/note.php?id=7140303173700_ctdzb_001.
[23] Guo Yazhou, Die Beratungsinstitutionen sollten beim
Ausbau des Konzepts „Ein Gürtel, Eine Straße" aktiv
mitwirken [N/OL], Webseite Chinas 17.04.2015.
http://www.china.com.cn/guoqing/2015-04/17/content_35350839.htm.
[24] Informationen über den Staat Kasachstan [DB/OL], Webseite
der Volksrepublik China 04.2015. http://www.fmprc.gov.cn/
mfa_chn/gjhdq_603914/gj_603916/yz_603918/1206_604210/.
[25] Han Jie, He Yuxin, 21 Länder haben in Peking beschlossen,
die Asiatische Infrastruktur-Investitionsbank zu gründen [N/
OL], Webseite der Xinhua-Agentur 24.10.2014.
http://news.xinhuanet.com/world/2014-10/24/c_1112965880.htm.
[26] Han Miao, Der Fonds der Seidenstraße [N/OL],
Webseite der Xinhua-Agentur 21.04.2015.
http://news.xinhuanet.com/2015-04/21/c_127716693.htm.
[27] Hao Yalin, Wu Congsi, Li Keqiang und der
Premiermister Cameron empfangen die Journalisten [N/
OL], Webseite der Xinhua-Agentur, 18.06.2014.
http://news.xinhuanet.com/world/2014-06/18/c_126633855.htm.
[28] Huo Jianguo, „Ein Gürtel, Eine Straße ist kein
Bauprojekt, sondern ein strategisches Konzept" [N/OL],
Webseite der chinesischen Wirtschaft 19.03.2015.
http://www.ce.cn/xwzx/gnsz/gdxw/2015/03/19/t20150319_4869701.shtml.
[29] Ausländische Medien, Drei Vorschläge von Li Keqiang auf der
Gipfelkonferenz [N/OL], Webseite der Informationen 18.10.2014.
http://china.cankaoxiaoxi.com/2014/10/18/532737.shtml.
[30] Kong Xiangwu, Tian Feng, Zhang Mengxu, „Ein Gürtel, Eine Straße"
führt zum neuen Glanz der Städte [N/OL], Volkszeitung 03.07.2014.
http://politics.people.com.cn/n/2014/07/03/c1001-25231516.html.
[31] Li Bin, Meng Na, Xi Jinping empfing den russischen
Präsidenten Putin [N/OL], Xinhua-Agentur 08.07.2015.
http://news.xinhuanet.com/world/2015-07/08/c_1115861505.htm.
[32] Li Keqiang, Die Rede von Li Keqiang auf der asiatischen
und europäischen Gipfelkonferenz für Industrie und Wirtschaft
[R/ OL], Webseite der Xinhua-Agentur 30.06.2015.
http://news.xinhuanet.com/2015-06/30/c_1115760599.htm.
[33] Li Keqiang, Mit noch effektiveren Maßnahmen die Wirtschaftstabil
vorantreiben [N/OL], Webseite der chinesischen Regierung 13.07.2015.
http://www.gov.cn/guowuyuan/2015-07/13/content_2896056.htm.
[34] Gespräch Li Keqiang mit dem kasachstanischen
Premierminister Mässimow, beide Seiten haben beschlossen, mit
der umfassenden Zusammenarbeit in der Industrie anzufangen
[N/OL], Webseite der chinesischen Regierung 27.03.2015.

http://www.gov.cn/guowuyuan/2015-03/27/content_2839495.htm.
[35] Li Keqiang, Die Solidarität und Zusammenarbeit zwischen
Asien und Afrika verstärken und Frieden und Gerechtigkeit der
Welt fördern, — Die Rede von Li Keqiang bei der Eröffnung der
54. Jahrestagung der asiatischen und afrikanischen Zusammenarbeit
in der Justiz [R/OL], Webseite der Xinhua-Agentur 13.04.2015.
http://news.xinhuanet.com/politics/2015-04/13/c_1114955463.htm.
[36] Li Keqiang, Die Rede von Li Keqiang auf der 9. Gipfelkonferenz
Ostasiens [R/OL], Webseite der Xinhua-Agentur 14.11.2014.
http://news.xinhuanet.com/world/2014-11/14/c_1113240192.htm.
[37] Li Keqiang, Rede von Li Keqiang beim dritten Treffen
zwischen den Regierungsoberhäuptern von China, Mittel- und
Osteuropa [R/OL], Webseite der Xinhua-Agentur, 17.12.2014.
http://news.xinhuanet.com/2014-12/17/c_1113676519.htm.
[38] Li Keqiang, Die Rede von Li Keqiang auf der ersten
Sitzung der 10. Gipfelkonferenz von Asien und Europa [R/
OL], Webseite der Xinhua-Agentur 17.10.2014.
http://news.xinhuanet.com/world/2014-10/17/c_1112858858.htm.
[39] Li Keqiang, Die Rede von Li Keqiang auf der 16.
Konferenz der Führungskräfte zwischen China und den
Asean Staaten (10+1) [R/OL], Volkszeitung 10.10.2013.
http://finance.people.com.cn/n/2013/10/10/c1004-23144383.html.
[40] Li Keqiang, Rede von Li Keqiang auf der 17. Konferenz der
Führungskräfte zwischen den Asean Staaten, China, Japan und
Südkorea (10+3) [R/OL], Webseite der Xinhua-Agentur 14.11.2014.
http://news.xinhuanet.com/ttgg/2014-11/14/c_1113240163.htm.
[41] Li Keqiang, Rede von Li Keqiang auf der 12.
Konferenz der Shanghaier Kooperationsorganisation [R/
OL], Webseite der Xinhua-Agentur 30.01.2013.
http://news.xinhuanet.com/2013-11/30/c_118357986.htm.
[42] Li Keqiang, Rede von Li Keqiang auf der
Konferenz des Weltwirtschaftsforums 2015 [R/OL],
Webseite der Xinhua-Agentur 22.01.2015.
http://www.gov.cn/guowuyuan/2015-01/22/content_2808672.htm.
[43] Li Keqiang, Rede von Li Keqiang im Parlament von
Thailand [R/OL], Webseite der Xinhua-Agentur. 12.10.2013.
http://news.xinhuanet.com/2013-10/12/c_117677284_3.htm.
[44] Li Weihong, Zhang Mongxun, Xi Jinping und Erdogan nehmen
gemeinsam teil an der Konferenz des chinesischen und türkischen
Wirtschaftsforums [N/OL], Webseite des Volks 31.07.2015.
http://cpc.people.com.cn/n/2015/07/31/c64094-27389404.html.
[45] Li Yuyang, Zentralzollamt: Ab dem 1. Mai wird die
Reform der einheitlichen Zollformalitäten durchgeführt [N/

OL], Tageszeitung der Wirtschaft 27.02.2015
http://www.ce.cn/xwzx/gnsz/gdxw/201502/27/t2015/02/27_4657260.shtml.
[46] Die UN hat in China die Webseite Investitionen entlang der
Seidenstraße gegründet [N/OL], Webseite der UN 01.06.2006.
http://www.un.org/chinese/News/story.asp?NewsID=5768.
[47] Liang Yongjia, Bei der Durchführung des Konzeptes „Ein
Gürtel, Eine Straße" muss man die Religion berücksichtigen
[N/OL], Webseite von Phönix 30.04.2015.
http://news.ifeng.com/exclusive/lecture/special/liangyongjia/.
[48] Liao Wengen, Der Leiter der parteilosen Forschungsgruppe
Lin Yifu über die Integration des Konzeptes „Ein Gürtel,
Eine Straße" [N/OL], Volkszeitung 10.06.2015.
http://tyzx.people.cn/n/2015/06/10/c372189-27131881.html.
[49] Lin Minwang, Es fehlt unserem Land die Untersuchung vor Ort
über die Dritte Welt [N/OL], Webseite Chinas 27.04.2015. http://www.
china.com.cn/opinion/think/2015-04/30/content_35459709.htm.
[50] Lin Xiaozhao, Der Premierminister hat Vertreter
aus acht Provinzen nach Beijing zu Gesprächen
eingeladen [N/OL], Finanzwebseite 11.07.2015.
http://www.yicai.com/news/2015/07/4643974.html?select=pc.
[51] Liu Hua, Xi Jinping hat beim Gespräch mit dem belgischen
König Philippe betont, dass beide Länder sich noch mehr bemühen,
die schon guten Beziehungen zwischen beiden Ländern noch weiter
zu verbessern [N/OL], Webseite der Xinhua-Agentur 23.06.2015.
http://news.xinhuanet.com/2015-06/23/c_1115700310.htm.
[52] Liu Hua, Xi Jinping traf den Premierminister von Singapur Lee
Hsien Loong [N/OL], Webseite der Xinhua-Agentur 03.07.2015.
http://news.xinhuanet.com/world/2015-07/03/c_1115813342.htm.
[53] Liu Hua, Xi Jinping empfing den Leiter der Delegationen
verschiedener Länder, die zur Unterzeichnung der Unterlagen
der Asiatischen Infrastruktur-Investitionsbank gekommen
sind [N/OL], Webseite der Xinhua-Agentur 23.06.2015.
http://news.xinhuanet.com/2015-06/29/c_1115756477.htm.
[54] Liu Hua, Liu Peng, Xi Jinping betonte beim Treffen
mit dem Premierminister von Fiji Bainimarama, die
Zusammenarbeit zwischen beiden Länder zu verstärken [N/
OL], Webseite der Xinhua-Agentur 22.11.2014.
http://news.xinhuanet.com/world/2014-11/22/c_1113357740.htm.
[55] Liu Mai, Der Vorsitzende des britischen TV Senders: Man sollte
die Zusammenarbeit in den Medien zwischen den Ländern entlang
der Seidenstraße verstärken [N/OL], Webseite Chinas 26.03.2015.
http://news.china.com.cn/live/2015-03/26/content_32022532.htm.
[56] Liu Si, Ein Gürtel, Eine Straße, gemeinsame Schicksale

[N/OL], Webseite der Xinhua-Agentur 02. 06. 2015.
http://news.xinhuanet.com/ttgg/2015-06/02/c_1115489289.htm.
[57] Mao Siwei, Es herrscht in unserem Land eine leichte Tendenz
der Verachtung Indiens [N/OL], Globalzeitung 05.05.2015.
http://opinion.huanqiu.com/1152/2015-05/6345779.html.
[58] Ming Jinwei, Yuan Zhenyu, Li Keqiang nahm mit dem
griechischen Amtskollegen Tsipras gemeinsam an dem
chinesischen und griechischen maritimen Zusammenarbeitsforum
teil [N/OL], Webseite der Xinhua-Agentur 21.06.2014.
http://news.xinhuanet.com/world/2014-06/21/c_126650635.htm.
[59] Ming Jinwei, Deng Jie, Li Keqiang: Die Zusammenarbeit mit Brunei
muss man verstärken [N/OL], Webseite der Xinhua-Agentur 11.10.2013.
http://news.xinhuanet.com/politics/2013-10/11/c_117671470.htm.
[60] Ouyang Kaiyu, Die chinesischen und mongolischen
Staatsoberhäupter haben beschlossen, die Beziehung
zwischen beiden Ländern auf das Niveau einer umfassenden
strategischen partnerschaftlichen Beziehung zu bringen [N/
OL], Webseite der chinesischen Presse 21.08.2014.
http://www.chinanews.com/gn/2014/08-21/6518627.shtml.
[61] Qin Chen, Die Experten erläutern die vier wichtigsten Punkte
der wirtschaftlichen Arbeitskonferenz der Zentralregierung [N/
OL], Webseite der chinesischen Presse 12.12. 2014.
http://www.chinanews.com/cj/2014/12-12/6869692.shtml.
[62] Qin Haujiang, Xia Peng, Die erste Plattform des Projekts
„Ein Gürtel, Eine Straße" wurde in Betrieb genommen [N/
OL], Webseite der Xinhua-Agentur 19.05.2014.
http://news.xinhuanet.com/fortune/2014-05/19/c_1110761440.htm.
[63] Der Volkskongress beschloss, die Vernetzung der
Infrastruktur mit den Nachbarländern zu beschönigen. [R/
OL], Webseite Xinhua-Agentur 15.11.2013.
http://www.chinanews.com/gn/2013/11-15/5509762.shtml.
[64] Shang Jun, Wang Hui, Li Keqiang empfängt
den tschechischen Amtskollegen Sobotka [N/OL],
Webseite der chinesischen Presse 16.12.2014.
http://news.xinhuanet.com/world/2014-12/16/c_1113667528.htm.
[65] Das Pressebüro des Handelsministeriums: Die Chancen
nicht verpassen und den Ausbau von „Ein Gürtel, Eine Straße"
Schritt für Schritt vorantreiben. [R/OL], Offizielle Webseite
des Handelsministeriums der VR. China 23.01.2015.
http://www.mofcom.gov.cn/article/ae/ai/201501/20150100877057.shtml.
[66] Interview von Vizeminister Shi Yaowu über die Vorbereitung der
Gründung der Asiatischen Infrastruktur- und Investitionsbank [N/OL],
Offizielle Webseite des Finanzministeriums der VR. China 15.04.2015.

http://www.mof.gov.cn/zhengwuxinxi/caizhengxinwen/201504/t20150415_1217358.htm.
[67] Sun Zhenyuan, Liu Hua, Xi Jinping betonte bei
der Eröffnungsfeier des Boao-Asienforums 2015: in die
Schicksalsgemeinschaft eintreten und mit der neuen Zukunft Asiens
beginnen [N/OL], Webseite der Xinhua-Agentur 29.03.2015.
http://news.xinhuanet.com/2015-3/29/c_1114795331.htm.
[68] Song Zhenyuan, Liu Hua, Xi Jinping empfing den malaysischen
Premierminister Najib [N/OL], Webseite der Xinhua-Agentur 28.03.2015.
http://news.xinhuanet.com/politics//2015-03/28/c_127630398.htm.
[69] Tan Jingjing, Wang Huihui, Liang Juan, Xi Jinping
empfängt den indischen Premierminister Mudi [N/
OL], Webseite der Xinhua-Agentur 14.05.2015.
http://news.xinhuanet.com/world/2015-05/14/c_1115289917.htm.
[70] Tan Jingjing, Li Keqiang:Musterbeispiel der
gemeinsamen Projekte zwischen China und Pakistan. [N/
OL], Webseite der Xinhua-Agentur 08.11.2014.
http://news.xinhuanet.com/politics/2014-11/08/c_1113169953.htm.
[71] TanJingjing, Li Keqiang empfängt seinen türkischen Amtskollegen
Erdogan [N/OL], Webseite der Xinhua-Agentur 29.07.2015.
http://news.xinhuanet.com/ttgg/2015-07/29/c_1116082658.htm.
[72] Tian Fan, Was bedeutet der „Geist von Bandung"? [N/
OL], Webseite der Xinhua-Agentur 22.04.2015.
http://news.xinhuanet.com/2015-04/22/c_1115057936.htm.
[73] Wang Jun, Luo Rongjun, Das größte Stahlwerk im Südwesten Chinas
hofft durch „internationalen Handel" in den Ausbau der Seidenstraße
integriert zu werden [N/OL], Webseite des Volks 28.06.2015.
http://news.xinhuanet.com/fortune/2015-06/28/c_1115744370.htm.
[74] Wang Liying, Die Türkei schwankt verzweifelt zwischen Asien und
Europa [N/OL], Zeitung des internationalen Finanzwesens 06.04.2015.
http://paper.people.com.cn/gjjrb/html/2015-04/06/content_1550540.htm.
[75] Wang Shuiping, Die Kooperation vertiefen, gemeinsam aufbauen und
gemeinsam gewinnen [N/OL], Tageszeitung Guangming 27.04.2015.
http://news.gmw.cn/2015-04/27/content_15486091.htm.
[76] Wang Yi, China und Kasachstan stehen vor
Entwicklungschancen [N/OL], Chinesische Presse 20.03.2013.
http://www.chinanews.com/gn/2014/03-20/5975316.shtml.
[77] China wird für den Fonds der Seidenstraße 400 Milliarden Dollar
zur Verfügung stellen [N/OL], Jinghua Tageszeitung 09.11.2014.
http://epaper.jinghua.cn/html/2014-11/09/content_143289.htm.
[78] Wu Peng, Li Daokui: Denkfabriken sind ein wichtiger
Faktor für das Vorantreiben der kontinuierlichen Entwicklung
[N/ OL], Huaxia Tageszeitung 10.06.2015.
http://www.chinatimes.cc/hxsb/comment/sheping/150610/1506102229-141450.html.

[79] Wu Sike, „Ein Gürtel, Eine Straße" — eine Stimme aus dem Osten [N/OL], Webseite der Beobachter 09.04.2015. http://www.guancha.cn/wusike/2015_04_09_315234.shtml.

[80] Wu Yu, Zurzeit ist die EC-Karte der chinesischen Unionbank in mehr als 50 Ländern entlang der Seidenstraße gültig [N/OL], Webseite der Xinhua-Agentur 28.05.2015. http://news.xinhuanet.com/world/2015-05/28/c_1115440747.htm.

[81] Xi Jinping, Die Rede von Xi Jinping in der Zentrale der UNESCO [R/OL], Webseite der Xinhua-Agentur 28.03.2014. http://news.xinhuanet.com/world/2014-03/28/c_119982831.htm.

[82] Xi Jinping: Willkommen im chinesischen Entwicklungszug [N/OL], Webseite der Xinhua-Agentur 22.08. 2014. http://news.xinhuanet.com/world/2014-08/22/c_126905369.htm.

[83] Xi Jinping, Den Ausbau des Wirtschaftsgürtels der Seidenstraße und der maritimen Seidenstraße des 21. Jahrhunderts beschleunigen [N/OL], Webseite der Xinhua-Agentur 06.11.2014. http://news.xinhuanet.com/fortune/2014-11/06/c_1113145721.htm.

[84] Xi Jinping: Möglichst schnell den Zeitplan fürdas Konzept „Ein Gürtel, Eine Straße" festlegen [N/OL], Xinjing Tageszeitung 07.11. 2014. http://epaper.bjnews.com.cn/html/2014-11/07/content_544800.htm?div=-1.

[85] Xi Jinping: China will mit den Asean Staaten gemeinsam die maritime Seidenstraße des 21. Jahrhunderts aufbauen [N/OL], Webseite der Xinhua-Agentur 03.10.2013. http://news.xinhuanet.com/world/2013-10/03/c_125482056.html.

[86] Xi Jinping empfängt den myanmarischen Präsidenten Thein Sein [N/OL]. Webseite der Xinhua-Agentur 22.04.2015. http://news.xinhuanet.com/politics/2015-04/22/c_1115057776.htm.

[87] Xi Jinping, Xi Jinping hielt eine wichtige Rede im pakistanischen Parlament: Die chinesische und pakistanische Schicksalsgemeinschaft gründen und das neue Blatt der Zusammenarbeit aufschlagen [R/OL], Xinhua Tagespresse 22.04.2015. http://news.xinhuanet.com/mrdx/2015-04/22/c_134172435.htm.

[88] Xi Jinping, Die Rede von Xi Jinping auf der Universität Nazarbayev [R/OL], Webseite der Xinhua-Agentur 08.09.2013. http://news.xinhuanet.com/world/2013-09/08/c117273079_2.htm.

[89] Xi Jinping. Xi Jinping hat in den Medien von Sri Lanka unter seinem Namen Artikel veröffentlicht [R/OL], Webseite der Xinhua-Agentur 16.09.2014. http://news.xinhuanet.com/world/2014-09/16/c_1112500462.htm.

[90] Xi Jinping. Die Rede von Xi Jinping in Indien [R/OL], Webseite der Xinhua-Agentur 19.09.2014. http://news.xinhuanet.com/politics/2014-09/19/c_1112539621.htm.

[91] Xi Jinping. Die Rede von Xi Jinping in der wirtschaftlichen Arbeitskonferenz der Zentralregierung [R/OL], Webseite der Xinhua-Agentur 13.12.2013. http://news.xinhuanet.com/politics/2013-12/13/c_125857613_2.html.
[92] Xiong Hongming, Cheng Qun, Der Dialog der inoffiziellen höheren Ebenen zwischen China und Südasien in Guangxi ist zuende [N/OL], Webseite der Xinhua-Agentur 05.06.2013. http://www.gx.xinhuanet.com/newscenter/2013-06/05/c_116034312.htm.
[93] Xu Xiaoyong, Li Jiabin, Die chinesische, ostasiatische und europäische Expo vertieft die Kooperation [N/OL], Webseite der Xinhua-Agentur 12.06.2015. http://www.chinanews.com/cj/2015/06-12/7341395.shtml.
[94] Armenien ist in die EU eingetreten [N/OL], Webseite der Xinhua-Agentur 03.01.2015. http://news.xinhuanet.com/world/2015-01/03/c_1113854186.htm.
[95] Die Unterzeichnung der Unterlagen für die Asiatische Infrastruktur- und Investitionsbank findet Ende Juni in Beijing statt [N/OL], Webseite der chinesischen Presse 22.05.2015. http://house.chinanews.com/gn/2015/05-22/7294865.shtml.
[96] Die 4. Gipfelkonferenz der asiatischen Kooperation und des Vertrauens findet in Shanghai statt, in der der Präsident Xi Jinping eine wichtige Rede hielt [N/OL], Tagesthemen 21.05.2014. http://news.cntv.cn/2014/05/21/VIDE1400671621438139.shtml.
[97] Yu Zheng, Shang Jun, Li Keqiang betonte beim Treffen vom myanmarischen Präsidenten Thein Sein: China und Myanmar werden immer gute Nachbarn, gute Freunde und Partner bleiben [N/OL], Webseite der Xinhua-Agentur 14.11.2014. http://news.xinhuanet.com/2014-11/14/c_1113257535.htm.
[98] Zhang Jianping, Mithilfe der östlichen Weisheiten das Entwicklungskonzept verwirklichen und die schweren Probleme lösen, — Die Erläuterungen über Visionen und Aktionen betreffend das Konzept „Ein Gürtel, Eine Straße" [DB/OL], Beobachter der chinesischen Entwicklung 27.04.2015. http://www.chinado.cn/?p=2386.
[99] Zhang Shuo, Ouyang Kaiyu, Xi Jinping empfängt den Präsidenten von Tadschikistan Emomalii Rahmon [N/OL], Webseite chinesischer Presse 19.05.2014. http://www.chinanews.com/gn/2014/05-19/6185968.shtml.
[100] Zhang Shuo, Xi Jinping landete in Malediven, seit 42 Jahren besucht zum ersten Mal ein chinesischer Präsident dieses Land [N/OL], Webseite der chinesischen Presse 15.09.2014. http://www.chinanews.com/gn/2014/09-15/6589197.shtml.
[101] Zhang Shuo, Xi Jinping empfängt den Premierminister von Kasachstan: die Gemeinschaft der gemeinsamen Schicksale

189

gründen [N/OL], Webseite der chinesischen Presse 27.03.2015.
http:/www.chinanews.com/gn/2015/03-27/7164219.shtml.
[102] Zhang Shuo, Xi Jinping empfängt den österreichischen
Präsidenten [N/OL], Webseite der chinesischen Presse 27.03.2015.
http://www.chinanews.com/gn/2015/03-27/7164524.shtml.
[103] Zhang Shuo, Xi Jinping empfängt den Präsidenten von
Tadschikistan und die beiden entwerfen eine Kooperationskarte
[N/OL], Webseite der chinesischen Presse 13.09.2014.
http://www.chinanews.com/gn/2014/09-13/6588265.shtml.
[104] Zhang Shuo, Xi Jinping empfängt den Präsidenten
von Armenien und heißt ihn willkommen zur Teilnahme an
der Jahresversammlung des Boao asiatischen Forums [N/
OL], Webseite der chinesischen Presse 25.03.2015.
http://www.chinanews.com/gn/2015/03-25/7158628.shtml.
[105] Zhang Shuo, Die Rede von Xi Jinping über Vertiefung der
Kommunikationen hinsichtlich der Vernetzung der partnerschaftlichen
Beziehungen [N/OL], Webseite der chinesischen Presse 08.11.2014.
http://www.chinanews.com/gn/2014/11-08/6763082.shtml.
[106] Zhang Xuebin, Die Zollkontrollen funktionieren jetzt mit geradezu
„Hochgeschwindigkeit". Im Wirtschaftsgürtel der Seidenstraße werden
einheitliche Zollkontrollen eingeführt [N/OL], Die offizielle Webseite
der staatlichen Zentralbehörden der Qualitätskotrollen 28.07.2015.
http://www.aqsiq.gov.cn/zjxw/dfzjxw/
dfftpxw/201507/t2015/07/28_445852.htm.
[107] Zhao Kejin, Beim Ausbau der Seidenstraße sollte man
besonders auf die Interessen und Bedürfnisse der Bevölkerungen
achten [N/OL], Webseite Chinas 09.06.2015.
http://www.china.com.cn/opinion/think/2015-06/09/content_35771781.htm.
[108] Zhao Kejin, Den Ausbau des Konzepts „Ein
Gürtel, Eine Straße" sollte man einheitlich planen und
durchführen [N/OL], Webseite Chinas 10.06.2015.
http://opinion.china.com.cn/opinion58_131358.html.
[109] Zhao Kejin, Der Schwerpunkt des Konzepts „Ein Gürtel, Eine
Straße" liegt in der Entwicklung [N/OL], Webseite Chinas 11.06.2015.
http://opinion.china.com.cn/opinion8_131508.html.
[110] Zhao Mingmin, Xi Jinping empfängt den Vorsitzenden
der deutschen SPD und den Vizepremierminister Gabriel
[N/OL], Webseite des Volks 16.07.2015.
http://politics.people.com.cn/n/2015/07/16/c1024-27311090.html.
[111] Durch Diplomatie der Seidenstraße den Zugang zum Öl
in Zentralasien [R/OL], Webseite von Huaxia 03.09. 2003.
http://www.huaxia.com/js/jsgc/00239639.html.
[112] Das Büro des ZK und das Büro des Staatsrates haben

gemeinsam „Vorschläge über den Aufbau neuen chinesischen Denkfabriken" herausgegeben [DB/OL], Webseite der Volksrepublik China und der Zentralregierung 20.01.2015. http://www.gov.cn/xinwen/2015-01/20/content_2807126.htm.
[113] Informationen über die Expo von China und den arabischen Ländern [DB/OL]. Offizielle Webseite von der Expo von China und den arabischen Ländern 31.03. 2015. http://www.casetf.org/jieshao/120676.jhtml.
[114] Die China und Asean-Staaten-Expo [DB/OL], Die offizielle Webseite von der Expo von China und den Asean-Staaten. http://www.caexpo.org/html/gb/zoujinbolanhui/zjblh/.
[115] China und Ungarn haben die Schriftstücke über die Zusammenarbeit beim Konzept „Ein Gürtel, Eine Straße" unterzeichnet [N/OL], Webseite der Xinhua-Agentur 07.06. 2015. http://news.xinhuanet.com/world/2015-06/07/c_1115534156.htm.
[116] Die Deklaration zwischen China und EU: „Der strategische Plan der chinesischen und europäischen Zusammenarbeit 2020" [N/OL], Zhongxin-Presseagentur 23.01.2013. http://www.chinanews.com/gn/2013/11-23/5539024.shtml.
[117] Über das chinesische Kulturzentrum [DB/OL], Die offizielle Webseite des chinesischen Kulturzentrums 10.02. 2015. http://cn.cccweb.org/portal/pubinfo/001002011/2015/0 2/10/0c793f933c364d4c90f8fffb54771d00.html.
[118] Die chinesische Kommission der Securities Regulatory und die Kommission der Aufsicht im Finanzwesen der Insel Man haben das Memorandum der Zusammenarbeit unterzeichnet [N/OL], Webseite der Xinhua-Agentur 7.04.2014. http://news.xinhuanet.com/fortune/2014-07/04/c_1111468274.htm.
[119] Das Belgrader Programm der Zusammenarbeit zwischen China und den osteuropäischen Staaten [R/OL], Webseite der Xinhua-Agentur 17.12.2014. http://news.xinhuanet.com/world/2014-12/17/c_1113667695.htm.
[120] Die Zusammenarbeit im Finanzwesen zwischen China und Kasachstan ist vorangekommen [N/OL], Webseite der Bank of China 3.11.2014. http://www.pbc.gov.cn/publish/gti ng/82/2014/20141103090747352555109/20141103090747352555109_.html.
[121] Zhong Sheng, Das Konzept „Ein Gürtel, Eine Straße" objektiv betrachten (2) [N/OL], Volkszeitung 16.02.2015. http://world.people.com.cn/n/2015/02/16/c1002-26572792.html.
[122] Zong He, Alle Branchen mit Überproduktionen dürfen keine neuen Produkte mehr herstellen [N/OL], Wochenende des Südens, 16.10.2013. http://www.infzm.com/content/95102.

191

Anhang

Visionen und Aktionen zum gemeinsamen Ausbau des Wirtschaftsgürtels entlang der Seidenstraße und der maritimen Seidenstraße des 21. Jahrhunderts

Die Staatliche Kommission für Entwicklung und Reform, das Außenministerium und das Handelsministerium haben am 28. März 2015 gemeinsam das Dokument „Visionen und Aktionen zum gemeinsamen Ausbau des Wirtschaftsgürtels entlang der Seidenstraße und der maritimen Seidenstraße des 21. Jahrhunderts" herausgegeben.

Diese Deklaration „Visionen und Aktionen" besteht aus acht Teilen: I. Zeitlicher Hintergrund, II. Prinzipien des gemeinsamen Ausbaus, III. Rahmengedanken, IV. Schwerpunkte der Zusammenarbeit, V. Kooperationsstrukturen, VI. Öffnung der verschiedenen Regionen Chinas. VII. Chinas Engagement, VIII. Gemeinsame Schaffung einer vielversprechenden Zukunft.

Vorwort

I. Zeitlicher Hintergrund

II. Prinzipien des gemeinsamen Aufbaus

III. Rahmengedanken

IV. Schwerpunkte der Zusammenarbeit

V. Kooperationsstrukturen

VI. Öffnung der verschiedenen Regionen Chinas

VII. Chinas Engagement

VIII. Gemeinsame Schaffung einer schönen Zukunft

Vorwort

Vor mehr als 2000 Jahren erschloss die fleißige und tapfere eurasische Bevölkerung mehrere Wege für Handel und Kulturaustausch zwischen den Zivilisationen in Asien, Europa und Afrika. Später wurden sie alle „Seidenstraße" genannt. Über Jahrhunderte wurde der Geist der Seidenstraße – Frieden und Zusammenarbeit, Offenheit und Inklusion, gegenseitiges Lernen und gemeinsames Gewinnen – von Generation zu Generation weitergereicht und damit wurde der Fortschritt der menschlichen Zivilisation gefördert. Als ein wichtiges Band zur Förderung der Prosperität und Entwicklung der Länder entlang der Route gilt der Geist der Seidenstraße als ein Symbol für den Austausch und die Zusammenarbeit zwischen Ost und West sowie als ein gemeinsames historisches und kulturelles Erbe aller Länder der Welt.

Im 21. Jahrhundert, einer neuen Ära mit Frieden, Entwicklung, Zusammenarbeit und gemeinsamem Gewinnen als Hauptthemen, und angesichts der immer noch schwachen Weltwirtschaft sowie der komplexen internationalen und regionalen Lage ist die Weiterführung und Verbreitung des Geistes der Seidenstraße besonders wichtig und wertvoll.

Im September und Oktober 2013 hat der chinesische Staatspräsident Xi Jinping beim Besuch der zentral- und südostasiatischen Staaten das wichtige Konzept über den gemeinsamen Aufbau eines Wirtschaftsgürtels entlang der Seidenstraße und einer maritimen Seidenstraße des 21. Jahrhunderts („Ein Gürtel, Eine Straße") vorgebracht, das die hohe Aufmerksamkeit der internationalen Gemeinschaft auf sich lenkte. Auf der China-ASEAN-Expo 2013 kündigte Chinas Ministerpräsident Li Keqiang nachdrücklich an, eine den ASEAN-Mitgliedern zugewandte maritime Seidenstraße aufzubauen und damit strategische Unterstützungspunkte für die Entwicklung der Binnenländer zu errichten. Der Aufbau von „Ein Gürtel, Eine Straße" wird die wirtschaftliche Prosperität der betroffenen Länder und die regionale Wirtschaftszusammenarbeit fördern, den Austausch und das gegenseitige Lernen zwischen unterschiedlichen Kulturen verstärken, den Frieden und die Entwicklung der Welt vorantreiben und ist daher eine großartige Sache zum Wohle der ganzen Weltbevölkerung.

Der Aufbau von „Ein Gürtel, Eine Straße" ist ein systematisches Projekt. Dazu muss man den Prinzipien der gemeinsamen Beratung, der gemeinsamen Entwicklung und des gemeinsamen Gewinnens folgen, und die gegenseitige Kopplung der Entwicklungsstrategien der Länder entlang der Route vorantreiben. Um das Konzept „Ein Gürtel, Eine Straße" voranzubringen, der alten Seidenstraße neue Vitalität zu verleihen, die eurasischen und afrikanischen Länder durch neue Formen enger miteinander zu verbinden und ihre Zusammenarbeit zum gegenseitigen Nutzen auf ein höheres Niveau zu bringen, erstellt und veröffentlicht die chinesische Regierung die Visionen und Aktionen zum gemeinsamen Aufbau des Wirtschaftsgürtels entlang der Seidenstraße und der maritimen Seidenstraße des 21. Jahrhunderts.

I. Zeitlicher Hintergrund

Heute durchläuft die Welt gerade komplexe und tief greifende Veränderungen. So sind die tief gehenden Auswirkungen der internationalen Finanzkrise weiterhin spürbar, die Wiederbelebung der Weltwirtschaft weist keine starke positive Tendenz auf und fällt ungleich aus; die Struktur von Investition und Handel in der Welt und die Regeln für Investition und Handel im multilateralen Rahmen sind mit einschneidenden Regulierungen konfrontiert; die Entwicklungsfrage ist für alle Länder nach wie vor ernst.

Das Konzept zum gemeinsamen Aufbau von „Ein Gürtel, Eine Straße" entspricht dem Trend der Multipolarisierung der Welt, der wirtschaftlichen Globalisierung, der kulturellen Vielfalt und der Informatisierung der Gesellschaft, folgt dem Geist der offenen regionalen Zusammenarbeit und zielt auf die Wahrung des globalen Freihandelssystems und der offenen Weltwirtschaft ab. Das Ziel des Konzeptes liegt darin, eine geordnete und freie Zirkulation von Wirtschaftsfaktoren, eine hocheffiziente Verteilung von Ressourcen und eine tief greifende Integration von Märkten zu fördern, und die betroffenen Länder zu ermutigen, ihre Wirtschaftspolitik zu koordinieren, die regionale Zusammenarbeit in mehr Bereichen, auf höherem Niveau und auf tieferen Ebenen zu entfalten und gemeinsam eine offene, tolerante und ausgeglichene Struktur für die regionale Wirtschaftszusammenarbeit aufzubauen, die allen Beteiligten zugutekommt. Das Konzept entspricht den grundlegenden Interessen der internationalen Gemeinschaft, spiegelt das gemeinsame Ideal und den schönen Wunsch der menschlichen Gesellschaft wider, ist eine aktive Erforschung eines neuen Modells der internationalen Zusammenarbeit und des globalen Regierens und wird dem Frieden und der Entwicklung der Welt neue positive Energie geben.

Beim Aufbau von „Ein Gürtel, Eine Straße" setzt man sich für die Konnektivität zwischen Asien, Europa, Afrika und den umliegenden Ozeanen ein. Entsprechende Partnerschaften zwischen den betroffenen Ländern werden geschlossen und verstärkt, um ein allseitiges, vielschichtiges und kombiniertes Konnektivitäts-Netzwerk aufzubauen und so zur pluralistischen, selbstständigen, ausgeglichenen und nachhaltigen Entwicklung der beteiligten Länder beizutragen. Die Konnektivitäts-Projekte im Rahmen des Konzeptes „Ein Gürtel, Eine Straße" werden die Anpassung und Kopplung von Entwicklungsstrategien der betroffenen Länder vorantreiben, das Marktpotenzial in den betroffenen Regionen entfalten, Investitionen und Konsum fördern sowie Nachfrage und Arbeitsplätze schaffen. Darüber hinaus werden der Austausch und das gegenseitige

Lernen zwischen verschiedenen Kulturen verbessert, damit die Völker der betroffenen Länder einander kennen lernen, vertrauen und respektieren sowie gemeinsam ein harmonisches, friedliches und wohlhabendes Leben genießen.

Heute ist die chinesische Wirtschaft in hohem Maße mit der Weltwirtschaft verbunden. China wird unbeirrt an der grundsätzlichen nationalen Öffnungspolitik festhalten, eine neue Struktur umfassender Öffnung schaffen und sich noch intensiver in das Weltwirtschaftssystem integrieren. Der Aufbau von „Ein Gürtel, Eine Straße" ist für China notwendig, um sowohl die Öffnung nach außen zu erweitern und zu vertiefen als auch die Zusammenarbeit zum gegenseitigen Nutzen mit allen Ländern der Welt zu verbessern. China will mehr Verantwortung übernehmen und Pflichten erfüllen, sofern es in seinen Kräften steht, und einen noch größeren Beitrag zu Frieden und Entwicklung der Menschheit leisten.

II. Grundprinzipien des gemeinsamen Aufbaus

Befolgung der Zielsetzungen und Grundsätze der UNO-Charta. Wir sollten die Fünf Prinzipien der friedlichen Koexistenz, nämlich gegenseitige Achtung von Souveränität und territorialer Integrität, gegenseitiger Nichtangriff, gegenseitige Nichteinmischung in die inneren Angelegenheiten, Gleichberechtigung und gegenseitiger Nutzen sowie friedliche Koexistenz, befolgen.

Festhalten am Prinzip der Offenheit und Zusammenarbeit. „Ein Gürtel, Eine Straße" betrifft vor allem die Länder entlang der alten Seidenstraße, beschränkt sich jedoch nicht darauf. Alle Länder sowie alle internationalen und regionalen Organisationen können sich daran beteiligen, damit immer mehr Regionen von den Erfolgen beim gemeinsamen Aufbau profitieren.

Förderung von Harmonie und Inklusion. China befürwortet die kulturelle Toleranz und respektiert die Wahl der anderen Länder in Hinsicht auf den Entwicklungsweg und das Entwicklungsmodell. Verschiedene Kulturen sollten den Dialog intensivieren, nach Gemeinsamkeiten suchen und einander gegenüber tolerant sein, um damit friedlich zu koexistieren und eine gemeinsame Prosperität zu erleben.

Beachtung der Funktion des Marktes. In Übereinstimmung mit den Gesetzen des Marktes und den international geltenden Regeln werden die entscheidende Rolle des Marktes bei der Ressourcenallokation sowie die Funktion der Unternehmen als Hauptakteure zur Geltung gebracht. Gleichzeitig soll die Funktion der Regierung angemessen zur Entfaltung gebracht werden.

Betonung von gegenseitigem Nutzen und gemeinsamem Gewinnen. Man soll die Interessen und Anliegen aller Beteiligten berücksichtigen, die übereinstimmenden Interessenbereiche und den größten gemeinsamen Nenner für die Zusammenarbeit finden. Alle Beteiligten können ihre Weisheit und Kreativität sowie ihre Stärken und Potenziale voll zur Geltung bringen.

III. Rahmengedanken

„Ein Gürtel, Eine Straße" stellt einen Weg der Zusammenarbeit und des gemeinsamen Gewinnens dar, der zur gemeinsamen Entwicklung und Prosperität führt, sowie einen Weg des Friedens und der Freundschaft, der das Verständnis und Vertrauen vermehrt sowie den allseitigen Austausch stärkt. Die chinesische Regierung schlägt vor, in Übereinstimmung mit den Ideen „Frieden und Zusammenarbeit, Offenheit und Inklusion, gegenseitiges Lernen und gemeinsames Gewinnen" die praktische Zusammenarbeit umfassend zu fördern und schließlich eine Interessen-, Schicksals- und Verantwortungsgemeinschaft zu schaffen, die durch gegenseitiges politisches Vertrauen, wirtschaftliche Integration und kulturelle Toleranz gekennzeichnet ist.

„Ein Gürtel, Eine Straße" durchzieht den asiatischen, europäischen und afrikanischen Kontinent: am einen Ende befindet sich der rege ostasiatische Wirtschaftskreis und am anderen Ende liegt der entwickelte europäische Wirtschaftskreis, die Länder dazwischen weisen ein enormes wirtschaftliches Entwicklungspotenzial auf. Durch den Wirtschaftsgürtel entlang der Seidenstraße wird China vor allem über Mittelasien und Russland mit Europa (Ostsee), über Mittel- und Westasien mit dem Persischen Golf und dem Mittelmeer sowie über Südost- und Südasien mit dem Indischen Ozean verbunden. Die maritime Seidenstraße des 21. Jahrhunderts verläuft von chinesischen Küstenhäfen einerseits über das Südchinesische Meer und den Indischen Ozean bis Europa, und andererseits über das Südchinesische Meer bis zum Südpazifik.

Dem Verlauf von „Ein Gürtel, Eine Straße" entsprechend, soll man auf dem Festland mit Hilfe der internationalen Verkehrs- und Transportwege, mit großen Städten entlang des „Gürtels" als Stütze, mit wichtigen Industrieparks für Wirtschaft und Handel als Kooperationsplattformen gemeinsam neue eurasische Kontinentalbrücken bauen sowie Korridore für die internationale Wirtschaftszusammenarbeit schaffen, darunter China-Mongolei-Russland, China-Mittelasien-Ostasien und China-Indochinesische Halbinsel; auf der Seeroute werden mit wichtigen Häfen als Knotenpunkte ungehinderte, sichere und hocheffiziente Transportwege errichtet. Die zwei Wirtschaftskorridore China-Pakistan und Bangladesch-China-Indien-Myanmar stehen in engem Zusammenhang mit dem

Aufbau von „Ein Gürtel, Eine Straße", durch eine weitere Förderung der Zusammenarbeit werden noch größere Fortschritte erzielt.

„Ein Gürtel, Eine Straße" stellt eine grandiose Wirtschaftsvision für die betroffenen Länder dar, die sich durch Offenheit und Zusammenarbeit auszeichnet. Alle Länder sollten gemeinsame Anstrengungen unternehmen, das Ziel des gegenseitigen Nutzens und Vorteils sowie der gemeinsamen Sicherheit verfolgen und sich um die Verbesserung der regionalen Infrastruktur bemühen, damit sichere und hocheffiziente Verkehrsnetze zu Land, See und Luft im Wesentlichen gebildet werden und die Konnektivität ein neues Niveau erreicht. Die Erleichterung von Investition und Handel wird weiter verbessert, ein Netzwerk hochwertiger Freihandelszonen wird entstehen, die wirtschaftlichen Beziehungen werden enger gestaltet und das gegenseitige politische Vertrauen wird vertieft. Durch den umfassenderen und intensiveren Kulturaustausch werden verschiedene Kulturen voneinander lernen und eine gemeinsame Prosperität erleben, die Völker werden sich besser kennen lernen und miteinander verkehren sowie Frieden und Freundschaft pflegen.

IV. Schwerpunkte der Zusammenarbeit

Die Länder entlang der Route „Ein Gürtel, Eine Straße" verfügen über unterschiedliche Ressourcen, und können einander wirtschaftlich gut ergänzen. Aus diesem Grund sind das Potenzial und der Spielraum für die Zusammenarbeit sehr groß, die vor allem in den folgenden Bereichen erfolgt:

Politische Kommunikation. Die Verstärkung der politischen Kommunikation stellt eine wichtige Garantie für den Aufbau von „Ein Gürtel, Eine Straße" dar. Man soll die Zusammenarbeit zwischen den Regierungen intensivieren, mehrstufige Strukturen für die makropolitische Kommunikation und den Austausch zwischen den Regierungen aktiv etablieren, die Interessenverschmelzung vertiefen, das gegenseitige politische Vertrauen fördern und einen neuen Konsens für die Zusammenarbeit erzielen. Alle Länder entlang der Route könnten sich miteinander eingehend über die Strategien und Maßnahmen zur wirtschaftlichen Entwicklung austauschen und sie aufeinander abstimmen, gemeinsam die Planungen und Maßnahmen zur regionalen Zusammenarbeit ausarbeiten und voranbringen, die Probleme bei der Zusammenarbeit durch Konsultationen lösen und gemeinsam die praktische Zusammenarbeit und die Durchführung von Großprojekten politisch unterstützen.

Infrastrukturelle Konnektivität. Die infrastrukturelle Konnektivität genießt beim Aufbau von „Ein Gürtel, Eine Straße" hohe Priorität. Auf der Grundlage der Achtung der jeweiligen nationalen Souveränität und Sicherheitsinteressen sollten die Länder entlang der Route ihre Infrastrukturausbaupläne und ihr technisches Normensystem aufeinander abstimmen, um gemeinsam den Aufbau von internationalen Hauptverkehrs- und -transportwegen voranzutreiben und schrittweise ein Infrastrukturnetz zu schaffen, das verschiedene asiatische Subregionen sowie Asien, Europa und Afrika miteinander verbindet. Beim Bau, Betrieb und Management von Infrastrukturanlagen soll die kohlenstoffarme Wirtschaftsweise betont werden, um auch auf diesem Weg dem Klimawandel zu begegnen.

Bei der Verkehrsinfrastruktur sollen wichtige Durchgangsstraßen, Schlüsselknotenpunkte und Schwerpunktprojekte die zentrale Rolle spielen. Vorrangig sollen die noch fehlenden Verbindungsstrecken angelegt und Engpässe entlastet sowie die Anlagen zur Verkehrssicherheit und -regelung komplettiert werden, um die Passierbarkeit der Straßen zu verbessern. Man wird zudem eine einheitliche Koordinationsstruktur für den Transport auf der ganzen Strecke einrichten und damit die organische Verbindung von internationaler Zollabfertigung, Umschlag und multimodalem Transport fördern. Kompatible und standardisierte Transportregeln zur Erleichterung des internationalen Transports sind schrittweise aufzustellen. Der Infrastrukturausbau an Grenzübergängen wird vorangetrieben, um den See- und Überlandtransport ungehindert fließen zu lassen. Der gemeinsame Aufbau von Häfen wird gefördert, die Zahl und Verkehrsdichte der Schifffahrtslinien auf See werden erhöht und die Zusammenarbeit bei der Informatisierung der maritimen Logistik intensiviert. Ferner werden Plattformen und Strukturen zur umfassenden Zusammenarbeit im Bereich Zivilluftfahrt ausgebaut und die Modernisierung der entsprechenden Infrastruktur beschleunigt.

Man wird die Zusammenarbeit hinsichtlich der energieinfrastrukturellen Konnektivität verstärken, gemeinsam die Sicherheit der Transportwege wie Öl- und Gaspipelines gewährleisten, den Aufbau von grenzüberschreitenden elektrizitätswirtschaftlichen Projekten und Stromfernleitungen fördern und die regionale Zusammenarbeit bei der Modernisierung von Stromnetzen aktiv durchführen.

Der Netzwerkaufbau von grenzüberschreitenden Hauptleitungen der Telekommunikation wie Glasfaserkabeln wird gemeinsam vorangetrieben, um das Konnektivitätsniveau der internationalen Telekommunikation zu erhöhen und eine „ungehinderte informationstechnische Seidenstraße" aufzubauen. Zudem wird der Ausbau von bilateralen Glasfaserkabeln beschleunigt, das Projekt für interkontinentale Unterseekabel geplant und durchgeführt und das Satellitenkommunikationssystem vervollständigt, um den Austausch und die Zusammenarbeit im Informationsbereich zu erweitern.

Freier Handelsverkehr. Die Zusammenarbeit in Investition und Handel bildet einen wichtigen Aspekt beim Aufbau von „Ein Gürtel, Eine Straße". Man soll sich für entsprechende Erleichterungen einsetzen sowie diesbezügliche Barrieren beseitigen, um ein gutes Umfeld für Investition und Handel in den jeweiligen Ländern und in der ganzen Region zu schaffen. China wird sich aktiv mit den Ländern und Gebieten entlang der Route über die Gründung von Freihandelszonen beraten, um ihr Entwicklungspotenzial freizusetzen und die „Torte der Zusammenarbeit" möglichst groß und gut schmeckend zu machen.

Alle Länder entlang der Route sollten die Zusammenarbeit ihrer Zollbehörden beim Informationsaustausch, bei der gegenseitigen Anerkennung von Kontrollergebnissen und bei der Gesetzesdurchführung verstärken, und darüber hinaus die bi- wie multilaterale Zusammenarbeit in den Bereichen Überprüfung oder Kontrolle und Quarantäne, Beglaubigung und Zertifizierung sowie Messverfahren und Statistiken intensivieren, um das Inkrafttreten und die Umsetzung des WTO-Abkommens über Handelserleichterungen zu fördern. Man wird ferner die Einrichtungen für die Zollabfertigung an Grenzübergängen verbessern, die Einführung des „Ein-Schalter-Service", womit man alle notwendigen Formalitäten an ausschließlich einem Schalter erledigen kann, beschleunigen, um die Zollabfertigungskosten zu reduzieren und die allgemeine Leistungsfähigkeit der Zollkontrolle zu steigern. Zur Sicherstellung und Erleichterung der Versorgungsketten wird die Koordination der grenzüberschreitenden Kontrollverfahren gefördert, die internationale Online-Überprüfung von Test- und Quarantänebescheinigungen ermöglicht und die gegenseitige Anerkennung der AEO-Unternehmen (Authorised Economic Operator) verwirklicht. Die nichttarifären Handelshemmnisse sind zu reduzieren und die Transparenz der technischen Handelsmaßnahmen zu erhöhen, um gemeinsam das Niveau der Handelsfreiheit und -erleichterung zu heben.

Es wird angestrebt, die Handelsbereiche zu erweitern, die Handelsstruktur zu optimieren, neue Wachstumsfelder des Handels zu erschließen und die Handelsbalance zu fördern. Man wird zudem die Handelsformen erneuern und neue Geschäftsmodelle wie den grenzüberschreitenden E-Commerce entwickeln. Ein Förderungssystem für den Dienstleistungshandel wird etabliert und vervollständigt, um einerseits den traditionellen Handel zu konsolidieren und auszubauen und andererseits tatkräftig den modernen Dienstleistungshandel anzukurbeln. Die Investitionen und der Handel sind organisch miteinander zu verbinden, um den Handel durch Investitionen zu fördern.

Man soll die Erleichterung von Investitionen beschleunigen und Investitionsbarrieren beseitigen. Die bilateralen Beratungen über Investitionsschutz- und Doppelbesteuerungsabkommen werden intensiviert, um die legitimen Rechte und Interessen der Investoren zu schützen.

Man wird gegenseitig neue Investitionsbereiche erschließen und eine tief gehende Zusammenarbeit in Bereichen wie Land-, Forst- und Viehwirtschaft, Fischerei, Landmaschinen sowie Produktion und Verarbeitung von Agrarprodukten durchführen. Auch die Kooperation auf den Gebieten marine Aquakultur, Hochseefischerei, Verarbeitung von Fischerei- und Algenprodukten, Meerwasserentsalzung, marine Biopharmazie, maritimes Ingenieurwesen, Umweltschutz und maritimer Tourismus ist aktiv zu fördern. Die Zusammenarbeit bei der Erkundung und Erschließung von traditionellen Energieressourcen wie Kohle, Erdöl und -gas sowie metallhaltigen Mineralien, bei der Entwicklung von sauberen und erneuerbaren Energien wie Wasser- und Windkraft, Atom- und Solarenergie sowie bei der Energieverarbeitung und -umwandlung direkt vor Ort oder in der Nähe wird energisch gefördert, um eine integrierte Energieindustriekette in den beteiligten Ländern zu schaffen. Auch die Energie-Zusammenarbeit in den Bereichen Feinverarbeitungstechnik, Anlagen und ingenieurtechnische Dienstleistungen wird verstärkt.

Nach den Prinzipien der Vorteilsergänzung, des gegenseitigen Nutzens und des gemeinsamen Gewinnens sollten die Länder entlang der Route ihre Zusammenarbeit in aufstrebenden Industriezweigen wie Informationstechnik der neuen Generation, Biotechnologie, neue Energiequellen und neue Materialien intensivieren und eine Kooperationsstruktur für Risikokapitalbeteiligungen einrichten.

Man wird die Arbeitsteilung und die Standortverteilung der Industrieketten optimieren, die koordinierte Entwicklung von Industrien am oberen und unteren Ende der Produktionskette sowie von verwandten Industrien fördern, die Gründung von Systemen für Forschung und Entwicklung sowie für Produktion und Vertrieb unterstützen, um die Fähigkeit zur Entwicklung und Umsetzung von Industrien unterstützenden Maßnahmen und die umfassende Konkurrenzfähigkeit der Region zu erhöhen. Die gegenseitige Öffnung des Dienstleistungssektors wird erweitert, um seine Entwicklung in der Region voranzutreiben. Ferner sind neue Modelle für Investitionskooperationen zu erforschen, der gemeinsame Aufbau von verschiedenen Industrieparks wie z. B. Wirtschafts- und Handelszusammenarbeitszonen im Ausland sowie Wirtschaftskooperationszonen in Grenzgebieten wird unterstützt, um die Entwicklung von Industrieclustern zu fördern. Bei Investition und Handel soll man das Umweltbewusstsein hervorheben und die Zusammenarbeit beim Umwelt-, Artenvielfalt (besser: Schutz der Artenvielfalt)- und Klimaschutz forcieren, um gemeinsam eine „grüne Seidenstraße" aufzubauen.

China begrüßt Investitionen von Unternehmen aus allen Ländern, und ermutigt gleichzeitig auch seine eigenen Unternehmen, Investitionen in den Bereichen Infrastruktur und Industrie in den Ländern entlang der Route zu tätigen. Die Unternehmen werden darin unterstützt, nach den Prinzipien der

Gastländer zu agieren, und ihnen bei der wirtschaftlichen Entwicklung, der Schaffung von Arbeitsplätzen und der Verbesserung des Lebensstandards zu helfen. Sie sollen außerdem aus eigener Initiative gesellschaftliche Verantwortung übernehmen und großen Wert auf den Artenvielfalt- und Umweltschutz (besser: Schutz der Artenvielfalt und der Umwelt) legen.

Freier Kapitalverkehr. Freier Kapitalverkehr ist eine wichtige Unterstützung für den Aufbau von „Ein Gürtel, Eine Straße". Zur Vertiefung der Zusammenarbeit im Finanzbereich wird der Aufbau des Systems zur Währungsstabilisierung, des Investitions- und Finanzierungssystems sowie des Kreditsystems in Asien gefördert. Der Umfang und das Ausmaß des bilateralen Währungstauschs und der Abrechnung in Währungen der jeweiligen Länder entlang der Route werden vergrößert, und die Öffnung und Entwicklung des asiatischen Anleihemarkts wird gefördert. Die Vorbereitungsarbeiten für die Asiatische Infrastruktur-Investitionsbank (AIIB) und die BRICS-Entwicklungsbank werden gemeinsam vorangebracht, die Beratungen über die Gründung einer SOZ-Finanzierungsinstitution (Shanghaier Organisation für Zusammenarbeit) durchgeführt und die Errichtung und Inbetriebnahme des Seidenstraßen-Fonds beschleunigt. Die pragmatische Zusammenarbeit im China-ASEAN- und im SOZ-Bankenverband wird vertieft, und die multilaterale Zusammenarbeit im Finanzbereich wie Gewährung von Konsortial- und Bankkrediten durchgeführt. Die Regierungen der Länder entlang der Route sowie ihre Unternehmen und Finanzinstitutionen mit höherer Kreditwürdigkeit werden unterstützt, RMB-Anleihen in China zu emittieren. Chinesische Finanzinstitutionen und Unternehmen, die entsprechenden Anforderungen genügen, dürfen auch im Ausland Anleihen in RMB oder ausländischen Währungen ausgeben; sie werden dazu ermuntert, die in den Ländern entlang der Route beschafften Geldmittel auch dort zu investieren…

Zur intensiven Zusammenarbeit bei der Finanzaufsicht wird die Unterzeichnung von entsprechenden bilateralen Grundsatzvereinbarungen (MoU) gefördert und schrittweise eine hocheffiziente Koordinationsstruktur zur Finanzaufsicht in der Region errichtet. Außerdem werden Systeme zur Risikobegegnung und Krisenbehandlung vervollkommnet, ein regionales Frühwarnsystem für Finanzrisiken sowie Austausch- und Kooperationsstrukturen zur Bekämpfung grenzüberschreitender Risiken und Krisen etabliert. Der Austausch und die Zusammenarbeit zwischen den Kreditprüfungsbehörden und -institutionen sowie Ratingagenturen werden verstärkt, und die Funktion des Seidenstraßen-Fonds und der Staatsfonds einzelner Länder voll zur Geltung gebracht. Das Private Equity und das öffentliche Kapital werden dazu angeleitet, gemeinsam an der Umsetzung von Schwerpunktprojekten im Rahmen des Konzeptes „Ein Gürtel, Eine Straße" teilzunehmen.

Völkerfreundschaft. Völkerfreundschaft legt die gesellschaftliche Grundlage für den Aufbau von „Ein Gürtel, Eine Straße". Man soll den freundschaftlichen und kooperativen Geist der Seidenstraße weiterführen und verbreiten und umfassend den Kulturaustausch, wechselseitige Wissenschaftlerbesuche, den Austausch und die Zusammenarbeit zwischen qualifizierten Fachkräften, die Zusammenarbeit im Bereich Medien, den Jugend- und Frauenaustausch sowie die Dienstleistungen der Freiwilligen fördern, um eine solide gesellschaftliche Grundlage für die Vertiefung der bi- und multilateralen Zusammenarbeit zu schaffen.

Die Anzahl der Auslandsstudenten in den jeweiligen Ländern entlang der Route wird aufgestockt und die Zusammenarbeit im Hochschulbereich verstärkt. China wird jährlich 10 000 Regierungsstipendien anbieten. Landesspezifische Kulturjahre, Kunst- und Filmfestivals sowie Fernsehwochen und Buchmessen werden veranstaltet und die Zusammenarbeit bei der Produktion und Synchronisation von hochwertigen Radioprogrammen, Fernsehspielen und Filmen gefördert. Man wird sich gemeinsam um die Aufnahme von geeigneten Objekten in die Liste des UNESCO-Weltkulturerbes bewerben und entsprechende Schutzmaßnahmen ergreifen. Der Austausch und die Zusammenarbeit zwischen qualifizierten Fachkräften werden vertieft.

Zur Verstärkung der Zusammenarbeit im Bereich Tourismus und zur Erweiterung seines Umfangs werden Werbewochen bzw. -monate für den Tourismus veranstaltet, Reiserouten und Tourismusprodukte zum Thema Seidenstraße kooperativ entwickelt und die Reisevisa-Beantragung noch mehr erleichtert. Im Rahmen der maritimen Seidenstraße des 21. Jahrhunderts wird die Zusammenarbeit im Kreuzfahrttourismus vorangebracht. Der Sportaustausch wird aktiv gefördert und die Länder entlang der Route werden bei der Bewerbung um die Ausrichtung wichtiger internationaler Sportveranstaltungen unterstützt.

Die Zusammenarbeit mit den umliegenden Ländern beim Informationsaustausch über eine akute Seuchenlage und über Vorbeugungs- und Behandlungsmethoden sowie in der Ausbildung von Fachkräften wird ausgebaut, um ihre Kapazität zur Begegnung von öffentlichen Gesundheitskatastrophen zu steigern. China wird den betroffenen Ländern medizinische Nothilfe und weitere Unterstützung gewähren und mit ihnen in den Bereichen Gesundheitspflege für Frauen und Kinder, Rehabilitation von Behinderten und Bekämpfung häufig auftretender Infektionskrankheiten wie Aids, Tuberkulose und Malaria zusammenarbeiten. Auch auf dem Gebiet der traditionellen Medizin wird die Zusammenarbeit erweitert.

Wissenschaftlich-technische Kooperationen werden verstärkt und gemeinsame Labors bzw. Forschungszentren, internationale Technologietransferzentren und Zentren für die maritime Zusammenarbeit eingerichtet; der Austausch von Wissenschaftlern und Forschern sowie ihre Zusammenarbeit bei der Lösung von Schlüsselaufgaben werden gefördert, um gemeinsam die wissenschaftlich-technische Innovationsfähigkeit zu erhöhen.

China wird durch die Integration vorhandener Ressourcen aktiv die pragmatische Zusammenarbeit mit den Ländern entlang der Route in Bereichen von gemeinsamem Interesse durchführen und voranbringen. So etwa bei der Jugendbeschäftigung, unternehmerischen Ausbildung, Entwicklung beruflicher Fähigkeiten sowie bei sozialen Sicherungsdienstleistungen und der öffentlichen Verwaltung.

Parteien und Parlamente sollen in vollem Maße ihre Brückenfunktion ausüben. Die gegenseitigen Freundschaftsbesuche von gesetzgebenden Organen, wichtigen politischen Parteien und Organisationen der Länder entlang der Route sind zu fördern. Der Austausch und die Zusammenarbeit zwischen Städten werden vorangetrieben. Es wird begrüßt, wenn wichtige Städte miteinander Städtepartnerschaften schließen. Dabei soll der Kulturaustausch eine zentrale Rolle spielen und die pragmatische Zusammenarbeit im Vordergrund stehen, damit mehr Musterbeispiele für Städtepartnerschaften Schule machen. Denkfabriken der Länder entlang der Route werden unterstützt, gemeinsame Forschungen zu betreiben und Foren zu veranstalten.

Der Austausch und die Zusammenarbeit zwischen den nichtstaatlichen Organisationen der Länder entlang der Route sollen verstärkt werden. Wohlfahrtsprojekte in den Bereichen Bildungs- und Gesundheitswesen, Entwicklung zur Armutsbekämpfung sowie Biodiversitäts- und Umweltschutz, die vor allem der einfachen Bevölkerung zugutekommen, werden umgesetzt, um die Verbesserung der Produktions- und Lebensbedingungen in den armen Gebieten entlang der Route zu fördern. Durch intensiven internationalen Austausch und Zusammenarbeit zwischen den kulturellen Medien sowie durch aktive Nutzung von Online-Plattformen und neuen Medien wird eine harmonische und freundliche kulturelle und Medienumwelt geschaffen.

V. Kooperationsstrukturen

Gegenwärtig entwickelt sich die wirtschaftliche Integration weltweit schneller denn je, und die regionale Zusammenarbeit floriert. China wird sich aktiv die bestehenden bi- und multilateralen Kooperationsstrukturen zunutze machen, um den Aufbau von „Ein Gürtel, Eine Straße" sowie die lebhafte Entwicklung der regionalen Zusammenarbeit zu fördern.

China wird die bilaterale Zusammenarbeit verstärken, die Kommunikation und Beratung auf verschiedenen Ebenen und mittels verschiedener Wege durchführen, um die umfassende Entwicklung bilateraler Beziehungen voranzubringen. China wird die Unterzeichnung von Kooperationsmemoranden bzw. -planungen fördern und eine Reihe von Vorzeigeprojekten für bilaterale Kooperationen entwickeln. Bilaterale Arbeitsstrukturen werden eingerichtet und vervollkommnet, um Durchführungs- und Aktionspläne zum Aufbau von „Ein Gürtel, Eine Straße" durch gemeinsame Studien auszuarbeiten und deren Umsetzung gemeinsam zu fördern. Die Funktion der existierenden bilateralen Strukturen wie Kooperationskommissionen, Kommissionen für Wirtschafts- und Handelszusammenarbeit sowie Koordinations-, Anleitungs- und Verwaltungskommissionen wird völlig zur Geltung gebracht, um die Kooperationsprojekte koordiniert durchzuführen.

Die Funktion der bestehenden multilateralen Kooperationsstrukturen, darunter die Shanghaier Organisation für Zusammenarbeit (SCO), China-ASEAN (10+1), die Asiatisch-Pazifische Wirtschaftsgemeinschaft (APEC), das Asia-Europe Meeting (ASEM), der Asia Cooperation Dialogue (ACD), die Konferenz über Zusammenarbeit und vertrauensbildende Maßnahmen in Asien (CICA), das Forum für chinesisch-arabische Zusammenarbeit, der Strategische Dialog zwischen China und dem Golf-Kooperationsrat, die Great Mekong Subregion (GMS) sowie die Central Asia Regional Economic Cooperation (CAREC), wird verstärkt entfaltet, um die Kommunikation mit den betroffenen Ländern zu verbessern sowie mehr Länder und Gebiete zu motivieren, am Aufbau von „Ein Gürtel, Eine Straße" teilzunehmen.

Die konstruktive Funktion der regionalen und subregionalen Foren und Ausstellungen in den Ländern entlang der Route, darunter das Bo'ao-Asienforum, die China-ASEAN-Expo, die China-Eurasien-Expo, das Euro-Asien-Wirtschaftsforum, die Chinesische internationale Messe für Investition und Handel, die China-Südasien-Expo, die Chinesisch-Arabische Expo, die Internationale Messe in Westchina, die China-Russland-Expo und das Qianhai-Kooperationsforum, wird zur Entfaltung gebracht. China unterstützt die betroffenen Länder und Regionen sowie Einzelpersonen, das historische und kulturelle Erbe entlang der alten Seidenstraße zu erkunden, veranstaltet mit ihnen zusammen Investitions- und Handelsaktivitäten sowie Kulturaustausch. China wird sich weiter für die Internationale Seidenstraßen-Kulturexpo in Dunhuang, das Internationale Seidenstraßen-Filmfestival und die Seidenstraßen-Buchmesse einsetzen. Ein internationales Gipfeltreffen „Ein Gürtel, Eine Straße" wird initiiert.

VI. Öffnung der verschiedenen Regionen Chinas

Beim Aufbau von „Ein Gürtel, Eine Straße" wird China die komparativen Vorteile unterschiedlicher Landesteile voll zur Geltung bringen, eine noch aktivere Öffnungsstrategie verfolgen und die Interaktion und die Zusammenarbeit zwischen Ost-, Zentral- und Westchina intensivieren, um das Entwicklungsniveau der offenen Wirtschaft umfassend zu steigern.

Nordwesten und Nordosten. China wird den geografischen Vorteil von Xinjiang als ein wichtiges Tor nach Westen ausschöpfen, den Austausch und die Zusammenarbeit mit den zentral-, süd- und westasiatischen Ländern verstärken, um Xinjiang zum wichtigen Verkehrsknotenpunkt, zum Handels-, Logistik-, Kultur-, Wissenschafts- und Bildungszentrum sowie zum Kerngebiet des Wirtschaftsgürtels entlang der Seidenstraße aufzubauen. China wird aufgrund der umfassenden wirtschaftlichen und kulturellen Vorteile von Shaanxi und Gansu sowie der kulturellen Vorteile von Ningxia und Qinghai Xi'an (Hauptstadt von Shaanxi) zu einem neuen Stützpunkt für die Reform und Öffnung im Binnenland machen, die Erschließung und Öffnung von Lanzhou (Hauptstadt von Gansu) und Xining (Hauptstadt von Qinghai) beschleunigen und den Aufbau des Pilotgebiets der offenen Wirtschaft im Binnenland in Ningxia vorantreiben, um schließlich Verkehrs- und Transportwege, Handels- und Logistikknotenpunkte sowie wichtige Industrie- und Kulturaustauschzentren zu schaffen, die sich den zentral-, süd- und westasiatischen Ländern zuwenden. China wird den geografischen Vorteil der Inneren Mongolei – ihre Nähe zur Mongolischen Republik und zu Russland – entfalten, die Eisenbahnstrecken zwischen der Provinz Heilongjiang und Russland sowie das regionale Eisenbahnnetz in Heilongjiang vervollständigen, die Transportkooperation zwischen Heilongjiang, Jilin, Liaoning und dem Osten Russlands fördern, den Bau eines Euroasiatischen Hochgeschwindigkeitsnetzes zwischen Beijing und Moskau voranbringen und den Aufbau von wichtigen nach Norden geöffneten Städten fördern.

Südwesten. Guangxi grenzt an ASEAN-Länder entweder auf dem Festland oder über das Meer hinweg. China wird diesen geografischen Vorteil nutzen, die Öffnung und Entwicklung der Wirtschaftszone um den Golf von Tonkin und des Wirtschaftsgürtels im Einzugsgebiet des Perl- und des Xinjiang-Flusses beschleunigen, internationale Verkehrs- und Transportwege nach den ASEAN-Ländern errichten, neue strategische Stützpunkte für die Öffnung und Entwicklung in Südwest- und Südchina schaffen, und so Guangxi zum wichtigen Verbindungszentrum zwischen der maritimen Seidenstraße des 21. Jahrhunderts und dem Wirtschaftsgürtel entlang der Seidenstraße aufbauen. China wird auch den geografischen Vorteil von Yunnan zur Geltung bringen und den Ausbau von internationalen

Transportwegen in die umliegenden Länder fördern, um Yunnan zum neuen Stützpunkt für die Wirtschaftszusammenarbeit im Rahmen der Greater Mekong Subregion (GMS) sowie zu einem Zentrum mit weitreichendem Einfluss auf süd- und südostasiatische Länder zu machen. Darüber hinaus wird die Zusammenarbeit in den Bereichen Handel, Tourismus und Kultur zwischen Tibet und Nepal sowie anderen Ländern vorangetrieben.

Küstengebiete, Hongkong, Macao und Taiwan. China wird die Vorteile des hohen Öffnungsgrades, der wirtschaftlichen Stärke und des weitreichenden Einflusses der Wirtschaftszonen des Jangtse-Deltas, des Perlfluss-Deltas, auf der westlichen Seite der Taiwan-Straße und um das Bohai-Meer nutzen, das Pilotgebiet für den Freihandel in Shanghai beschleunigt ausbauen und Fujian bei der Entwicklung zum Kerngebiet der maritimen Seidenstraße des 21. Jahrhunderts unterstützen. Die Funktion der Öffnungs- und Kooperationszonen Qianhai (Shenzhen), Nansha (Guangzhou), Hengqin (Zhuhai) und Pingtan (Fujian) wird zur Entfaltung gebracht, die Zusammenarbeit mit Hongkong, Macao und Taiwan intensiviert, ein integriertes Wirtschaftsgebiet Guangdong-Hongkong-Macao um die Dayawan-Bucht errichtet, der Aufbau des Vorzeigegebiets für die Entwicklung der maritimen Wirtschaft in Zhejiang, des Pilotgebiets für die maritime Wirtschaft in Fujian und des neuen Bezirks auf dem Archipel Zhoushan in Zhejiang vorangetrieben sowie die Entwicklung und Öffnung von Hainan als ein internationales Reiseziel gefördert. China wird den Ausbau der Küstenhäfen von Shanghai, Tianjin, Ningbo-Zhoushan, Guangzhou, Shenzhen, Zhanjiang, Shantou, Qingdao, Yantai, Dalian, Fuzhou, Xiamen, Quanzhou, Haikou und Sanya verstärken und die Funktion von Shanghai und Guangzhou als wichtige internationale Luftfahrt-Drehkreuze verbessern. China wird die Reformen auf tieferen Ebenen(Nie gehört, tiefe Reformen, Reformen auf höheren Ebenen, intensive Reformen, tief gehende Reformen?) durch erweiterte Öffnung vorantreiben, die Systeme und Mechanismen der offenen Wirtschaft erneuern und die wissenschaftlich-technische Innovation stärken. Mit diesen Maßnahmen werden neue Vorteile in der internationalen Zusammenarbeit und Konkurrenz geschaffen, damit sich die Küstengebiete zu Pionieren und Hauptkräften für den Aufbau von „Ein Gürtel, Eine Straße", insbesondere für den Aufbau der maritimen Seidenstraße des 21. Jahrhunderts, entwickeln können. China wird die besonderen Vorteile der Auslandschinesen, der Sonderverwaltungszonen Hongkong und Macao nutzen und sie mobilisieren, aktiv am Aufbau von „Ein Gürtel, Eine Straße" teilzunehmen bzw. Unterstützung zu gewähren. Für die Beteiligung der Provinz Taiwan werden angemessene Maßnahmen ergriffen.

Binnenland. Die Vorteile des großflächigen Binnenlands mit reichlichen Arbeitskräften und relativ guter industrieller Basis werden zur Geltung gebracht. Gestützt von wichtigen Regionen, dazu zählen städtische Agglomerationen am Mittel- und Unterlauf des Jangtse, Chengdu-Chongqing, in Zentralchina, Hohhot-Baotou-Ordos-Yulin und Harbin-Changchun, wird China die interaktive Zusammenarbeit zwischen verschiedenen Regionen und die integrierte Entwicklung der Industrie vorantreiben, Chongqing zum wichtigen Stützpunkt für die Erschließung Westchinas sowie Chengdu, Zhengzhou, Wuhan, Changsha, Nanchang und Hefei zu Stützpunkten der offenen Wirtschaft im Binnenland aufbauen. China wird die Zusammenarbeit zwischen dem Gebiet am Mittel- und Unterlauf des Jangtse und den russischen Förderationskreisen entlang der Wolga energisch fördern. Darüber hinaus werden Koordinationsstrukturen für Eisenbahntransporte und Zollkontrollen bei Grenzübergängen zwischen China und Europa etabliert und Schnelleisenbahnlinien für den Gütertransport zwischen China und Europa angelegt, um Transportwege zu schaffen, die sowohl China mit dem Ausland als auch die östlichen, zentralen und westlichen Landesteile Chinas verbinden. China wird Städte im Binnenland wie Zhengzhou und Xi'an beim Ausbau von Flughäfen und internationalen Handels- und Logistikparks unterstützen, die Zusammenarbeit zwischen Binnenland, Küstenstädten und Grenzgebieten bei der Zollkontrolle verstärken und darüber hinaus Pilotversuche für Dienstleistungen beim grenzüberschreitenden E-Commerce durchführen. Ferner wird China die Standortverteilung der Regionen unter spezieller Zollaufsicht optimieren, das Modell des Verarbeitungshandels erneuern und die industrielle Zusammenarbeit mit den Ländern entlang der Route „Ein Gürtel, Eine Straße" vertiefen.

VII. Chinas aktiver Einsatz

Seit mehr als einem Jahr treibt die chinesische Regierung energisch das Konzept „Ein Gürtel, Eine Straße" voran. Die Kommunikation und Rücksprache sowie die pragmatische Zusammenarbeit mit den betroffenen Ländern wurden verstärkt. Die chinesische Regierung hat eine ganze Reihe von Maßnahmen ergriffen, um die ersten Früchte zu ernten.

Führung und Förderung durch Spitzenpolitiker. Staatspräsident Xi Jinping und Ministerpräsident Li Keqiang haben über 20 Länder besucht und darüber hinaus am Dialog zur Verstärkung der Konnektivitäts-Partnerschaften sowie an der 6. Ministerkonferenz des Forums für chinesisch-arabische Zusammenarbeit teilgenommen. Bei Zusammentreffen mit den Regierungschefs bzw. Staatsoberhäuptern haben sie im Zusammenhang mit den bilateralen Beziehungen und der regionalen Entwicklung den tiefgründigen Inhalt und die positive Bedeutung des Konzeptes „Ein Gürtel, Eine Straße" eingehend dargelegt, so dass ein breiter Konsens über den gemeinsamen Aufbau von „Ein Gürtel, Eine Straße" erzielt werden konnte.

Unterzeichnung von Rahmenabkommen. Dazu gehören die Kooperationsmemoranden mit einigen Ländern über den Aufbau von „Ein Gürtel, Eine Straße", Memoranden mit einigen Nachbarländern über die regionale und grenzüberschreitende Zusammenarbeit sowie mittel- und langfristige Entwicklungsplanungen für die Wirtschafts- und Handelskooperation. Zudem wurden Programme über die regionale Zusammenarbeit zwischen China und seinen Nachbarländern ausgearbeitet.

Aufbau von Schlüsselprojekten. China hat die Kommunikation und Rücksprache mit den betroffenen Ländern verstärkt, um eine Reihe von Schlüsselprojekten in den Bereichen Infrastruktur, Investitionen, Ressourcen, Wirtschaft und Handel, Finanzen, Kultur, Umweltschutz und maritime Kooperation, deren Umsetzungsbedingungen reif sind, energisch voranzutreiben.

Bessere politische Unterstützung. Die chinesische Regierung hat verschiedene Ressourcen in Betracht gezogen und die politische Unterstützung verstärkt. China hat sich für die Errichtung der Asiatischen Infrastruktur-Investitionsbank eingesetzt und den Seidenstraßen-Fonds aufgelegt. Die Investitionsfunktion des Fonds für die chinesisch-eurasische Wirtschaftszusammenarbeit wurde gestärkt. Der grenzüberschreitende Zahlungsausgleich von Bankabrechnungsstellen wurde gefördert. Chinesische Zahlungsinstitute wurden unterstützt, grenzüberschreitende Zahlungsgeschäfte zu tätigen. Handels- und Investitionserleichterungen sowie die Reform der regional integrierten Zollabfertigung wurden aktiv vorangetrieben.

Schaffung von Kooperationsplattformen. Verschiedene internationale Gipfel, Foren, Symposien und Messen unter dem Motto „Ein Gürtel, Eine Straße" wurden veranstaltet. Sie haben viel dazu beigetragen, das gegenseitige Verständnis zu verbessern, mehr Konsens zu erzielen und die Zusammenarbeit zu vertiefen.

VIII. Gemeinsam eine herrliche Zukunft schaffen

Der gemeinsame Aufbau von „Ein Gürtel, Eine Straße" geht auf die Initiative Chinas zurück, ist jedoch auch ein gemeinsamer Wunsch von China und den anderen Ländern entlang der Route. An diesem neuen Ausgangspunkt will China mit diesen Ländern zusammen den Aufbau von „Ein Gürtel, Eine Straße" als eine Chance begreifen, gleichberechtigte Konsultationen durchführen und die Interessen und Ansprüche aller Seiten berücksichtigen, um gemeinsam die Öffnung, den Austausch und die Integration in größeren Bereichen, auf höherem Niveau und auf tieferen Ebenen voranzubringen. Das Konzept „Ein Gürtel, Eine Straße" ist durch Offenheit und Inklusion gekennzeichnet und alle Länder der Welt und alle internationalen und regionalen Organisationen sind willkommen, sich an dessen Umsetzung zu beteiligen.

Als Mittel zum Aufbau von „Ein Gürtel, Eine Straße" spielen die Zielkoordination und die politische Kommunikation eine Hauptrolle, dabei strebt man nicht unbedingt nach Gleichheit. Stattdessen weist das Konzept hohe Flexibilität und Elastizität auf und seine Umsetzung ist ein pluralistischer und offener Kooperationsprozess. China ist bereit, mit allen Ländern entlang der Route ständig die Aspekte und Formen der Zusammenarbeit im Rahmen dieses Konzeptes zu vervollständigen und zu verbessern, gemeinsam den Zeit- und den Fahrplan auszuarbeiten und sie aktiv den Entwicklungs- und den regionalen Kooperationsplänen der betroffenen Länder anzupassen.

China ist bereit, mit allen Ländern entlang der Route im Rahmen der bestehenden bi- und multilateralen sowie regionalen und subregionalen Kooperationsstrukturen gemeinsam Studien, Foren, Ausstellungen, Personalausbildung, Austausch und Besuche durchzuführen, um das Verständnis und die Anerkennung des Gehalts sowie der Zielsetzungen und Aufgaben beim Aufbau von „Ein Gürtel, Eine Straße" unter den betroffenen Ländern zu verbessern.

China ist bereit, mit allen Ländern entlang der Route die Entwicklung von Vorzeigeprojekten mit sicherem Schritt voranzutreiben, eine Reihe von Projekten, die den bilateralen und multilateralen Interessen Rechnung tragen, festzulegen, die Projekte, die von betroffenen Parteien anerkannt und deren Umsetzungsbedingungen reif sind, rechtzeitig in Angriff zu nehmen, um so früh wie möglich Erfolge zu erzielen.

„Ein Gürtel, Eine Straße" stellt einen Weg des gegenseitigen Respekts und Vertrauens, einen Weg der Zusammenarbeit zum gemeinsamen Vorteil sowie einen Weg des gegenseitigen Lernens zwischen verschiedenen Kulturen dar. Solange alle Länder entlang der Route füreinander einstehen und ein gemeinsames Ziel verfolgen, werden sie bestimmt ein neues Kapitel über den Aufbau des Wirtschaftsgürtels entlang der Seidenstraße und der maritimen Seidenstraße des 21. Jahrhunderts aufschlagen und ihre Völker an den erzielten Früchten teilhaben lassen.

Nachwort

Im Jahr 2013 hat der Präsident Xi Jinping angesichts der internationalen Lage und der Situation Chinas die strategischen Gedanken eines Ausbaus des Wirtschaftsgürtels entlang der Seidenstraße und der maritimen Seidenstraße aufgestellt. Werden diese Konzepte verwirklicht, können 4,4 Milliarden Menschen davon profitieren. Nach diesem Konzept wird China mit seinen direkten und indirekten Nachbarländern eine Gemeinschaft der gemeinsamen Interessen und eine Schicksalsgemeinschaft bilden. Im März 2015 hat das Staatsrat die offizielle Veröffentlichung des Dokumentes „Visionen und Aktionen zum gemeinsamen Ausbau des Wirtschaftsgürtels entlang der Seidenstraße und der maritimen Seidenstraße" (abgekürzt: „Visionen und Aktionen") genehmigt. Von da an haben die Glocken für das Vorantreiben dieses Konzepts immer lauter geschlagen. Damit die Bevölkerung dies Konzept noch besser versteht, muss in dieser Hinsicht einiges unternommen werden, damit alle Menschen und alle Unternehmen und Branchen ihre Chancen für die weitere Entwicklung dabei finden und nutzen können. Außerdem will China dieses Konzept auch weltweit bekannt machen und einige Missverstände hinsichtlich dieses Unternehmens ausräumen, um die historischen Ziele der Wiederherstellung der großartigen chinesischen Nation zu verwirklichen.

Das innovative Zentrum der Entwicklung und Kooperation für die Umsetzung des Konzepts „Ein Gürtel, Eine Straße" der Universität Zhejiang (abgekürzt: „Innovatives Zentrum") hat sich umfassend und außerordentlich gründlich mit den Forschungen und Recherchen der wichtigen theoretischen und praktischen Fragen des Ausbaus von „Ein Gürtel, Eine Straße" befasst und hat versucht, die Bevölkerung ihrem realistischen Wunsch gemäß über viele praktische Dinge zu informieren. Inzwischen hat das Innovative Zentrum Dokumente mit Erklärungen über das Konzept „Ein

Gürtel, Eine Straße" und „Die Antwort auf hundert Fragen über einen Gürtel und eine Straße" veröffentlicht. Es sind die ersten Informationsmaterialien über das Konzept mit dem Ziel, eine noch größere Aufmerksamkeit für das Konzept zu erwecken, und dass alle normalen Bevölkerungen und zu erwirken, dass Überseechinesen und internationale Freunde noch mehr von der strategischen Bedeutung dieses Konzeptes begreifen. Schließlich will das innovative Zentrum der ganzen Welt die Vorstellung der Chinesen von der möglichen Wiederherstellung der großen Nation Chinas vermitteln.

Die Hauptverfasser der Erklärungen des Konzepts „Ein Gürtel, Eine Straße" sind Qin Yucai, Zhou Guping, Luo Weidong. Sie sind für die grundlegende Konstruktion, die Thesen und die Gliederung wie die Kapiteleinteilung verantwortlich.

Die Verfasser des Vorworts sind Dong Xuebing und Chi Ruonan.

Verfasser des 1. Kapitels sind Dong Xuebing und Zhu Xihu; des 2. Kapitels Liu Jinbao; des 3. Kapitels Huang Xianhai und Cheng Xinyi; des 4. Kapitels Yang Gaoju und Yu Pan; des 5. Kapitels Cheng Jian; des 6. Kapitels 6 Cheng Hangyu, Ceng Xuda, Ma Qingkai und Wu Zongjie; des 7. Kapitels Ma Qingkai, Wu Zongjie und Chen Feng; des 8. Kapitels Lai Poqing; des 9. Kapitels Hu Ming und Zhao Zun; des 10. Kapitels Han Yue.

212 Die Hauptverfasser Qin Yucai, Zhou Guping und Luo Weidong haben alle Kapitel nochmals geprüft und im Bedarfsfall entsprechende Korrekturvorschläge gemacht. Außerdem haben sie danach noch mit den Verfassern der einzelnen Kapitel über Details diskutiert, bis schließlich alle mit dem Inhalt zufrieden waren. Chen Yijie und Gao Shuqin haben partiell auch am Text dieses Dokuments mitgearbeitet.

Dies Dokument wird bald die Welt erblicken. Wir bedanken uns für die ständige Unterstützung und Hilfe bei den entsprechenden staatlichen Institutionen. Sie haben zu uns viel wertvolle Vorschläge und Tipps gegeben, so dass das Buch ein höheres Niveau erreicht hat. Außerdem möchten wir uns bei dem Vizedirektor des Verlags der Zhejiang Universität Huang Baozhong für seine Unterstützung und Hochachtung bedanken; und nicht zu vergessen bei der Lektorin Bao Lingling für ihre Mühe. Unser besonderer Dank gilt überdies allen staatlichen Behörden und Institutionen, die uns zahlreiche Daten und Materialien zur Verfügung stellten.

Der Ausbau des Projekts „Ein Gürtel, Eine Straße" wird ein gigantisches, kompliziertes und systematisches Unternehmen, umfasst geografisch eine riesige Fläche und bezieht viele Länder ein. Er betrifft enorm komplizierte wirtschaftliche und soziale Verhältnisse. Zurzeit ist die Forschung im In- und Ausland hinsichtlich des Konzepts „Ein Gürtel, Eine Straße" gerade erst in ihre Eingangsphase gekommen. In diesen ihren Anfängen ist sie freilich noch sehr schwach. Dies trifft wohl auch für diesen Text zu, obwohl alle Verfasser dieses Dokuments um Verständlichkeit, Informationsgehalt und einen angemessenen Umfang ernstlich bemüht waren. Doch wegen unseres eingeschränkten Fachwissens gibt es wahrscheinlich auch in dieser Publikation etliche Fehler und unzureichende Passsagen. Das ist leider kaum zu vermeiden. Wir bitten alle Leser und Kollegen um ihre Kritik und um Verbesserungsvorschläge!

Das innovative Zentrum der Entwicklung und Kooperation des Konzepts „Ein Gürtel, Eine Straße" der Universität Zhejiang,

31. Juli 2015

www.ingramcontent.com/pod-product-compliance
Lightning Source LLC
Chambersburg PA
CBHW031121020426
42333CB00012B/181